西南联大文化课

冯友兰 等 / 著

天地出版社 | TIANDI PRESS

西南联大部分教授合影

西南联大校舍

冯友兰

张荫麟

汤用彤

罗　庸

雷海宗

吴晗

闻一多

编者的话

西南联大只存在了八年时间,却培育了两位诺贝尔奖得主、五位中国国家最高科技奖得主、八位"两弹一星"功勋奖章得主、一百七十多位中国科学院院士和中国工程院院士。这是教育史上的传奇。传奇的缔造并非偶然,而是源于强大的师资力量和自由的教学风气。

西南联大成立之时,虽然物资短缺,没有教室、宿舍、办公楼,但是有大师云集。闻一多、朱自清、陈寅恪、张荫麟、冯友兰等大师用他们富足的精神、自由的灵魂、独特的人格魅力以及深厚的学识修养,为富有求知欲、好奇心的莘莘学子奉上了凝聚着自己心血的课程。

闻一多的唐诗课、陈寅恪的历史课、冯友兰的哲学课……无一不在民族危难的关头闪耀着智慧的光芒,照亮了求知学子前行的道路,为文化的继承保存下了一颗颗小小的种子,也为民族的复兴带来了希望。

时代远去,我们无能为力;大师远去,我们却可以把他们留下的精神和文化财富以文字的形式永久留存。这既是大师们留下的宝贵财富，也是我们应该一直继承下去的文化宝藏。

为此，编者以西南联大为纽带，策划了一系列图书，以展现西南联大的教育精神和大师风貌，以及中华民族的文化与思想特点。已出版《西南联大文学课》《西南联大国史课》《西南联大哲学课》《西南联大诗词课》，本书主题是"文化课"。

本书所选各篇文章，在内容的侧重和表述方式上有很大的不同，这是各位先生在教学和写作风格上各有千秋的结果。这一点，不仅体现了先生们各自的写作特点，更体现了西南联大学术上的"自由"，以及教学上的"百花齐放"。

在整理文章时，编者秉持既忠实于西南联大课堂，又不拘泥于课堂的原则。有课堂讲义留存的，悉心收录；未留存有在西南联大任教时的讲义，而先生们在某一方面的卓越成就亦予以再现；还有一部分文章是先生们在西南联大任教期间所写，分为演讲稿和发表在当时报刊上的文章，如罗庸先生部分文章，有的是讲稿，有的是发表在当时的《国文月刊》上的文章。雷海宗先生《孔子以前之哲学》一篇写于1932年，因这篇文章对历史文化及哲学文化有很好的总结作用，故予以收录。此外，张荫麟先生部分文章，虽是在他离开西南联大后，1941年至1943年发表，但这些文章思想的酝酿却与他在西南联大授课期间的学术研究息息相关，故予以收录。

按照上述选篇原则，编者在任教于西南联大的诸位先生中，选择了冯友兰、张荫麟、汤用彤、罗庸、雷海宗、吴晗、闻一多等七位先生，以他们现存作品中较为完整的全集或较为权威的单本作为底本。这些底本不但能保证本书的权威性，也能将先生们的作品风貌原汁原味地呈现出来。

因时代不同，某些字词的使用与现今有所不同。同时，每个人的写作习惯以及每篇文章的体例、格式等亦有不同，为保证内容的可读性、连续性以及文字使用的规范性，我们在尊重并保持原著风格与面貌的基础上，进行了仔细编校，纠正讹误。此外，编者还对原文进行了统一体例的处理，具体如下：

1. 原文中作者自注均统一为随文注，以小字号进行区分；文中脚注均为编者所加注释，并以"编者注"加以区分。

2. 因篇幅限制，部分文章只能节选，对这些节选的内容，编者皆在标题下以"（节选）"加以说明。

3. 文中表示公元纪年的数字皆改为阿拉伯数字。为保持全书体例一致，编者将原文正文中表示公元纪年的名称"西元""纪""西"等皆统一为"公元"。同时，编者对随文注中表示公元纪年的方法也进行了统一处理，皆以"公元×××年"表示。文中表示时间段的数字皆统一为"（××—××）"形式。

4. 闻一多先生作品，原文存在"定四年"的表述方式，鉴于《左传》为编年体史书，以鲁国十二公为次序，因此统一为现今通行的表述"定公四年"。此外，对于文章中"《论语·子路篇》""《论语·宪问》篇"等篇名形式不统一现象，为保持原文风貌，编者未做统一处理。

5. 因时代语言习惯不同造成的文字差异，编者对引文外的文字做了统一，如雷海宗先生著作中多用"惟"字，编者均改为现今通用的"唯"字，"想像""摹仿""折衷""那末""甚么""成份""无需"等词皆改为现今通用的"想象""模仿""折中""那么""什么""成分""无须"等词。另外,编者按现今语法规范,修订了"的""地""得""底","做""作","只""止","他""她""它",以及"绝""决"等字的用法。编者还修订了"那""哪"的用法,"那"旧用"哪",原文中部分"那里"等词表示的是"哪里"的意思,此种情况,编者皆将"那"改为"哪"。旧时所用异体字则绝大部分改为规范字。

6. 译名皆改为现今通用译名,如"亚里斯多德""马克斯"统一为"亚里士多德""马克思"。

7. 本书为更清晰表达文章内容,对部分文章进行重拟标题及分节的处理。如本书第一章所选《文化的类型》《应对西洋文化持什么态度》两节本为一节——《新事论》中《别共殊》。为了让普通读者更清楚明白,一目了然,改为现标题。

8. 为保障现代读者的阅读体验,本系列图书根据2012年开始实施的《标点符号用法》,对部分原文标点符号略作改动,以统一体例,如"《大学》、《中庸》",改为"《大学》《中庸》"。

希望本书有助于读者们了解几位先生对文化的一些见解,引起读者们对未来文化出路的一些思考;同时,更希望本书能够唤起读者对西南联大的兴趣,更多地去了解这所在民族危亡之际仍然坚守教育、传播优秀文化思想的大学,将西南联大对中国传统文化的坚持与希望传承下去。

目 录

/ 第一章 /

冯友兰、汤用彤、张荫麟、罗庸浅谈文化

文化的类型 /003

论中西文化的差异 /009

文化思想之冲突与调和 /019

应对西洋文化持什么态度 /025

文　化 /032

中国今后的文化建设 /041

/ 第二章 /

雷海宗、吴晗、张荫麟讲历史文化

历史过去的释义 /047

中国文化的两周 /053

无兵的文化 /086

中外的春秋时代 /099

中国的家族 /106

中国的元首 /125

历史上的君权的限制 /145

历史上的政治的向心力和离心力 /152

论修明政治的途径 /158

古代中国的外交 /162

五代时波斯人之华化 /176

论贪污 /182

治人与法治 /188

说　士 /194

论史实之选择与综合 /199

/ 第三章 /

闻一多、罗庸讲人文精神

什么是儒家——中国士大夫研究之一 /213

论为己之学 /218

诗　人 /222

思无邪 /231

诗的境界 /236

欣　遇 /241

/ 第四章 /

冯友兰、雷海宗讲哲学与人生

略谈哲学的用处 /249

论哲学方法 /253

孔子以前之哲学 /258

先秦儒家哲学述评 /285

论人生中的境界 /292

论命运 /306

关于真善美 /310

/第一章/

冯友兰、汤用彤、张荫麟、罗庸浅谈文化

文化的类型

（节选）

/ 冯 友 兰 /

荀子说："类不悖，虽久同理。"（《非相》）荀子所谓理，与我们所谓理，其意义不必同，不过这一句话，我们可借用以说我们的意思。某一类的事物，必有其所以为某类的事物者，此所以为某类的事物者，为属于此某类的事物所同有，即此类之理。一类事物之理，即一类事物之类型。凡属于某一类之事物，必皆依照某一理，或亦可说，凡依照某一理之事物，皆属于某类。所以"类不悖，虽久同理"。

凡属于某一类之事物，必皆依照某理，有某性。所谓性，即属于某一类之事物所依照于某理者。

一件一件的事物，我们称之为个体。一个个体，可属于许多类，有许多性。例如张三、李四，是两个个体。张三是人，是白的，是高的，他即属于此三类，有此三性。李四是人，是黑的，是低的，他即属于此三类，有此三性。此不过举例说，其实张三、李四，所属之类，所有之性，皆是很多很多的，可以说是不知有许多。每一个体所有之许多性，各不相同。所以个体是特殊的，亦称殊相。而每一类之理，则是此一类的事物所共同依照者，所以理是公共的，亦称共相。

我们可把一件事物当成一个体而叙述其所有之性，或其所有之性之某部分。此等叙述是历史。我们亦可把一件事物当成一某类之例，而研究其所以属于此某类之某性。此等研究是科学。例如我们可把张三当成一个体而叙述其所有之性，或其所有之性之某部分，如说张三是人，张三是白的，张三是高的等。此等叙述是历史。我们亦可把张三当成一是人的生物之例，而研究其生理。此等研究即是科学，或更确切地说，即是生理学。

科学中所讲者都是关于某类之理论，而不是关于某个体之历史。例如医学中讲各种病，如伤寒、疟疾等。其讲伤寒，乃伤寒一类之病，并不是张三或李四患伤寒之历史。他间或亦讲张三或李四患伤寒之历史，然其讲此历史，并非以其为历史而讲之，而是以其为伤寒一类之病之例而讲之。在实际上张三或李四所患之伤寒病，其细微曲折之处，不必尽同，但均有伤寒病之所同然者。此伤寒病之所同然者，即医学研究之对象。医学研究伤寒病之所同然者，故其所有理论，可适用于实际上任何人所害之伤寒病。

知从类的观点以观事物，我们谓之为知类。科学虽不仅只是知类，而知类是科学所必有之一基本的条件，是一切科学所同然者。

我们可从特殊的观点，以说文化，亦可从类的观点，以说文化。如我们说西洋文化、中国文化等，此是从个体的观点，以说文化。此所说是特殊的文化。我们说资本主义的文化、社会主义的文化等，此是从类的观点，以说文化。此所说是文化之类。讲个体的文化是历史，讲文化之类是科学。

我常说，在中国历史中，汉人最富于科学的精神。这是一句很骇人听闻的话，因为照有一部分人的说法，汉人在许多方面的见解，都是反科学的。我承认汉人在许多方面的见解，是与现在的科学不合。汉人在许多方面的见解，以现在的科学，或即以现在人的常识观之，都可以说是荒谬绝伦。不过这些都是就汉人在许多方面的见解之内容说。科学本来是常在进步中的，无论何时代的人所有对于自然之知识，都有与已进步的科学不合之可能。若其不合太甚，则自已进步的科学之观点看，都是荒谬绝伦。但此亦是就此等知识之内容说。此等知识之内容，虽可以说是荒谬绝伦，而其形式则不妨仍是科学的。此所谓形式，即指一切科学的知识所同然者。一知识，如其有一切科学的知识所同然者，即是科学的。如一人，或一时代之人，其知识有一切科学的知识所同然者，或求使其知识有一切科学的知识所同然者，我们即说，此一人，或此一时代之人，有科学的精神。

关于汉人之富于科学的精神，有几点可说。此几点中，有几点我们已于别处说过（见《新理学》[1]绪论）。现在只说一点，此一点即是：汉人知类。

汉人之历史哲学或文化哲学，以五德、三统、三世等理论，说

---

[1]　《新理学》，冯友兰所著《贞元六书》之一。——编者注

明历史或文化之变迁者，就其内容说，有些亦可说是荒谬绝伦。不过他们的看法，却系从类的观点，以观察事物者，就此方面说，汉人知类，汉人有科学的精神。

汉以前有许多不同的文化，若从特殊的观点看，或从历史的观点看，我们可以说：汉以前有殷人的文化，有周人的文化，有楚人的文化等。但有一部分的汉人不从此观点看，他们不从此观点以讲文化。他们不讲殷人的文化、周人的文化等，而讲金德的文化、木德的文化、水德的文化、火德的文化、土德的文化，或黑统的文化、白统的文化、赤统的文化。这些文化都是所谓文化的类型，与什么人无关。殷人可以是金德的文化、白统的文化，但金德的文化、白统的文化之实际的有，则并不限于殷人。我们可以离开殷人，可以离开任何人，而讲金德的文化、白统的文化。此正如张三或李四的病可以是伤寒，但伤寒之实际的有，则并不限于张三或李四。我们可以离开张三或李四，可以离开任何人，而讲伤寒。讲金德的文化、白统的文化，或伤寒，是讲历史哲学、文化哲学，或医学。讲殷人的文化、周人的文化，或张三李四的伤寒病，是讲历史。汉人眼见有许多不同的文化，能从类的观点，将其分类，离开殷人、周人等，而专讲各类文化之类型，此即是有科学的精神。

从类的观点以观事物者注重同，从特殊的观点以观事物者注重异。从类的观点以观事物者，亦说异，不过其所说之异，乃各类间之异，而不是一类中各事物之异。但一类中各事物之异，正从特殊的观点以观事物者所注重者。例如医学讲伤寒病，固亦须说伤寒病与别的发热病之异，但患伤寒病之张三李四间所有之不同，医学并不讲之。

但讲张三李四之历史，或其患病之历史者，其所注重，正是张三李四间之异。汉人不讲殷人的文化、周人的文化等，而专讲金德的文化、黑统的文化等，正是不讲一类中各事物之异，而只注重其同。

《礼记·礼运》说，有大同之治，有小康之治，此亦是说有此二种文化类型。公羊《春秋》家说有据乱世，有升平世，有太平世，亦是说有此三种文化类型。就内容说，《礼运》及公羊家之说，比五德说或三统说，较为合于现在人之常识，所以现在人对于《礼运》、公羊家之说，常加称道。但就其皆注重于文化类型说，《礼运》、公羊家之说，与五德三统之说，是一致的。

自汉以后，中国人所见者，只是一种文化，所以对于汉人所有关于文化之理论，不感兴趣，因为他们并没有关于文化方面的问题。及至清末，中国人又看见许多不同的文化，在文化方面，又起了问题，因此对于汉人所有关于文化之理论，又发生兴趣。清末公羊家之学之所以大盛，此是其一重要的原因。

清末人用汉人所说对于文化之分类，以分别其所见之不同的文化。照康有为的说法，"欧美各国"的文化是白统，服色尚白，正朔建子。俄罗斯、回教的文化是黑统，正朔建丑。这些说法，当然是可笑的附会。我们若照样附会起来，我们可以说，资本主义的文化是白统，共产主义的文化是赤统，法西斯主义的文化是黑统。这说法虽亦是可笑的附会，但似乎比康有为所说，还有根据些。

汉人亦有将文化分为文质二种者。公羊家亦说文家、质家，清末人亦有说，所谓西洋文化是属于质家、中国文化是属于文家者。例如西洋人对于国君，直称其名，中国人对于国君，则讳其名。清末人以为此即文质二家之分之一例。

这些说法，我们现在看来，都是可笑的附会。但是有一点，我们不可不注意者，即是清末人亦是从类的观点，以说文化。就他们所说之内容说，他们所说是可笑的附会。但是他们知类，他们不注意于一类中的事物间之异而只注意其同。他们不说，中国与西洋，有什么本来的不同，如所谓国民性等。中国与西洋之不同乃由于其所属于之文化类不同。如中国人因文敝而改行质家之法，则中国与西洋即无不同。如西洋人因质敝而改行文家之法，则西洋与中国亦无不同。这种看法，离开其内容说，是不错的。

论中西文化的差异

/ 张荫麟 /

文化是一发展的历程，它的个性表现在它的全部"发生史"里。所以比较两个文化，应当就是比较两个文化的发生史。仅只一时代、一阶段的枝节的比较，是不能显出两文化的根本差异的。假如在两方面所摘取的时代不相照应，譬如以中国的先秦与西方的中古相比，或以西方的中古与中国的近代相比，而以为所得的结果，就是中西文化的根本异同，那更会差以毫厘，谬以千里了。

寻求中西文化的根本差异，就是寻求贯彻于两方的历史中的若干特性。唯有这种特性才能满意地解释两方目前之显著的、外表的而为以前所无的差异。若仅只注意两方在近今一时代之空前的差异，而认为两方的根本差异即在于此，一若他们在近今一时代之空前的差异是突然而来、前无所承的，在稍有历史眼光的人看来，那真是咄咄怪事了！

近代中西在文化上空前的大差异，如实验科学、生产革命、世界市场、议会政治等等之有无，绝不是偶然而有、突然而生的。无论在价值意识上，在社会组织上，或在"社会生存"上，至少自周秦、希腊以来，两方都有贯彻古今的根本差异。虽然这些差异在不同的时代，有强有弱，有显有隐。这三方面的差异互相纠结，互相助长，以造成现今的局面。

这三方面的发生史上的差异，下文以次述之。

一

凡人类"正德、利用、厚生"的活动，或作为"正德、利用、厚生"的手段的活动，可称为实际的活动。凡智力的、想象的或感觉的活动，本身非"正德、利用、厚生"之事，而以本身为目的，不被视作达到任何目的之手段者，可称为纯粹的活动。凡实际的活动所追求的价值，可称为实践的价值。凡纯粹的活动所追求的价值，可称为观见的价值。过去中西文化的一个根本差异是：中国人对实际的活动的兴趣，远在其对纯粹的活动的兴趣之上。在中国人的价值意识里，实践的价值压倒了观见的价值。实践的价值几乎就是价值的全部，观见的价值简直是卑卑不足道的。反之，西方人对纯粹的活动，至少与对实际的活动有同等的兴趣。在西方人的价值意识里，观见的价值若不是高出乎实践的价值之上，至少也与实践的价值有同等的地位。这一点中西文化的差异，以前也有人局部地见到。例如在抗战前数年时，柳诒徵先生于《中国文化西被之商榷》一文里曾说：

> 吾国文化惟在人伦道德，其他皆此中心之附属物。训诂，

训诂此也；考据，考据此也；金石所载，载此也；词章所言，言此也。亘古亘今，书籍碑板，汗牛充栋，要其大端，不能悖是。

又说：

由此而观吾国之文学，其根本无往不同。无论李、杜、元、白、韩、柳、欧、苏，辛稼轩、姜白石、关汉卿、王实甫、施耐庵、吴敬梓，其作品之精神面目虽无一人相似，然其所以为文学之中心者，君臣、父子、夫妇、兄弟、朋友之伦理也。

柳先生认为中国人把道德的价值，放在其他一切价值之上，同时也即认为西方人没有把道德的价值放在其他一切价值之上，这是不错的。不过我以为这还不能详尽地、普遍地说明中西人在价值意识上的差异。在上文所提出的价值的二分法当中，所谓实践的价值，包括道德的价值，而不限于道德的价值。唯有从这二分法去看中西人在价值意识上的畸轻畸重，才能赅括无遗地把他们这方面的差异放在明显的对照。

说中国人比较地重视道德价值，稍读儒家的代表著作的人都可以首肯。但说中国人也比较地重视其他实践的价值，如利用、厚生等类行为所具有的，许多人会发生怀疑。近二三百年来，西方人在利用、厚生的事业上惊心炫目的成就，使得许多中国人，在自惭形秽之下，认定西方文明本质上是功利（此指社会的功利，非个人的功利，下同）主义的文明。而中国人在这类事业的落后，是由于中国人一向不重功利，这是大错特错的。正唯西方人不把实际的活动放在纯粹的活动之上，所以西方人能有更大的功利的成就；正唯中国人让纯粹的活动被迫压在实际的活动之下,所以中国人不能有更大的功利的成就。这个似是自相矛盾而实非矛盾的道理(用近时流行的话,可称为辩证法的真理),下文将有解说。

《左传》里说,古有三不朽:太上立德,其次立功,其次立言。这是中国人的价值意识的宣言。历来中国代表的正统思想家,对这宣言没有不接受的。许多人都能从这宣言认取道德价值在中国人的价值意识中的地位。但我们要更进一步注意:这仅只三种被认为值得永久崇拜的事业,都是实际的活动,而不是纯粹的活动;这三种头等的价值,都是实践的价值,而不是观见的价值。所谓德,不用说了;所谓功,即是惠及于民,或有裨于厚生、利用的事;所谓言,不是什么广见闻、悦观听的言,而是载道的言,是关于人生的教训。所以孟子说:"有德者必有言。"

亚里士多德的《尼各马可伦理学》,其在西洋思想史中的地位,仿佛我国的《大学》《中庸》。《伦理学》[1]和《大学》都讲到"至善"。我们试拿两书中所讲的"至善",做一比较,是极饶兴趣的事。亚里士多德认为至善的活动,是无所为而为的真理的观玩;至善的生活,是无所为而为地观玩真理的生活。《大学》所谓"止于至善",则是"为人君止于仁,为人臣止于敬,为人子止于孝,为人父止于慈,与国人交止于信"。这差别还不够明显吗?中国人说"好德如好色",而绝不说"爱智""爱天";西方人说"爱智""爱天",而绝不说"好德如好色"。固然中国人也讲"格物致知",但

---

[1] 即上文《尼各马可伦理学》。——编者注

那只被当作"正心、诚意、修身、齐家、治国、平天下"的手段,而不被当作究竟的目的。而且这里所谓"知",无论照程朱的解释或照王阳明的解释,都是指德行之"知",而不是指经验之"知"。王阳明的解释不用说了,程伊川说:"知者,吾所固有,然不致则无从得之。而致知必有道,故曰致知在格物。"又说:"闻见之知,非德行之知,物交物则知之,非内也,今之所谓博物多能者是也。德行之知,不假见闻。""致知"所致之"知",为"吾所固有",即"由内",而"不假见闻",即德行之知也。朱子讲致知,是"窃取程子之意"的,其所谓"致吾之知"当然即是致"吾所固有"之知了。实践价值的侧重在宋明的道学里更变本加厉。在道学家看来,凡与修身、齐家、治国、平天下无明显关系的事,都属于"玩物丧志"之列。"学如元凯方成癖,文至相如始类俳。独立孔门无一事,却师颜氏得心斋!"这是道学家爱诵的名句。为道学家典型的程伊川,有人请他去喝茶看画,他板起面孔回答道:"我不喝茶,也不看画!"

我不知道有什么事实可以解释这价值意识上的差异。我们也很难想象,这差异是一孤立的表象,对文化的其他方面,不发生影响。这价值意识上的差异的具体表现之一,是纯粹科学在西方形成甚早,而在中国受西方影响之前,始终未曾出现。我们有占星术及历法,却没有天文学;我们有测量面积和体积的方法,却没有几何学;我们有名家,却没有系统的论理学;我们有章句之学,却没有文法学。这种差异绝不是近代始然,远在周秦、希腊时代已昭彰可见了。纯粹科学,是应用科学的必要条件。没有发达的纯粹科学,也绝不会有高明的实用的发明。凡比较复杂的实用的发明,都是(或包含有)许多本来无实用的发现或发明的综合或改进。若对于无实用的真理不感兴趣，则有实用的发明便少所取材了。这个道理，一直到现在，我国有些主持文化、学术或教育事业的人，还不能深切体认到。传统的价值意识囿人之深，于此可见了。观见价值的忽略，纯粹科学的缺乏，这是我国历史上缺少一个产业革命时代的主因之一。

有人说：中国的音乐是"抒情诗式的"，西洋的音乐是"史诗式的"。不独在中西的音乐上是这样，在中西全部艺术上的成就上也大致是这样，想象方面的比较缺乏"史诗式的"艺术，与智力方面的缺乏纯粹科学是相应的。史诗式的艺术和纯粹科学，同样表示精细的组织、崇闳的结构，表示力量的集中、态度的严肃，表示对纯粹活动的兴趣，和对观见价值的重视。

二

其次，从社会组织上看中西文化之发生史的差异。就家族在社会组织中的地位，以及个人对家族的权利和义务而论，西方自希腊时代已和中国不同。法国史家古郎士说："以古代法律极严格论，儿子不能与其父之家火分离，亦即服从其父，在其父生时，彼永为不成年者。……雅典早已不行这种子永从其父之法。"（《希腊罗马古代社会研究》汉译本，页六四）又斯巴达在伯罗奔尼撒战役以后，已通行遗嘱法（同上，页五八）使财产的支配权完全归于个人而不属于家族。基督教更增加个人对家族的解放。在基督教的势力下，宗教的义务，是远超越过家族的要求。教会的凝结力，是以家庭的凝结力为牺牲的。《新约》里有两段文字，其所表现的伦理观念与中国传统的伦理观念相悖之甚，使得现今通行的汉译本不得不大加修改。其一段记载耶稣说：

　　假若任何人到我这里来，而不憎恶他的父母、妻子、儿女、兄弟和姊妹，甚至一己的生命，他就不能做我的门徒。

另一段记载耶稣说：

　　我来并不是使世界安宁的，而是使他纷扰的。因为我来了，将使儿子与他的父亲不和，女儿与她的母亲不和，媳妇与她的婆婆不和。（两段并用韩亦琦君新译）

　　基督教和佛教都是家族组织的敌人。基督教之流布于欧洲与佛教之流布于中国约略同时。然基督教能抓住西方人的灵魂，而佛教始终未能深入中国人的心坎者，以家族组织在西方本来远不如在中国之严固，所谓物必先腐然后虫生之也。墨家学说的社会的含义和基督教的大致相同，而墨家学说只是昙花一现，其经典至成了后来考据家聚讼的一大问题，这也是中国历来家庭组织严固的一征。基督教一千数百年的训练，使得牺牲家族的小群，而尽忠于超越家族的大群的要求，成了西方一般人日常呼吸的道德空气。后来基督教的势力虽为别的超家族的大群（国家）所取而代，但那种尽忠于超家族的大群的道德空气是不变的。那种道德空气是近代西方一切超家族的大群，从股份公司到政治机构的一大巩固力，而为中国人过去所比较欠缺的。我不是说过去中国人的社会思想一概是"家族至上"。儒家也教人"忠孝两全"，教人"移孝作忠"，教人"战阵无勇非孝也"，教人虽童子"能执干戈以卫社稷者可无殇"。孔子亦曾因为陈国的人民不能保卫国家，反为敌国奴役，便"过陈不式"。有些人以为过去儒家所教的"忠"只是"食君家之禄者，忠君家之事"的意思，那是绝对错误的。不过中国人到底还有调和忠孝的问题，而西方至少自中世迄今则不大感觉到。在能够"上达"的人看来，"忠孝两全"诚然是最崇高的理想。但在大多数只能"下达"的人看来，既要他们孝，又要他们忠，则不免使他们感觉得"两姑之间难为妇"了。而且对于一般人毕竟家近而国远，孝（此处所谓"孝"就广义言，谓忠于家族）易而忠难，一般人循其自然的趋向，当然弃难趋易了。就过去中国社会组织所表现于一般中国人心中的道德意识而言，确有这种情形。而这种情形在西方至少是比较轻浅的。像《孟子》书中所载"舜为天子，皋陶为士，瞽瞍杀人，则如之何"的疑问，和孟子所提出舜"窃负而逃，遵海滨而处"的回答，是任何能作伦理反省的时代的西方人所不能想象的。许多近代超家族的政治或经济组织，虽然从西方移植过来，但很难走上轨道，甚至使人有"橘逾淮而为枳"之感者，绝对尽忠于超家族的大群的道德空气之缺乏是一大原因。

三

再次，就社会的生存上看，过去中国的文化始终是内陆的农业的文化；而西方文化，自其导源便和洋海结不解的关系。腓尼基、克列特，不用说了。希腊、罗马的繁荣是以海外贸易、海外掠夺和海外殖民做基础的。在中世纪，海外贸易的经营仍保存于东罗马帝国，而移于波斯人和阿拉伯人之手。文艺复兴的时代同时也是西南欧海外贸易复兴和市府复活的时代。从12世纪西南欧的准市府的经济，到现代西方海洋帝国主义的经济，是一继续的发展，是一由量的增加而到质的转变的历程。这历程和希腊、罗马的海外开拓是一线相承的。

而海外开拓的传统是中国历史上所没有的。这点差异从两方的文学也可看出。西方之有荷马和维吉尔的史诗,好比中国有《诗经》和《楚辞》。荷马和维吉尔的史诗纯以海外的冒险的生活为题材,他们的英雄都是在风涛中锻炼成的人物。而在《诗经》和《楚辞》中,除了"朝宗于海""指西海以为期"一类与航海生活无关的话外,竟找不到一个"海"字。近三四百年来,像卡蒙斯(葡萄牙诗人,以瓦斯科发现好望角之航行为史诗题材者)、康拉德(英小说家,专写海上生活)之徒在西方指不胜屈,而中国则绝无之。中国唯一与航海有关的小说《镜花缘》,其海外的部分却是取材于《山海经》的。我不是一味讴歌洋海的文化,而诅咒内陆的文化,二者各有其利弊。孔子说:"智者乐水,仁者乐山,智者动,仁者静。"我们也可以说洋海的文化乐水,内陆的文化乐山;洋海的文化动,内陆的文化静。而且我们也可以更进一步说,洋海的西方文化恰如智者,尚知;内陆的文化恰如仁者,尚德。洋海的文化动,所以西方的历史比较地波澜壮阔,掀扬社会基础的急剧革命频见迭起。内陆的文化静,所以中国历史比较地平淡舒徐,其中所有社会的大变迁都是潜移默运于不知不觉,而予人以二千多年停滞不进的印象。洋海的文化乐水,所以西方历史上许多庞大的政治建筑都是"其兴起也勃焉,其没落也忽焉",恰如潮汐。而中国则数千年来屹立如山。(第一次世界大战后,希特勒汲汲经营陆军,图霸欧陆,而不甚着意海军,以图收复殖民地,他未必不是有见于此理。)这差异固然有其地理环境的因素,但地理环境所助成的文化发生史上的差异,研究比较文化的人不容忽视。海外开拓是产生资本主义的一大原动力,虽然资本主义的发达也增加了海外开拓的需要。一般仅只根据《共产党宣言》去讲唯物史观的人，以为照马克思的说法，欧洲资本主义的社会是蒸汽机的发明所造成的（所谓生产工具决定生产关系）。其实马克思晚年在《资本论》里已经放弃这种说法。近今讲马克思主义的人绝不提到《资本论》里对资本主义起源的更近真的解释，我觉得是很可诧异的。在《资本论》里，马克思把资本主义分为两个时期：

（1）手工制造时期；

（2）机械制造时期。

照定义，在资本主义的手工制造时期，蒸汽机还没有出现，怎么说蒸汽机的发明，造成资本主义的社会呢？那么资本主义是怎样起来的呢？马克思以他所目击的英国为例。资本主义发生的先决条件是大量无产无业的"普罗列塔列亚"聚集都市，以供拥有资财的人的利用。因为海外市场对英国毛织品的需求，使得这种制造事业（起初是由小规模的工场和家庭出品的收集来供应的）在英国特别繁荣，同时羊毛的价格也大涨。于是拥有巨量土地的贵族，纷纷把本来供耕种用的土地收回做牧场，同时把原有永久的佃户驱逐。这大量被剥夺了生产的资藉的农民的聚集都市，和海外市场对英国织造业的继续增长的需求，便是造成最初出现于欧洲的大工厂的动力。以上都是马克思在《资本论》里的说法。我们更可以补足一句：蒸汽机的发明也是适应着海外市场对英国织造业的继续增长的需要的。（但非纯由于适应此需要，远在此时以前西方已有以蒸汽为发动力的机构，唯视为无用的奇器，陈列于博物院者而已。）所以要明白近代西方生产革命的由来，不可忽略了西方航海事业的传统，要了解中西文化在其他方面的差异，也不可不注意西方航海事业的传统。

文化思想之冲突与调和

/ 汤 用 彤 /

自日本发动侵略战争以来，世界全部渐趋混乱，大家所认为最高的西洋文化产生了自杀的现象。人类在惨痛经验之中渐渐地觉悟到这种文化的本身恐怕有问题。这个问题太大，和全世界有关系，我不能加以讨论。中国与西洋交通以来，因为被外族的欺凌，也早已发生了文化的前途到底如何的问题。直到现在，这个问题犹未决定。有人主张用中国文化做本位，有人主张全盘西化。这个问题也太大，我也不能加以讨论。不过关于外来文化思想和本有文化接触时，发生的问题确实有两方面：一方面我们应该不应该接受外来文化，这是价值的评论；一方面我们能不能接受外来文化，这是事实上的问题。关于价值的评论，我们应不应该接受，我已经说过，现在不能加以讨论。关于事实上的问题，我们能不能，问题也非常复杂，我们不是预言家，也不相信预言，现在也不能讨论。不过将来的事虽然现在我们不能预知，过去的事，往往可以做将来的事的榜样。古人说得好，"前事不忘，后事之师"。现在虽不能预测将来，但是过去我们中国也和外来文化思想接触过，其结果是怎么样呢？这也可以供我们参考。而现在科学中的文化人类学，也对于文化移植问题积极地研究，他们所研究的多偏于器物和制度，但是思想上的问题，恐怕也可以用他们的学说。

"文化的移植"，这个名词是什么意义呢？这就是指着一种文化搬到另一国家和民族而使它生长。这中间似包括两个问题：第一个是问外来的文化移植到另一个地方是否可有影响；第二个是问本地文化和外方接触是否能完全变了它的本性，改了它的方向。这个问题当然须先承认一个文化有它的特点，有它的特别性质。根据这个特性发展，这个文化有它一定的方向。现在拿思想做一个例子，第一个问题就是说外来思想是否可以在另一地方发生影响，这问题其实不大成问题。因为一个民族的思想多了一个新的成分，这个已经是一种影响。所以第一个问题不大成问题。第二个问题，就是说一个民族或国家的思想有它的特性，并且有它的方向，假使与外来思想接触，是否可完全改变原有特质和方向，这实在是一个问题。就拿中国文化和印度佛学的接触来说，向来的看法很不相同。照宋明儒家的说法，中国文化思想有不可磨灭的道统。而这个道统是由中国古圣先贤尧、舜、禹、汤、文、武、周公、孔子、孟轲、扬雄一代一代传下来的。中间虽经外来思想所谓佛学捣了一回乱，但宋明儒家仍是继承古国固有的道统。中国原有的文化特质并没有失掉，中国文化的发展自三代以来究竟没有改换它的方向。但是照另一说法，却是与儒者意思相反。他们说中国思想因印度佛学进来完全改变，就是宋明儒家也是阳儒阴释，假使没有外来的佛学，就是宋明儒学也根本无由发生。

关于文化移植问题，文化人类学本有三种不同的学说。第一演化说，是比较早的主张。第二播化说，是后来很为流行的主张。第三是批评派和功能派，都是反对播化说的主张。假使将这三种学说应用到思想上，似乎可以这样说：照第一种学说，人类思想和其他文化上的事件一样，自有其独立之发展演进。照这种说法如推到极端，就可以说思想是民族或国家各个生产出来的，完全和外来的文化思想无关。照第二种学说，则一个民族或国家的文化思想都是自外边输入来的。而且有一部分文化人类学者主张世界文化同出一源（就是埃及）。他们以为世界各地均以一个地方为它的来源，一个民族或国家的文化的主要骨干，是外来的。文化的发展是他定的而非自定的。假使照这样的说而说到极端，则一种文化思想推它的本源总根本受外方影响，而外方思想总可完全改变本来的特性与方向。本来外来文化之有影响是无问题的。但是推得太大太深，因此发生了疑问。所以才有第三派的主张出现。批评派的人或者功能派的人以为外来文化与本地文化接触，其结果是双方的，而绝不是片面的。外来文化思想和本地文化虽然不相同，但是必须两方面有符合的地方。所以第一，外来文化可以对于本地文化发生影响，但必须适应本地的文化环境。第二因外来文化也要适应本地的文化，所以也须适者生存。外来文化思想也受本地文化的影响而常常有改变，然后能发生大的作用。外来文化为什么发生变化，当然因为本地文化思想有本地的性质和特点，不是随便可以放弃的。

因为一个地方的文化思想往往有一种保守或顽固性质，虽受外力压迫而不退让，所以文化移植的时候不免发生冲突。又因为外来文化必须适应新的环境，所以一方面本地文化思想受外来影响而发生变化；另一方面因外来文化思想须适应本地的环境，所以本地文化虽然发生变化，还不至于全部放弃其固有特性，完全消灭本来的精神。所以关于文化的移植我们赞成上面说的第三个学说。就是主张外来和本地文化的接触，其结果是双方的。照以上所说，因为本来文化有顽固性，所以发生冲突。因为外来文化也须和固有文化适合，故必须两方调和。所以文化思想的移植，必须经过冲突和调和两个过程。经过以后，外来思想乃在本地生了根，而可发挥很大的作用。

照上面所说的，一国的文化思想固然受外来影响而发生变化。但是外来文化思想的本身也经过改变，乃能发生作用。所以本地文化思想虽然改变，但也不至于完全根本改变。譬如说中国葡萄是西域移植来的，但是中国的葡萄究竟不是西域的葡萄。棉花是印度移植来的，但是中国的棉花究竟不是印度的棉花。因为他们适合地方，乃能生在中国。也因为他们须适应新环境，他们也就变成中国的了。同样的道理，可以推知外来思想必须有改变，适合本国思想，乃能发生作用。不然则不能为本地所接受，而不能生存。所以本地文化虽然受外边影响而可改变，但是外来思想也须改变，和本地适应，乃能发生作用。所以印度佛教到中国来，经过很大的改变，成为中国的佛教，乃得中国人广泛的接受。举两个例来证明罢。第一我们知道中国灵魂和地狱的观念不是完全从印度来的。但佛经里面讲的鬼魂极多，讲的地狱的组织非常复杂。我们通常相信中国的有鬼论必受了佛经的影响。

不过从学理上讲，"无我"是佛教的基本学说。"我"就是指着灵魂，就是通常之所谓鬼。"无我"就是否认灵魂之存在。我们看见佛经讲轮回，以为必定有一个鬼在世间轮回。但没有鬼而轮回，正是佛学的特点，正是释迦牟尼的一大发明。又通常佛教信徒念阿弥陀佛。不过"念佛"本指着坐禅之一种，并不是口念佛（口唱佛名）。又佛经中有"十念相续"的话，以为是口里念佛名十次。不过"十念"的念字乃指着最短的时间，和念佛坐禅以及口里念佛亦不相同。中国把念字的三个意义混合，失掉了印度本来的意义。这是很简单却很重要的两个例子，可以证明外来文化思想到另一个地方是要改变它的性质与内容的。

外来文化思想在另一地方发生作用，须经过冲突和调和的过程。"调和"固然是表明外来文化思想将要被吸收，就是"冲突"也是他将被吸收的预备步骤。因为粗浅地说，"调和"是因为两方文化思想相同或相合，"冲突"是因为两方文化思想的不同或不合。两方总须有点相同，乃能调和。但是两方不同的地方，假使不明了他们中间相同的地方，也不能显明地暴露出来，而且不知道有不同而去调和是很粗浅的表面的囫囵的。这样的调和的基础不稳固，必不能长久。但是假使知道不同而去调和，才能深入，才不浮泛，这样才能叫外来文化，在另一文化中发生深厚的根据，才能长久发生作用。所以外来思想之输入，常可以经过三个阶段：（一）因为看见表面的相同而调和；（二）因为看见不同而冲突；（三）因再发现真实的相合而调和。这三段虽是时间的先后次序，但是指着社会一般人说的。因为聪明的智者往往于外来文化思想之初来，就能知道两方同异合不合之点，而做一综合。在第一阶段内，外来文化思想并未深入。在第二阶段内，外来文化思想比较深入，社会上对于这个外来分子看作一严重的事件。在第三阶段内，外来文化思想已被吸收，加入本有文化血脉中了。不过在最后阶段内，不但本有文化发生变化，就是外来文化也发生变化。到这时候，外来的已被同化。比方佛教已经失却本来面目，而成功为中国佛教了。在这个过程中与中国相同相合的能继续发展，而和中国不合不同的则往往昙花一现，不能长久。比方说中国佛教宗派有天台宗、华严宗、法相宗等等。天台、华严二宗是中国自己的创造，故势力较大。法相宗是印度道地货色，虽然有伟大的玄奘法师在上，也不能流行很长久。照这样说，一个国家民族的文化思想实在有他的特性，外来文化思想必须有所改变，合乎另一文化性质，乃能发生作用。

《史记》里有几句话，说"居今之世，志古之道，所以自镜也。未必尽同"。过去的事不能全部拿来做将来的事的榜样。上面所说的，并不断定将来和过去必定一样。不过仅仅推论以往历史的原委，以供大家的参考而已。

应对西洋文化持什么态度

（节选）

/ 冯 友 兰 /

自民初以来，我们对于西洋之知识，日益增加，渐知所谓西洋文化，绝不是一个什么"德"、一个什么"统"，或一个什么"家"所能尽。清末人这种看法，就其内容看，遂成为可笑的附会，而民初人之知识，又不能用别的标准，以为文化分类。他们于是尽弃清末人所说，不但弃其所说，而并弃其看法。他们知清末人之错误，而不知其错误在于何处，遂并其不错误者而亦弃之。这是民初人的错误。

民初以来，一般人专从特殊的观点，以看所谓西洋文化。他们所谓西洋文化，是"西洋"文化，此即是说，是个特殊的文化。这个特殊的文化，在他们面前，好像是一个"全牛"，其中条理，他们看不出。他们常说，中国人如何如何，西洋人如何如何。好像在他们的心目中，中国人之是如何如何，是因为其是中国人；西洋人之是如何如何，是因为其是西洋人。他们似乎不知，至少是不注意，中国人之所以是如何如何，乃因中国文化在某方面是属于某类文化；西洋人之所以是如何如何，乃因西洋文化在某方面是属于某类文化。譬如张三因患伤寒而发烧，李四因患疟疾而发冷。张三之发烧，乃因其是患伤寒病的人，并不是因为他是张三。李四之发冷，乃因其是患疟疾的人，并不是因为他是李四。任何人患了伤寒病，都要发烧；任何人患了疟疾，都要发冷。上帝，如果有上帝，可以不患伤寒病，不患疟疾，但如果他患了伤寒病，他亦必要发烧；如果他患了疟疾，他亦必发冷。

把所谓西洋文化当成一个特殊的文化看，学西洋亦发生问题。一个个体，是一个特殊，它是不可学的。凡所谓学某个体者，其实并不是学某个体，不过是学某个体之某方面，学某个体所以属于某类之某性。例如孟子说，他愿学孔子。他所愿学而且能学者，是孔子之是圣人之一方面。若孔子之其他方面，如其是鲁人，为鲁司寇，活七十余岁等，皆是不能学的。说某个体之某方面，即是以某个体为一某类之例而观之，即是从某类之观点，以观某个体。从某类之观点，以观某个体，则某个体于此方面所有之某性，即是其主要的性质。其所有之别的性，即是其偶然的性质。例如从圣人之类之观点以观孔子，则其"圣德"是其主要的性质。其所有之别的性，如是鲁人等，皆是偶然的性质。孟子必如此看孔子，然后孔子方可学。如把一个个体作一整个看，则是不可学的。一个个体不可学，正如一个"全牛"不可吃。

其所以如此者，因一特殊的事物，可以同时属于许多类，同时有许多性。若把一特殊的事物，作为某一类之例而观之，我们固可说此特殊的事物所有之许多性质中,哪些是主要的,哪些是偶然的。但若把一特殊的事物作为一特殊的事物而观之,则此特殊的事物,无论其为何事物,皆是一五光十色的"全牛"。于此五光十色中,我们不能指出哪些是其主要的性质,哪些是其偶然的性质。例如我们把张三当成一个科学家看,我们可知其能研究科学是其主要的性质,至其所有之他性质,如是西洋人,或是中国人等,都是其偶然的性质,与他之是科学家与否毫无关系。但如我们把张三当成张三看,则不能说,不能指出,张三所有哪些性质是主要的,哪些是偶然的。

一个国家或民族所有之文化,是特殊的文化,是很复杂的,可以同时属于许多类,有许多性。所谓西洋文化,亦属于许多类,亦有许多性。若从一种文化类之观点,以看所谓西洋文化,则于其许多性中,何者是主要的性质,何者是偶然的性质,我们可以说,可以指出。但若从一特殊的文化之观点,以看西洋文化,则所谓西洋文化,亦是一个五光十色的"全牛",于此五光十色中,我们不能说,不能指出,何者是西洋文化之主要的性质,何者是其偶然的性质。自民初以来,有些人说科学及民主政治,所谓赛先生及德先生者,是西洋文化,有些人说基督教或天主教是西洋文化。崇拜德赛二先生者,固然不一定崇拜上帝,或且反对有上帝之说,但他们既是说"西洋"文化,他们不能说基督教或天主教,不是西洋文化。

因为有人以西洋文化为一特殊的文化而说之,所以于其提倡西洋化,或西化时,即引起许多纠纷。近数年来,有主张所谓全盘西化论者,有主张所谓部分西化论者,有主张所谓中国本位文化论者。无论其主张如何,但如其所谓文化是指一特殊的文化,则其主张俱是说不通，亦行不通的。

如所谓西洋文化是指一特殊的文化，则所谓全盘西化者，必须将中国文化之一特殊的文化完全变为西洋文化之一特殊的文化。如果如此，则必须中国人俱说洋话，俱穿洋服，俱信天主教或基督教等等，此是说不通，亦行不通的。主张全盘西化论者，实亦不主张此。但若其不主张此，则他所主张即与部分西化论者无异。

但如所谓西洋文化是指一特殊的文化，则主张部分西化论者，亦是说不通，行不通的。因为如以西洋文化为一特殊的文化而观之，则西洋文化是一五光十色的"全牛"，在此五光十色中，我们不能说出、指出，何为主要的性质，何为偶然的性质。如此不能说出、指出，则所谓部分西化论者，将取西洋文化中之何部分以"化"中国？科学家说，西洋之科学，是中国所应取来者。传教师说，西洋之宗教，是中国所应取来者。无论如何说，如果以所谓西洋文化为一特殊的文化而观之，其说总是武断的。

所谓西化论者之主张，虽说不通，行不通，而其主张却已引起有一部分人之大惧。此即主张中国本位文化论者。照他们的看法，中国是张三，西洋是李四，如张三变成李四，则即失其所以为张三，即不是张三了。照他们的说法，中国文化有当存者，有当去者，我们应存其所当存，去其所当去。他们亦不完全反对西化，西洋文化中，有可取而为中国所当取者，他们亦主张取之。但如果以西洋文化为一特殊的文化而观之，则其五光十色中，何者是可取而当取者？即就中国文化说，如果以中国文化为一特殊的文化而观之，则所谓中国文化亦是一五光十色的"全牛"。于此五光十色中，我们不能分出，何者是其主要的性质，何者是其偶然的性质。如此我们亦不能说，其中何者是当存，何者是当去。有人说，中国的文言文，是当存者。有人说，中国的旧道德，是当存者。但无论如何说，如果以所谓中国文化为一特殊的文化而观之，其说总是武断的。

有一比较清楚的说法，持此说法者说，一般人所谓西洋文化者，实是指近代或现代文化。所谓西洋文化之所以是优越的，并不是因为它是西洋的，而是因为它是近代或现代的。这一种说法，自然是比笼统地说所谓西洋文化者通得多。有人说西洋文化是汽车文化，中国文化是洋车文化。但汽车亦并不是西洋本有的。有汽车与无汽车，乃古今之分，非中西之异也。一般人心目所有之中西之分，大部分都是古今之异。所以以近代文化或现代文化指一般人所谓西洋文化，是通得多。所以近来近代文化或现代文化一名已渐取西洋文化之名而代之。从前人常说我们要西洋化，现在人常说我们要近代化或现代化。这并不是专是名词上改变，这表示近来人的一种见解上的改变。这表示，一般人已渐觉得以前所谓西洋文化之所以是优越的，并不是因为它是西洋的，而是因为它是近代的或现代的。我们近百年来之所以到处吃亏，并不是因为我们的文化是中国的，而是因为我们的文化是中古的。这一个觉悟是很大的。即专就名词说，近代化或现代化之名，比西洋化之名，实亦较不含混。基督教化或天主教化确不是近代化，或现代化，但不能不说是西洋化，虽大部分主张西洋化者不主张基督教化，或天主教化，或且积极反对这种"化"，但他所用的名词却亦指这种"化"。

不过我们说近代文化或现代文化，我们还是从特殊的观点以观事物。我们所谓近代或现代者，不是指古人的近代或现代，不是指任何近代或现代，而是指我们的"这个"近代与现代。我们的"这个"近代或现代，就是"这个"近代或现代，而不是别的近代或现代。它亦是个特殊，不是个类型。因为所谓近代文化或现代文化者，亦是一个特殊的文化；它亦是一个五光十色的"全牛"。在这些五光十色中，我们亦不能指出何者是其主要的性质，何者是其偶然的性质。飞机大炮与狐步跳舞，是否都是近代文化或现代文化所必需有者？专从近代文化或现代文化说，这个问题是不能问，亦不能答的。因为一特殊的事物所有之性质，就此特殊的事物说，是无所谓主要的或偶然的，说一特殊的事物所有之性质有些是主要的，有些是偶然的，都是从类的观点，以看特殊的事物。

若从类的观点，以看西洋文化，则我们可知所谓西洋文化之所以是优越的，并不是因为它是西洋的，而是因为它是某种文化的。于此我们所要注意者，并不是一特殊的西洋文化，而是一种文化的类型。从此类型的观点，以看西洋文化，则在其五光十色的诸性质中，我们可以说，可以指出，其中何者对于此类是主要的，何者对于此类是偶然的。其主要的是我们所必取者，其偶然的是我们所不必取者。若从类的观点，以看中国文化，则我们亦可知我们近百年来所以到处吃亏者，并不是因为我们的文化，是中国的，而是因为它是某种文化的。于此我们所要注意者，亦并不是一特殊的中国文化，而是某一种文化之类型。从此类型的观点，以看中国文化，我们亦可以说，可以指出，于此五光十色的诸性质中，何者对于此类是主要的，何者对于此类是偶然的，其主要的是我们所当去者，其偶然的是我们所当存者，至少是所不必去者。

照此方向以改变我们的文化，则此改变是全盘的。因为照此方向以改变我们的文化，即是将我们的文化自一类转入另一类。就此一类说，此改变是完全的，彻底的，所以亦是全盘的。

此改变又是部分的。因为照此方向以改变我们的文化，我们只是将我们的文化自一类转入另一类，并不是将我们的一个特殊的文化，改变为另一个特殊的文化。我们的文化之与此类有关之诸性，当改变，必改变；但其与此类无关之诸性，则不当改变，或不必改变。所以自中国文化之特殊的文化说，此改变是部分的。

此改变又是中国本位的。因为照此方向以改变我们的文化，我们只是将我们的文化，自一类转入另一类，并不是将我们的一个特殊的文化，改变为另一个特殊的文化。

各类文化本是公共的。任何国家或民族俱可有之，而仍不失其为某国家或某民族。如张三是科学家，李四亦是科学家，科学家之类是公共的。张三是科学家，不失其为张三；李四是科学家，亦不失其为李四。张三可在李四是科学家之方面学李四，但他所学者是李四之是科学家，而不是其是李四。张三、李四，除同是科学家外，在别的方面，张三自有其是张三者，李四自有其是李四者。所以如照上所说之方向以改变中国文化，则所谓中国本位文化之问题，自亦不成问题。

文　化

（节选）

/ 罗　庸 /

吾人一举一动，莫不与文化互为因果，对文化有认识，个人言行始能自知而统一，否则反是。今所论者，仅就中国文化为言，盖文化为一专门学问，余对专论文化之中西专书甚少涉猎，不敢强不知以为知也。

兹分四章论之：曰文化问题乃当前一大问题，曰我对于文化的看法，曰中国文化之过去，曰中国文化之现在。

一、文化问题乃当前一大问题。今日吾人习闻之文化论，约分二派：一曰全盘西化论，如陈序经氏所著之《中国文化的出路》可为代表；一曰本位文化论，近年当轴诸公颇主张之，如四维八德之提倡，如音乐教育委员会之设，是皆理论之见诸实行者。二者持论既异，其极乃至若水火不相容，徘徊于二者之间而莫知所适者，盖大有人在也。

溯自明嘉靖三十六年（公元1557年），葡人据澳门，实为西化东渐之始，时国人但以贸迁有无视之，未之异也。清季道咸以还，西人挟其坚甲利兵，向东方扩张其领土野心，国人屡败之余，遂发生一新觉悟，知非自强不能以图存，于是模仿西学西政之说忽然蜂起，至戊戌而造其极焉。时有新旧两派，一曰康梁之《湘学报》，一曰叶德辉之《翼教丛编》，相互诋评，各不相下。张文襄乃倡"中学为体，西学为用"之说以折中之。张说期在以中学御西学，原未可厚非，唯强分体用为二，遂遭非议，此真所谓"一言不智，难辞厥咎"者也。

夫历史之演变全依于势（参看《荀子·天论》），"势"非人力所能左右，持论者纵极言语之工，而历史之演变初不因群言而差其因果，此所宜先知者也。逮至五四，国人知西人所长并非坚甲利兵而别有所在，于是持论又为之一变。五四之口号曰科学、曰民主，较中西体用之说诚为灼见本原，然衡量中西文化而确见其前途者，则当推梁漱溟先生之《东西文化及其哲学》。

《东西文化及其哲学》（罗莘田、陈仲瑜两先生笔记）一书，对于东西文化作一总比较，曰东西印文化为三个不同的方向：西洋文化为向前看的，因有近代欧西文明；印度文化为向后看的，其究极为出世；中国文化为持中的（大意如此，书未在手头，不克引用原文）。对中西印文化作平列的看法，而非阶层的看法，此其全书主要之点（是书亦有可议者，如论中国人生活为以理智运用直觉，运用云云，语病甚大）。是书给予余之影响甚巨，余之对整个文化加以注意与考究者，实此书有以启发之。

北伐而后，风气又变，国人知吾国之能立国于天地间，必另有在也，于是中国本位文化之说起。第二次世界大战突发，英美处处失利，国人愈自信吾之所有者，殆非欧西之所能及，因之本位文化之说盛极一时。近三百年来国人对文化问题态度之转变概如此。

二、我对于文化的看法。吾人对名词之应用，其含义往往失之笼统。文化与文明即其一例。如油灯进于汽灯，马车进于汽车，人称之曰文化，实则应称之曰文明。盖就整个文化而言，其范围应甚广大也（梁著《东西文化及其哲学》乃一民族生活的样法，样法两字欠活）。余为文化下一定义曰：文化为一民族，乃至一个人之生活态度，一民族有一民族之生活态度，一人有一人之生活态度，此态度之形成即是文化。态度即相互间之关系，关系约有下述三种：（一）人与物的关系（即人对物的态度，包括动植矿一切物而言）；（二）人与人的关系；（三）人与神的关系。人与物的最初关系，厥为利用之以适应人的需要，如对草木虫鱼莫不如此。一人之力有所不足，则人与人的关系生焉，于是有部落焉，有国家焉。物的现象有非人之努力所能理解者，因之拜物为神，人与神的关系生焉（如拜物教是）。自草昧至于文明，中西文化之发展其历程大致相类，而其成就乃有极大之差别。对物的态度，由利用之而改造之则为物质文明；对神的态度，由拜物至信仰多神，再变为一神教，则为宗教之最高点（宗教非哲学，盖不许思索讨论也）。至于人与人之关系，则变化多方，所以然者，实生产方式有以决定之，如中国文化源于北方中国，北方宜于农业，农业之发展有赖于生活之固定，因之遂发生家族制度，再发展则为封建社会之组织，一切封建伦理道德莫不由此而生。

就人与人、人与物、人与神之态度而言，中西文化成就之不同甚显明易见。中国物质文明不进步，宗教信仰薄弱，而家庭伦理则至发达；西人则物质文明进步，社会组织健全，宗教信仰至笃；若印度（应称之曰古代印度）则对物质生活不注意，伦理生活至为散漫，而宗教信仰为哲理的信仰（古代婆罗门已如是），至佛教则更显而易见。三者本同而末异，殊途而不同归，其极则不能相容，且发生极大的冲突。

余意文化固无绝对的善恶，但求行而宜之而已，譬之居处衣着，求蔽风雨护体温而已，能适应此要求则善，反之则否。文化如水，万流并下，其极合而为一，一文化之不得统御其他文化，犹之一水之不能统御其他水也，准此而论，故步自封，倡言复古，拒人于千里之外，与夫尽弃故常，舍己耘人者，要皆为无识之谈。然此等见识之来，则源于占有的冲动。盖文化者本为无尽的创造，一涉占有则必凝滞而不流，如不打破此占有的成见，则不足以谈文化（"占有的冲动"与"创造的冲动"两词见于罗素所著书，日人厨川白村《苦闷的象征》所言的两种力，中国固有之义利之辨、理欲之争，皆约略相类）。

三、中国文化的过去。就历史演变而言，吾国文化约分四期：一曰有文字历史之初至孔子，二曰由孔子至老庄，三曰由老庄至佛教入中土，四曰由佛教入中国至西洋文化东来。今先论第一期。今日中国文化，长江上下游与黄河流域即已不同，然中国古文化的发展，基地在黄河流域，逐渐推广，故宇内大致同风（周民族为中国文化的最早发源）。由《诗》之《周颂》、大小《雅》，《书》之《周书》中，吾人可知农业制度社会实为中国文化之基础，因之有家庭，有部落，有国家，而发展为"修身、齐家、治国、平天下"之一贯思想。以此之故，人对物的要求甚低（如"日出而作，日入而息"，固无取乎电灯、汽灯也），其极乃至物质文明发生停顿的现象，亦以此之故，形成一种寡欲与知足的哲学，人与神的关系则由复杂而变为单纯，雅颂中所见或曰天，或曰帝，或称有皇上帝，如此而已。由此更产生对祖先的崇敬，所谓敬天法祖者是，人与人、人与物、人与神三者关系实互相联络（西人则科学与宗教分途发展）而一皆本于自然。如农业生产，须看天时，须顺四季变化，须知土壤之肥沃硗瘠，人力不能抵抗自然，只有随顺自然，至此天的观念与自然合为一体（所谓"君子法天运"是）。对物亦以合于自然者为善为美，如园林布置，中国人以深合自然为美，与西人园林之剪截整齐者实大异其趣也。以是吾国文化极易统一（由西周至孔子而完成），言人伦则君君臣臣、父父子子，齐家即是治国，言宗教则以天为对象，而此对象又不出乎一心，所谓"祭神如神在"，称之曰如在，盖不以身外真有此一对象在也。对物则力能化物而不化于物，以化于物则"灭天理、穷人欲"也，然亦非离物远去，故曰格物。如此则天祖人伦万物皆备于我。万物皆备于我，则无一物在我之外，此圆满人格德行之完成则为仁，此孔子之所以必依于仁也。依孔子路向而行，言态度为向前的（物质方面殊不易言），言宗教则为哲理的，言人伦则必至无穷的广大，所谓圣人"人伦之至"者也。

儒者之精神厥在自强不息（《礼记》[1]："赐也，倦于学，困于道矣，愿息事君，可乎？子曰：'《诗》云：温恭朝夕，执事有恪。事期君之难也，焉可息哉？'曰：'然则愿息事亲。'子曰：'孝子不匮，永锡尔类。事亲之难也。焉可以息

---

[1] 应为《孔子家语》。以下所引文字与《孔子家语》原文有出入，遵本文作者。后同。——编者注

哉？'"一节可参看），然此阳刚之德，本自难能，而况乱离之余，人人有避世之念。老庄之说出，于是天下风靡景从焉（读《老子》应自第十五章"致虚极，守敬笃，万物并作，吾以观其复。夫物芸芸，各复归其根，归根曰静，静曰复命，复命曰常，知常曰明，不知常，妄作凶，知常容，容乃公，公乃王，王乃天，天乃道，道乃久，殁身不殆"读起，此为《老子》八十一章之总纲），老子态度为坐观成败，以此自高，其弊则为袖手旁观，逞私弄智，以他人之颠覆鸣自己之聪明。设墨者与儒者争，墨者必败。儒者与老子争，儒者必败。盖好逸恶劳，人情之常，老氏之论，正欲遏劳而求逸者也。

庄子之说，实有助于老子（庄老持术不同，学者类能辨之），复为老子树立深厚的哲学基础。今之人，每历艰险，必逃于庄老者以此〔余尝谓今日之吾国人之行为，百分之九十九为老庄末流，百分之一为孔子余荫。持此而欲同化西人，西人之受同化者，则为腐化也。持此而论中国之文化（谈本位文化者包括在内），其距中国之文化也，盖不啻千万里〕。老庄之说起，先遭破坏者为伦理，魏晋清谈家之蔑弃礼法，索隐行怪（参《晋书·隐逸传》），盖其明验。

老庄之学实不能成为宗教，盖彼以自然为极高的哲理境地也。老庄之论尤不满于敬天法祖之说，其极遂流为玩世不恭；儒者格物，老庄外物（《庄子》有《外物篇》），而后之学庄老者，则绝物。夫蔑弃礼法，固不能灭绝人性（阮嗣宗母丧，呕血数升为最好证明），因之使人格分裂，言行支离；逃于庄老者，往往拘滞名相，因之一变而为道教，其末流且降为五斗米道。求外物者并不能绝欲，而反堕于徇物，因相率为伪，习为故常，儒者建设的向前的精神并被击碎矣，此与儒者之诚意正心完全相反。如王衍之外形彻朗，内实动侠[1]；谢安闻淝水之胜，至折屐齿，此均人格分裂之象，而国人乃深喜之，盖不自知其陷于矛盾也（老庄在中国文化上流毒甚烈，明乎此，即可明乎宋儒之所以排击老庄矣）。

老庄之流毒未熄，而印度佛说又来，此为中国文化史上之第三期变化。佛说陈义至高，国人初则深闭固拒之，后则逐渐接受之，以可与老庄易三玄之说相通也，以可与儒者正心诚意之说相通也。于是佛老合流焉，于是佛老与儒学合流焉，于是有三教归一之说焉（南朝儒生皆熟《易》《老子》，又多通佛理，可为明证）。理之在天地间，本可相通，且中人印人对物的态度亦不甚冲突，如老庄外物，佛亦外物，只有出家态度，则非国人之所喜，晋唐儒佛之争，率在此点。于是百丈禅师出，创为百丈法规，百丈法规实则僧农制度，此印度之所无。逮后之禅宗，与儒者尤为接近。宋明儒者，十八有禅，即此之故。佛教大乘教义为向前的，为发愿度生的，为欲入世而始出世的（佛译曰能仁，殿曰大雄宝殿，予人印象皆为有力的，与道之清虚不同），实佛与儒为近，与道相远。然讲佛则必有和尚，和尚必须出家，出家之人，未必深通教理，其末流且无恶不为，侵蚀腐朽之极，使儒家精神愈抽愈空，外形日益僵化，至北宋而极。周程诸子出，忧心时艰，遂倡为道学（理学）以救其弊。理学之要端在反虚入实，变文从质，于晋唐以来潮流实为一逆流，惜乎大业未就，西洋文化已经东来，中国文化又遭受一新的打击，而有吾国今日之文化局面。

---

[1] 应为"内实动狭"。——编者注

四、中国文化的现在。两千年来，吾国人之所赖以生活者，唯在不识不知之农民，与最幼稚之生产。自汉以来，士大夫之甘于下流者，复上下其手，为贪官，为污吏，为土豪，为劣绅，为刀笔，此种社会历宋元明清而仍能立于不败之地，不致国亡种灭者，以国人有共同的文化意识，且元清文化远逊吾人也。然自西风东来，国人乃惶惶然若失其屏障焉，所以致此之故，盖西人不仅有强壮之身体与丰富之知识，且富有金钱与坚甲利兵，此三者如三矢并发，洞穿吾胸；吾人所有，非儒非佛，其极必至疲惫不敢与之抗（由通商而言，由殖民而言，由坚甲利兵而言，吾人均处于不能抵抗之地，若传教，则吾人受儒佛熏陶至深，西人颇不易为力）。故西人之来，吾人始则拒之，继则畏之，畏之不足，一变而为谄媚之。是以今日吾国对外人有两种不同之态度：一曰顽固派，以中国固有文化尽美尽善，不屑模仿外人，因之避外人若将浼焉，盖即畏之也；一曰维新派，处处模仿外人，鄙弃吾国之固有为不足道，汉儿学得胡儿语，争向城头骂汉人，维新派有之，是则谄媚之也。避之媚之，两皆大谬，于是有折中者出，非守旧，非媚外，而欲以学术思想根本改造吾之文化焉。民国七八年之顷，倡为民主与科学并重之说，即世所谓五四运动者也。然言科学须提倡实业，须有资本，须有专门人才，吾无有也；言民主则国会制度须完备无缺，吾无有也（乃至吾国今日仅有之国民参政会，亦名存而实亡）。抗战以还，军火工业，悉操诸外人之手，而一息仅存之民主制度，其不亡者亦仅矣。瞻念未来，吾国之文化前途果将何若，诚有令人不寒而栗者。以谈本位文化，可否以四维八德之提倡，为已尽其能事；以谈全盘西化，可否以多购物资为已尽其能事，是大可深长思也。今吾国所持以抗战者，仍为吾祖宗之遗产；潜存民间，苟延残喘以保持至于今者，其表现悉在于农民，而今日民力已几于竭矣。深渊在前，虎狼环伺，设一失足，则万劫不复，此诚吾国危急存亡历史上最惨的时代也；此诚吾人再不能自满自足，而应战战兢兢，临深履薄，戒慎恐惧的时代也；此诚不宜再作中兴鼓吹，而应满含眼泪，为中国文化找一出路的时代也。否则犹太人亡国灭种之惨，即为吾人之写照矣。吾尝言今日之抗战纵极难苦，抗战后之艰苦更不知将若干倍于今日，譬之殡仪，葬后之凄凉，令人将转念出殡时仪仗之盛。吾人今日不知努力，抗战后或有求如今日艰苦而不可得者。然则何以救之？曰自救个人始，个人有办法，国家始有办法。

中国今后的文化建设

/ 冯 友 兰 /

　　文化一词，意义宽泛，因而文化建设问题，也是一个宽泛的问题。本文主要目的，在提出战前有关中国文化问题的几种论争，而加一批评，作为我个人对战后文化建设的意见。这些论争可归为四种：一、物质文明与精神文明的问题；二、农业文明与工业文明的问题；三、新文化与旧文化的问题；四、中国本位文化与全盘西化的问题。

　　一、物质文明与精神文明的问题：对这问题，有一个流行的看法，即"精神胜过物质；西洋虽有较高的物质文明，但中国则有胜过他们的精神文明"。普通所谓精神文明，大概是指一个社会的组织，以及道德观念、文学、哲学、艺术等。普通所谓物质文明，大概是指技术及工商业机构而言。照我们看法，物质文明为精神文明的基础，必有相当的物质文明，才可以筑起精神文明的上层建筑来。假使我们批评西洋，我们只能说，它的物质文明基础已很好，但它的精神文明，尚未到它应该到的地步，这是可以说的。但若说中国的物质文明基础不够，然精神文明却胜过西洋，这在道理上是很难说得通的。还有一种人，在价值上重视精神文明，而轻视物质文明，他们所以作这样说法，常是因了两种错误。（一）他们把个人行为及国家政治混为一谈。就个人说，一个人固不应拿物质享受来做行为的目的，他也有理由轻视物质享受很高的发国难财的商人。但这个行为标准，对国家的政治，便不能适用。相反的，一个国家应先求国民生活水准的提高，在物质文明的基础上，来发展精神文明。（二）有些民族因为自己的物质文明不如旁人，就提出这种说法来解嘲。在这几年战事中可以看出来。欧战开始时，德国从未提到过精神，待同盟国力量超过了它，而使它有战败可能的时候，德国才搬出大德意志的精神来。日本亦复如此。印度人现在还像中国在民初时一样，大谈其东方精神文明远胜于西洋物质文明。但中国则已打开了走向物质建设的大道，所以渐渐没有人再提起这种说法。所以今后我们的文化，当然要从物质建设上下手。而发展物质文明的方法，也就是任人皆知的工业化。说到此，我们就说到工业文明及农业文明的论辩。

二、工业文明与农业文明：有一部分人一想到工业，就想到它是与农业在同层次上对立的东西。工业发达，农业就要凋谢。他们以为工业化就是重工轻农。这显然是因为他误解了所谓工业化的真正的意义。确切说来，所谓工业化也就是机器化，是生产使用机械为动力，以代替人力兽力。农业使用机器，也是工业化的一部分。战前反对工业化的论辩，几皆由于这种误解。很显然的，现在世界里，凡尚未用机械生产的农业国家，都是殖民地。而这次战争中，战胜国对付战败国的办法的特色，也就是努力使战败国变成农业国家。中国战国时代，对付战败国的办法是"毁其宗庙，迁其重器"。现在对付战败国的办法，是"毁其工厂，迁其机器"。这次战争，我想不会再有人反对中国应当把生产方式，由用手提高到用机器的建设上去了。

三、新文化与旧文化：随社会生产方式的变化，将引起一种新的生活方式及观念，因而惹起新旧文化的争辩。现在差不多的人，都认为一切发明制造，总是后来居上。这种想法的本身，就是所谓现代工业文明的产物。试一观中国古书及留意老年人们说话的习惯，都可以看出中国人从前是崇古的。抱了一个退步的历史观，这是农业社会所有的观念。在农业社会中的人，注重过去的经验，所以他们崇古；在工业社会中的人，重视创造，所以他们崇今。从前的社会尊敬老人，现在的社会重视青年，也是这个道理。老年人有的是经验，青年人有的是创造适应的能力。现在还有一部分人，不能改崇古的习惯，他们赞成现在的物质文明，而认为古代的精神文明，远胜于现在，如《诗经》《楚辞》等便胜于现代的诗人的创造。初听，这理由似很动听。但古代诗文创作，能传留到现在的，都是被时间淘汰不掉的不朽作品。对艺术的批评，时间是最公正的批评者。不好的都被时间送到它应去的地方了。《诗经》《楚辞》是经几千年时间选定了的精华。以之与现代尚未经时间淘汰的艺术相比，就说旧胜于新，很显然是错误的。另一些人把古今的分别，误认为只是中西的分别。在保全中国文化的立论下，也拥护了那些其实是时间上已落伍了的旧文化。例如所谓中医西医的分别，实在是古今的分别，并不是中西的分别。

四、中国本位文化及全盘西化的论辩：因为有这种混古今之分为中西之分的混乱，所以引起许多不必要的争论。例如在战前所谓中国本位文化及全盘西化的论辩，就起于这一种混乱。我们是中国人，为什么要全盘西化？这就是主张中国本位文化的人所提出的问题。假使不说全盘西化，只说全盘今化，一切问题就简单了。我们也承认有些事只是中西之分，而不是古今之异的。例如中餐西餐、房屋花样、衣着形式等。这些在实用上虽无甚差别，但很有关于民族感。所以这是应该保存的。所以我以为我们的文化，要以民族之义为形式，而以现代化为内容，也就是实际采取现代的新文化，而被以这些中国所特有的花样。这些花样主要是语言、文学、哲学、艺术等有民族色彩的东西，但这并不是重弹"旧瓶装新酒"的老调，而是连瓶都要换新的，只是瓶上的花样依旧而已。

〈第二章〉
雷海宗、吴晗、张荫麟讲历史文化

历史过去的释义

/ 雷 海 宗 /

历史学研究的对象，普遍称为"过去"。对于过去，无论我们详知或略晓，普通的感觉总以为过去本身是简单的，只是从前曾经发生的种种事物而已。但实际问题并不像一般人，甚至许多历史家，所想象的那样简单。我们若细加推敲，追问从前发生的一切究竟如何，问题立刻就来了。并且是愈钻研，发现问题愈多。太复杂的问题不必讲。专就根本的名词言，我们用"过去"或"历史"一词时，实际就有两种不同的意义，而用时又往往把两义混用而不自觉。这种不自觉的混淆，是许多误会的来源。

过去有二，一为绝对的，一为相对的，把过去的事实看为某时某地曾经发生的独特事，而不问它与再远的过去或再后的未来的关系，把它看为超然而独立的既成事实，那个过去是固定的，是已定的，是一成不变的，是万古如此的，是绝对不可挽回的。例如长平之战,秦败赵,白起坑杀赵国降卒四十万;汉武帝征服南越,设置郡县;唐太宗威震四方,称天可汗——凡此种种都已过去,就已经过去的方面言是永不会再改变分毫的,已经如何,就是如何,任凭后人的如何赞成或如何反对,也不能再把这些事实取消、修改或增删。但这种绝对的过去观,是完全抽象的纯理智看法。当为一种哲学的见解则可,作为一种文学的慨叹对象也可,然而这却不是普通历史学里的历史知识。史学的过去是相对的,是瞻前顾后的。一件事实对于以往的关系,对于未来的影响,在当时的地位,对今日所仍有的意义,都必须研究清楚,那件事实才是真正的历史知识,才成为历史学的事实,才有意义,才是活的,但一谈到活的意义,与此时此地此人此景有生动关系的意义,问题就复杂了。没有任何一种事实能有百世不变的意义。此代认为第一等重要的事,彼代认为无足轻重。此地认为可赞的事,彼地认为可憾。此人认为平淡的事,彼人认为意味深长。我们生于现在,创造未来,这是人所共晓的,一般人所不注意的,是我们也创造过去,每一个时代所认识的过去,都是那一时代的需要、希望、信仰、成见、环境、情绪等所烘托而出的。以上种种,没有两个时代完全相同,所以同一的过去,也没有两个时代对它的看法完全相同。我们试以孔子为例,而引申此说。

　　孔子之为孔子,已经过去,万古不变,但这个绝对的孔子,我们永远不能知道。不只文献漏载的孔子生活事实或日常琐事,我们无法求知,专就文献可征的孔子嘉言懿行而论,某一嘉言,某一懿行,孔子说时做时的心情、原因、背景与目的,我们大部也永不能知。历史上所"知"的孔子,是后世对于上面所讲"不可知"的孔子的主观认知。例如在孔子死后百年左右，在《论语》一书的编纂时期，我们可以看出，再传以及三四传的儒家弟子把孔子看为圣人，看为诲人不倦的大师，看为不得志的大才，看为中国传统与正统文化的提倡者，凡此一切有多少是合乎百年前孔子在世时的事实的，我们不必追问。所可注意的，是《论语》一书中所表出的这个孔子，正是战国初期政治社会开始大乱时主张保守以求安定的儒家的理想。他们是都希望借着复古以安定社会的，所以也就描写出一个好古博古的大师与圣人。再进一百年，到了战国晚期，如以《荀子》一书的孔子为代表，孔子已作为鲁国的摄相，七日而诛少正卯，威风十足，是《论语》中所不见。孔子又为鲁司寇，断案的方法奇特，为一般人所不能了解。鲁君向孔子问难，有时问的不得体，孔子竟然不答，其傲气之高，不可向迩，这几件事无论或多或少的有否根据，我们可看为战国中期以下百家争鸣，群士争助，各思谋得一官半职的热衷之士所特别标榜的故事。这个孔子已远不如《论语》中的孔子之超然，其分别就在战国初期的儒家尚不似战国中期以下儒家的争求仕进[1]，而急求仕进也正是战国中期以下诸子百家的共同特征。

再进一步到汉代，孔子又变为素王，成为代后世定治平大法的未卜先知的神人，成为黑帝之子，有人母而无人父，成为微言大义的《春秋》作者。这是汉代，列国之局变为大一统后一般士子为新时代的需要而造出的一个孔子。这个孔子比起前两个孔子，显然的距离事实更远了。但却是合乎当时要求的一个孔子。汉代为此后二千年创

---

[1] 应为"急求仕进"。——编者注

立大一统的规模，一部也就靠当时的这种孔子观。至于其中的神秘部分，如黑帝之子以及相关的许多鬼话，那是与大题无关而却十足表现汉代宗教精神复盛的现象。也正因这一部分与大题无关，所以进入东汉后，这一部分渐渐为人放弃，此后只注意孔子为后世立法，为生民未有的超绝圣人的一套理论。此后二千年中国的政治社会无大变化，大体维持汉代所建的局面，所以二千年间的孔子观也未再变，除神秘部分减轻外，孔子始终是汉代儒家所创的孔子。

今日中国的社会以及整个的环境却在大变之中，为二千年所未有之局，各方都流动不定，所以对孔子的看法也无奇不有。由最保守甚至近乎汉代素王的陈旧看法，到五四时期打倒孔家店口号下的孔子万恶观，无不应有尽有。由对于孔子看法的如此混乱，也正表出中国整个文化的仍在动荡之中。若欲对孔子再有大体一致的看法，那必须等到中国文化已大体又有定型之后。此日的到临，恐怕仍然遥远。以上历代孔子观的一段追述，只是略举一例而已。今日我们对于过去的种种，都有黑白相差很远的估价，也正如对孔子的看法有天壤之分之一样。

有人或者因此而要对历史学发生疑问：是否历史学根本为主观的，为不可靠的，为这派事实的。由一方面看，也未尝不可如此说。但由另一方面看，以上的相对过去观，也不过是说历史学是活的，是人生的一部，我们对于过去的了解，也是我们今日生活不可分的一部。其实何止民族的历史如此，个人的历史又何尝不如此。我们每个人已往的经验，经验本身一成不变，一去永不复返，不只在客观上任何的经验不能重演一遍，就是在主观上我们也不能把任何已过的经验在心中不折不扣地重度一遍。时过境迁，过去的情绪、感触、思想、好恶等等都已消灭或变质，今日又有不同的情绪及其他种种。用今日的不同人格，去追忆过去的另一种情景，其意味远非过去的意味，其中不知有多少增减、修改，与有意无意的新解释。这正与我们对于身外大历史的时刻改观，如出一辙。例如一人在中小学读书，在当时不过是从父兄之命，按照社会的习惯，当然入学。入学之后，求学一方面为求知，一方面为好胜的表现，希望在成绩上出人头地。中学毕业后进入大学，对中学时代就要看成为大学的预备时期，对于当初的亲命与竞胜现象渐渐不免忘记，最少渐不注意。大学毕业，入社会服务，对中学的看法又将一变：在中学曾交了三两个挚友，中学时期同学间的喜怒哀乐与悲欢离合，中学教师的循循善诱或无理督导，中学校舍的一花一木，上课时的庄严，放假时的轻松——凡此种种，将为中年人所时常忆起。总之，中学时期只是一个富于可以追忆的温暖经验的时期，其求知求学或准备升学的方面，已成为勉强尚未忘记的淡薄感觉。再进一步，一人到了晚年，退休之后，想起了中学时代，大概只是充满了可笑的追忆而大体模糊不清的一片印象，只是人生过程的一个必需阶段，谈不到特别浓厚的意味。这三种不同的中学时代观，何种是合乎事实的？若绝对地讲，恐怕都不合乎事实，最少不合乎全部的事实。但就三个不同时期的需要与情绪讲，各在当时是都合乎事实的。民族的历史也正是如此，绝对的真实永难求得，即或求得也无意义。有意义的过去，真正的历史知识，是因时而异、因地而异的对于过去的活的认识。这个认识当然是主观的，它的价值也就主观。

生而为人，不能脱离主观。如果历史有客观的意义，那个意义不是人类所能了解的。宗教家的上帝，哲学家的天理，文学家的造物，可以刹那间而纵观过去，俯视现在，而明察未来，一眼而见全体，能明了历史的整个意义与绝对意义。由这个超然的观点来看，过去与未来浑然一体，根本没有先后久暂之分：千年如一日，一日如千年；天地初开与天地毁灭为一时一事。但这只是人类理智推到尽头，认为当有之理，而不是人类心灵所能具体把握的实在。此种绝对的实在，是上帝所独知的秘密。只要仍为人，他对于未来只能摸索，对于现在只能猜测，对于过去只能就他对于现在的看法与对于未来的希望而给他一个主观的意义。

中国文化的两周

/ 雷 海 宗 /

一、正名

二、中国史的分期

三、中国史与世界史的比较

断代是普通研究历史的人所认为一个无关紧要的问题。试看一般讲史学方法的书，或通史的叙论中，对此问题都有一定的套语，大致如下：

历史上的变化都是积渐的，所有的分期都是为研究的便利而定，并非绝对的。我们说某一年为两期的分界年，并不是说某年的前一年与后一年之间有截然不同之点，甚至前数十年与后数十年之间也不见得有很大的差别。我们若把这个道理牢记在心，就可分历史为上古、中古、近代三期而不致发生误会了。

这一类的话在西洋的作品中时常遇到，近年来在中国也很流行一时。话都很对，可惜都不中肯。历史就是变化，研究历史就为的是明了变化的情形。若不分期，就无从说明变化的真相。宇宙间的现象，无论大小，都有消长的步骤；人类文明也脱离不了宇宙的范围，也绝不是一幅单调的平面图画。但因为多数研究的人不注意此点，所以以往的分期方法几乎都是不负责任的，只粗枝大叶地分为上古、中古、近代，就算了事。西洋人如此，中国人也依样画葫芦。比较诚恳一点的人再细分一下，定出上古、中古、近古、近世、近代、现代一类的分期法，就以为是独具匠心了。这种笼统的分法比不分期也强不了许多，对于变化的认清并没有多大的帮助。不分期则已；若要分期，我们必须多费一点思索的功夫。

一、正名

"名不正则言不顺"这一句话，很可移用在今日中国史学界的身上。无论关于西洋史或中国史，各种名义都不严正，这是断代问题所以混乱的一个主要原因。我们若先将各种含意混沌的名词弄清，问题就大半解决了。

西洋史上古、中古、近代的正统分期法，是文艺复兴时代的产物。当时的文人对过去数百年以至千年的历史发生了反感，认为自己的精神与千年前的罗马人以至尤前的希腊人较为接近，与方才过去的时代反倒非常疏远。他们奉希腊、罗马的文献为经典（Classics），现在为这种经典的复兴时代（Renaissance），两期中间的一段他们认为是野蛮人，尤其是哥特人的时代（Barbarous或Gothic），或黑暗时代

（Dark Ages），恨不得把它一笔勾销。他们只肯认为这是两个光明时代之间的讨厌的中间一段，甚至可说是隔断一个整个的光明进展的障碍物，除"野蛮""哥特"，或"黑暗"之外，他们又称它为"中间时代"〔Mediaeval，为拉丁文"中间"（Medius）与"时代"（Aevum）二字合成〕，字中含有讥讽、厌弃的意义。希腊、罗马就称为经典时代（Classical Ages），又称为古代或上古（Antiquity）。"经典"当然是褒奖的名词，连"古代"也有美的含意。他们那时的心理也与中国汉以下的情形一样，认为"古"与"真美善"是一而二，二而一的。因为崇拜"古"，所以"古代"就等于"理想时代"或"黄金时代"。至于他们自己这些崇拜"古代"的人，就自称为"摩登时代"或新时代（Modern Ages）。所谓"摩登"与近日一般的见解略有不同，并不是"非古"，而是"复古"的意思，是一个"新的古代"或"新的经典时代"，或"经典复兴的时代"。

这种说法并不限于一人，也不倡于一人，乃是文艺复兴时代的普遍见解。虽然不久宗教改革运动发生，宗教信仰又盛极一时，但文艺复兴人物崇拜古代的心理始终没有消灭，历史的三段分法也就渐渐被人公认，直到今日西洋史学界仍为这种分法所笼罩。虽不妥当，在当初这种分法还可勉强自圆其说。"上古"限于希腊、罗马；关于埃及、巴比伦和波斯，除与希腊、罗马略为发生关系外，他们只由《圣经》中知道一点事实，在正统的历史作品中对这些民族一概置诸不理。19世纪以下情形大变。地下的发掘增加了惊人的史料与史实和出乎意料的长期时代。这些都在希腊、罗马之前，虽不能称为"经典时代"，却可勉强称为"古代"。地下的发掘愈多，"古代"

拉得愈长。到今日，古代最少有四千年，中古最多不过千年，近代只有四五百年。并且把希腊、罗马与中古近代的历史打成一片，虽嫌牵强，还可办到。但地下发现的史实太生硬，除了用生吞活剥的方法之外，万难与传统的历史系统融合为一。专讲埃及史或巴比伦史，还不觉得为难；一旦希求完备的通史，就感到进退窘迫。凡读通史的人，对希腊以前时间非常长而篇幅非常短的一段都有莫名其妙的感想，几万言或十几万言读过之后，仍是与未读之前同样地糊涂，仍不明白这些话到底与后来的发展有什么关系。近年来更变本加厉，把民族、血统完全间断，文化系统线索不明的新石器时代与旧石器时代也加上去（新石器时代的人类与近人大概有血统的关系，虽然同一地的新石器人类不见得一定是后来开化人类的祖先，文化系统也不见得是一线相传。至于旧石器时代的人类，与近人并不是同一的物种），甚至有人从开天辟地或天地未形之先讲起（H.G.Wells 的 *Outline of History* 是最早、最著名的例子。近年来东西各国效颦的人不胜枚举），愈发使人怀疑史学到底有没有范围，是否一种大而无外的万宝囊。

西洋人这种不假深思的行动，到中国也就成了金科玉律，我们也就无条件地认"西洋上古"为一个神怪小说中无所不包的乾坤如意袋。西洋人自己既然如此看法，我们也随着附和，还有可说；但模仿西洋，把中国史也分为三段，就未免自扰了。中国从前也有断代的方法，不过后来渐渐被人忘记。在《易·系辞》中已有"上古""中古"的名称，"上古"是指"穴居野处，结绳而治"的时代，"中古"是指殷周之际，所谓"殷之末世，周之盛德"的纣与文王的时代（见《易·系辞》下）。以此类推，西周以下当为近代。若求周备，可称西周为"近古"，就是荀子所谓"后王"的时代（见《荀子》卷三《非相篇》第五，卷五《王制篇》第九。《韩非子》卷十九《五蠹篇》第四十九以有巢、燧人的二代为上古，以尧、舜、禹之世为中古，以商周为近古，与《荀子》略异），礼乐崩坏，"世风日下"，"人心不古"的春秋、战国可称"近世"或"近代"。这大体可代表战国诸子的历史观与历史分期法。秦汉以下，历史的变化较少，一般人生长在不变之世，对于以往轰轰烈烈的变化，渐渐不能明了，史学于是也变成历朝历代的平面叙述。断代的问题并不发生，因为清楚的时代观念根本缺乏。

19世纪西学东渐以后，国人见西洋史分为三段，于是就把中国史也尔样划分。战国诸子的分法到今日当然已不适用，于是就参考西洋的前例，以先秦时代为上古，秦汉至五代为中古，宋以下为近代。再完备的就以宋为近古，元、明、清为近代，近百年为现代。此外大同小异的分期法，更不知有多少。这种分期法倡于何人，已无可考，正如西洋史的三段分法由何人始创的不可考一样（若详细搜索清末的文字，或者可找到创始的人。但这种事殊不值得特别费时间去做；将来或有人无意中有所发现）。但西洋史的三段分法，若把希腊以前除外，还勉强可通；至于中国史的三段分法或五六段分法，却极难说得圆满。

近年来中国史的上古也与西洋史的上古遭了同样的命运。中国古代的神话史本来很长，但一向在半信半疑之间，并不成严重的问题。近来地下发现了石器时代的遗物，于是中国史戴上了一顶石头帽子。这还不要紧。北京猿人发现之后，有些夸大习性未除的国人更欢喜欲狂，认为科学已证明中国历史可向上拉长几十万年。殊不知这种盗谱高攀的举动极为可笑，因为北京猿人早已断子绝孙，我们绝不会是他的后代。由史学的立场来看，北京人的发现与一个古龙蛋的发现处在同等的地位，与史学同样地毫不相干。据今日所知，旧石器时代各种不同的人类早已消灭，唯一残留到后代的塔斯玛尼亚人（Tasmanians）到19世纪也都死尽（见W.J.Sollas著 *Ancient Hunters* 第四章）。新石器时代的人到底由何而来，至今仍为人类学上的一个未解之谜：是由旧石器时代的人类演变而出，或由他种动物突变而出，全不可知。新石器时代的文化是否由旧石器时代蜕化而出，也无人能断定；新旧两石器时代的人类似乎不是同一的物种，两者之间能否有文化的传达，很成问题。新石器的人类与今日的人类属于同一物种，文化的线索也有可寻，但不见得某一地的新石器时代人类就是同地后来开化人类的祖先，某一地的新石器文化也不见得一定与同地后来的高等文化有连带的关系。因为我们日常习用"中国史""英国史""欧洲史"一类的名词，无意之间就发生误会，以为一块地方就当然有它的历史。由自然科学的立场来看，地方也有历史，但那是属于地质学与自然地理学的范围的，与史学本身无关。地方与民族打成一片，在一定的时间范围以内，才有历史。民族已变，文化的线索已断，虽是同一地方，也不是同一的历史。这个道理应当很明显，但连史学专家也时常把它忽略。无论在中国或西洋，"上古史"的一切不可通的赘疣都由这种忽略而发生。所以关于任何地方的上古史或所谓"史前史"，即或民族文化都一贯相传，最早也只能由新石器时代说起，此前的事实无论如何有趣，也不属于史学的范围。这是第一个"正名"的要点。

　　人类史的最早起点既已弄清，此后的问题就可简单许多。在中国时常用的名词，除"中国史"之外，还有"世界史""外国史"与"西洋史"三种名称。"世界史"按理当包括全人类，但平常用起来多把中国史除外，所以"世界史"等于"外国史"。至于"外国史"与"西洋史"有何异同，虽没有清楚的说法，但大致可以推定。我们可先看"西洋史"到底何指。"西洋"是一个常用的名词，但若追问"西洋"的时间与空间的范围，恐怕百人中不见得有一人能说清。若说西洋史为欧洲史，当初以东欧为中心的土耳其帝国制度文物的发展是否为西洋史的一部分？若是，为何一般西洋史的书中对此一字不提；若不是，土耳其帝国盛时的大部显然在欧洲。公元前的希腊与近数百年的希腊是否同一地属于西洋的范围？若说欧洲与地中海沿岸为西洋，起初不知有地中海的古巴比伦人为何也在西洋史中叙述？回教到底是否属于西洋？若不属西洋，为何一切西洋中古史的书中都为它另辟几章？若属于西洋，为何在西洋近代史的书中除不得不谈的外交关系外，把回教完全撇开不顾？欧洲新石器时代的文化与埃及文化有何关系？埃及已经开化之后，欧洲仍在新石器时代，但西洋通史的书中为何先叙述欧洲本部的石器文化，然后跳过大海去讲埃及？这些问题，以及其他无数可以想见的问题，不只一般人不能回答，去请教各种西洋史的作者，恐怕也得不了满意的答复。

"西洋"一词（The West 或 The Occident）在欧美人用来意义已经非常含混，到中国就更加空泛。我们若详为分析，就可看出"西洋"有三种不同的意义，可称为泛义的、广义的与狭义的。狭义的西洋专指中古以下的欧西，就是波兰以西的地方，近四百年来又包括新大陆。东欧部分，只讲它与欧西的政治外交关系，本身的发展并不注意，可见东欧并不属于狭义的西洋的范围。这是以日耳曼民族为主所创造的文化。我们日常说话用"西洋"一词时，心目中大半就是指着这个狭义的西洋。

广义的西洋，除中古与近代的欧西之外，又加上希腊罗马的所谓经典文化，也就是文艺复兴时代的所谓上古文化。讲思想学术文艺的发展的书中，与学究谈话时所用的"西洋"，就是这个广义的西洋。

泛义的西洋，除希腊、罗马与欧西外，又添上回教与地下发掘出来的埃及、巴比伦，以及新石器时代，甚至再加上欧洲的旧石器时代。这是通史中的西洋，除了作通史的人之外，绝少这样泛用名词的。

对于希腊以前的古民族，欧美人往往半推半就，既不愿放弃，又不很愿意直截了当地称它们为"西洋"，而另外起名为"古代的东方"（The Ancient East 或 The Ancient Orient）。但希腊文化最初的中心点在小亚细亚，与埃及处在相同的经线上，为何埃及为"东"而希腊为"西"，很是玄妙。回教盛时，西达西班牙，却也仍说它是"东方"。同时，西洋通史又非把这些"东方"的民族叙述在内不可，更使人糊涂。总之，这都是将事实去迁就理论的把戏。泛义的西洋实际包括埃及、巴比伦、希腊、罗马、回教、欧西五个[1]独立的文化，各有各的发展步骤，不能勉强牵合。至于欧洲的新石器时代，与这些文化有何关系，是到今日无人能具体说明的问题。这五个独立的文化

---

[1] 本文中，作者把希腊、罗马当作一个文化。——编者注

在时间上或空间上或有交互的关系，但每个都有自立自主的历史，不能合并叙述。若勉强合讲，必使读者感觉头绪混乱。我们读西洋上古史，总弄不清楚，就是因为这个道理；中古史中关于回教的若即若离的描写，往往也令人莫测高深。把几个独立的线索，用年代先后的死办法，硬编成一个线索，当然要使读者越读越糊涂了。

欧西的人尽量借用希腊、罗马的文献，当经典去崇拜，所以两者之间较比任何其他两个文化，关系都密切。但推其究竟，仍是两个不同的个体。希腊、罗马文化的重心在小亚细亚西岸与希腊半岛，意大利半岛的南部处在附属的地位，北部是偏僻的野地，地中海沿岸其他各地只是末期的薄暮地带。今日希腊半岛的民族已不是古代的希腊民族，今日的意大利人也更不是古代的罗马人。真正的希腊人与罗马人已经消灭。至于欧西文化的重心，中古时代在意大利北部与日耳曼，近代以英、法、德三国最为重要。希腊半岛与欧西文化完全无关，最近百年才被欧西所同化。上古比较重要的意大利南部也始终处在附属的地位。地中海南岸与欧西文化也完全脱离关系。创造欧西文化的，以日耳曼人为主体，古罗马人只贡献一点不重要的血统。连今日所谓拉丁民族的法兰西、意大利、西班牙人中也有很重要的日耳曼成分；称他们为拉丁民族，不过是因为他们的语言大体是由古拉丁语蜕化而出。希腊、罗马文化与欧西文化关系特别密切，但无论由民族或文化重心来看，都绝不相同。其他关系疏远的文化之间，当然更难找同一的线索了。这是"正名"工作的第二种收获，使我们知道"西洋"一词到底何指。狭义的用法，最为妥当；广义的用法，还可将就；泛义的用法，绝要不得。

日常所谓"西洋史"既包括五个不同的文化，在人类所创造的独立文化中，除新大陆的古文化不计外，只有两个未包括在内，就是中国与印度。所以我们平常所谓"外国史"或"世界史"只比"西洋史"多一个印度。若因印度人与"西洋人"都属于印欧种而合同叙述，"外国史"或"世界史"就与"西洋史"意义相同了。这是"正名"的第三种收获，使我们知道三个名词的异同关系。

文化既是个别的，断代当然以每个独立的文化为对象，不能把几个不同的个体混为一谈而牵强分期。每个文化都有它自然发展消长的步骤，合起来讲，必讲不通；若把人类史认为是一个纯一的历史，必致到处碰壁，中国的殷周时代当然与同时的欧洲或西亚的历史性质完全不同，中古时代的欧西与同时的希腊半岛也背道而驰。我们必须把每个文化时间与空间的范围认清，然后断代的问题以及一切的史学研究才能通行无阻。这是"正名"的第四种收获，使我们知道人类历史并不是一元的，必须分开探讨。互相比较，当然可以；但每个文化的独立性必须认清。

在每个文化的发展中，都可看出不同的时代与变化。本文对中国特别注意，把中国史分期之后，再与其他文化相互比较，看看能否发现新的道理。

二、中国史的分期

中国四千年来的历史可分为两大周。第一周，由最初至公元383年的淝水之战，大致是纯粹的华夏民族创造文化的时期，外来的血统与文化没有重要的地位。第一周的中国可称为古典的中国。第二周，由公元383年至今日，是北方各种胡族屡次入侵，印度的佛教深刻地影响中国文化的时期。无论在血统上或文化上，都起了大的变化。第二周的中国已不是当初纯华夏族的古典中国，而是胡汉混合、梵华同化的新中国，一个综合的中国。虽然无论在民族血统上或文化意识上，都可说中国的个性并没有丧失，外来的成分却占很重要的地位。为方便起见，这两大周可分开来讲。

华夏民族的来源，至今仍是不能解决的问题。我们只能说，在公元前3000至前2000年间，日后华夏民族的祖先已定居在黄河流域一带。至于当初就居住此地，或由别处移来，还都是不能证明的事。在整个的第一周，黄河流域是政治文化的重心，长江流域处在附属的地位，珠江流域到末期才加入中国文化的范围。第一周，除所谓史前期之外，可分为五个时代：

1. 封建时代（前1200[1]—前771）；

2. 春秋时代（前770—前473）；

3. 战国时代（前473—前221）；

4. 帝国时代（前221—88）；

5. 帝国衰亡与古典文化没落时代（88—383）。

在公元前3000年以后，黄河流域一带，北至辽宁与内蒙，渐渐进入新石器文化的阶段。除石器之外，还有各种有彩色与无彩色的陶器最足代表此期的文化。无彩色的陶器中有的与后来铜器中的鬲与鼎形状相同，证明此期与商周的铜器时代有连接的文化关系。与新石器

---

[1] 据后文所述盘庚迁殷的时间，此处应为公元前1300年。——编者注

时代遗物合同发现的骸骨与后世的华夏人，尤其北方一带的人大致相同，证明此期的人已是日后华夏民族的祖先（Black, D.著 *The Human Skeletal Remains from Sha Kuo T'un*；*A Note on the Physical Characters of the Prehistoric Kansu Race*）。

这些原始的中国人分部落而居，以渔猎或畜牧为生，但一种幼稚的农业，就是人类学家所谓锄头农业（Hoc Culture）[1]，已经开始。在公元前2000年左右，这些部落似乎已进入新石器时代的末期，就是所谓金石并用期。石器、骨器、陶器之外，人类又学会制造铜器。农业的地位日趋重要，与农业相并进行的有社会阶级的产生。人民渐渐分为贵族、巫祝的地主与平民的佃奴两个阶级。这种阶级的分别直延到封建的末期，才开始破裂。部落间的竞争，继续不断，当初成百成千的部落数目逐渐减少。到公元前1700年左右，或略前，有两个强大的部落出现，就是夏与商。夏当初大概比较盛强，许多小部落都承认它为上国。所以"夏""华夏"或"诸夏"就成了整个民族的种名。但商是夏的死敌，经过长期的竞争之后，在公元前1600年左右，商王成汤灭夏，所有的部落都被臣服，最早松散的半封建帝国，部落组成的帝国，由此成立。可惜此后三百年间的经过，我们完全不知道。但我们可断定，在公元前1600年左右必已有一个比较可靠的历法，否则农业不能发达。同时必已发明文字，因为自成汤以下历代的王名都比较可靠，并且传于后代。

据《竹书纪年》，在公元前1300年，盘庚迁殷。这是中国历史

---

[1] 应为Hoe Culture。——编者注

上第一个比较确定的年代，可认为封建时代的开始。关于此前三百年，我们只知商王屡次迁都；但此后三百年殷总是商王势力的中心。这或者证明前三百年间商王的共主地位只是名义上的。因势力不稳，而时常被迫迁都，或因其他的关系迁都；但因为势力微弱才能因小故而迁都，若势力稳固就不能轻易迁动国本。到盘庚时真正的封建制度与封建帝国才算成立，已不是许多实际独立的部落所组成的松散帝国。商王是所有部落的共主，又称天子，势力最少可达到一部分的部落之内，或者有少数的部落是被商王征服之后又封给亲信的人的。但无论当初的部落，或后封的诸侯，内政则大致自由，诸侯的地位都是世袭的。

后来周兴起于西方，据《竹书纪年》，于公元前1027年灭商，代商为天子。武王、周公相续把东方的领土大部征服，然后封子弟功臣为诸侯。所以周王的势力大于前此的商王，周的封建帝国也较商为强。但整个的制度仍是封建的，天子只直接统辖王畿，诸侯在各国仍是世袭自治的。

约在公元前900年左右，封建帝国渐呈裂痕。诸侯的势力日愈强大，上凌共主的天子，下制国内的贵族。经过长期的大并小、强兼弱之后，少数的大国实际变成统一的国家与独立的势力，天子不能再加干涉。公元前860年左右，厉王即位，想要压迫诸侯，恢复旧日的封建帝国。这种企图完全失败，在公元前842年厉王自己也被迫退位。此后十四年间王位空虚，诸侯更可任意发展。迨宣王（前827—前782）即位之后，诸侯已非王力所能制服。戎人屡屡寇边，内中有诸侯的阴谋也未可知。宣王最后败于戎人，不能再起。幽王（前781—前771）的情形更为狼狈，最后并被戎人所杀。整个的西部王畿临时都遭戎人蹂躏。平王（前770—前720）不得已而东迁，封建共主的周王从此就成了傀儡。我们已进到列国为政治重心的春秋时代。

封建时代的精神生活为宗教所包办。自然界的各种现象都被神化。风伯、雨师、田祖、先炊、河伯以及无数其他的神祇充满天地间。最高的有无所不辖的上帝，与上帝相对的有地上最高灵祇的后土。除此之外，人与神的界限并不严明。所有贵族的人死后都成神，受子孙的崇拜。

"春秋"本是书名，书中纪年由公元前722—前481年。但我们若完全为一本书所限，又未免太迂。若由前722年起，此前的五十年将成虚悬，无所归宿。以前481年为终点，还无不可，因为公元前5世纪初期的确是一个剧变的时期。但那一年并没有特殊的大事发生。此后三十年间可纪念的事很多，都可作为时代的终点。公元前479年，孔子死；前477年，田桓割齐东部为封邑，田齐实际成立；前473年，越灭吴；前464年，《左传》终；前453年，《国策》[1]始，就是韩、赵、魏灭智氏，三晋实际成立的一年。这都值得注意。《通鉴》[2]始于韩、赵、魏正式为诸侯的前403年，认为战国的始点，略嫌太晚。我们定越灭吴的前473年为春秋、战国之间的划界年，原因下面自明。

东迁以后，实际独立的列国并争，开始有了一个国际的局面。

---

[1] 即《战国策》。——编者注
[2] 即《资治通鉴》。后不再一一注释。——编者注

齐、晋、秦、楚四方的四个大国特别盛强，中原的一群小国成了大国间争夺的对象。这种争夺就是所谓争霸或争盟。大小诸国在名义上仍都承认周王的共主地位，但天子的实权早已消灭，他的唯一功用就是正式承认强力者为霸主。当初齐桓、晋文相继独霸中原，但楚国日趋盛强，使这种独霸的局面不能维持。秦在春秋时代始终未曾十分强大，齐自桓公死后也为二等国，天下于是就成了晋楚争盟的均势局面。中原的北部大致属晋，南部大致属楚。

这些竞争的列国，内部大体都已统一。封建的贵族虽仍存在，诸侯在各国内部都已成了最高的实力者，贵族只得在国君之下活动，帮助国君维持国力。平民仍未参政，在国君的统治之下，贵族仍包揽政治。所以春秋可说是封建残余的时代。但贵族的势力，在各国之间也有差别。例如在秦、楚二国，贵族很为微弱；在晋国，贵族势力就非常强大，世卿各有封土，国君只有设法维持世卿间的均势才能保障自己的地位。但这种办法终非长久之策，最后世卿实际独立，互相征伐，晋君成为傀儡，晋国因而失去盟主的地位。但楚国并未利用这个机会北进，因为在东方有新兴的吴国向它不住地进攻，使它无暇北顾。吴的兴起是春秋的大变局。

吴国兴起不久，南边又崛起了一个越国，两国间的竞争就结束了春秋的局面。春秋时代的战争是维持均势的战争，大国之间并不想互相吞并。吴越的战争，性质不同。吴仍有春秋时代的精神，虽有机会，又有伍子胥的怂恿，但并未极力利用机会去灭越。然而越国一旦得手，就不再客气，直截了当地把第一等大国的吴一股吞并。这是战国时代的精神，战国的战争都是以消灭对方为目的的战争。所以春秋末期的变化虽多，吴越的苦战可说是最大的变化，是末次的春秋战争，也是初次的战国战争。越灭吴之年是最适当的划分时代的一年。

春秋大部的时间似乎仍在宗教的笼罩之下。但到末期，大局发生剧变，独立的思潮开始抬头。对时局肯用心深思的人大致分为三派。第一为迎合潮流，去参加推翻旧势力的工作的人。这种人可以邓析为代表，是专门批评旧制，并故意与当权者为难的人（《左传》定公九年；《吕氏春秋》卷十八《审应览》第六《离谓篇》）。第二，为悲观派，认为天下大局毫无希望，只有独善其身，由火坑中求自己的超脱。这种隐士，孔子遇见许多，楚狂接舆、长沮、桀溺都是这一流的人。第三，就是孔子的一派，崇拜将要成为过去的，或大半已经成为过去的旧制度文物，苦口婆心地去宣传保守与复古。每到剧变的时代，我们都可遇到同样的三种人：为旧制辩护的人，反对旧制的人与逃避现实的纠纷的人。

"战国"一词的来源，不甚清楚。司马迁已用此名，可见最晚到汉武帝时已经流行（《史记》卷十五《六国年表序》）。《战国策》成书似在秦末或汉初或楚汉之际。（六国中齐最后亡，齐亡时的情形，卷十三《齐策六》中有记载。卷三十一《燕策三》中又提到高渐离谋刺秦始皇的事，可见成书必在秦并六国之后。书中似乎没有汉的痕迹。）但书名本来无定，不知当初"战国策"是否也为书名之一（据刘向《战国策》目录，书名原有《国策》《国事》《短长》《事语》《长书》《修书》六种。不知"国策"是否"战国策"的缩写）。若然，"战国"一词在秦汉之际已经通行。但很可能，在秦并六国之先，已有人感觉当时战争太多太烈，而称它为"战国"。所以这个名称不见得一定是后人起的，也许是当时人自定的。《战国策》卷六《秦策四》顿弱谓"山东战国有六"，卷二十《赵策三》赵奢谓"今取古之万国者分以为战国七"。可见"战国"一词起于当代。一般以为自《战国策》书名而来，乃是一个很自然而不正确的印象。

战国初期的一百年间是一个大革命的时代。三家分晋与田氏篡齐不过是最明显的表面变化，骨子里的情形较此尤为紧张。各国内部，除政治骚乱外，都起了社会的变化。封建残余的贵族都被推翻，诸侯都成了专制独裁的君主。所有的人民最少在理论上从此都一律平等，任何人都可一跃而为卿相，卿相也可一朝而堕为庶民。一切荣辱都操在国君手中，要在政治上活动的人，无论文武，都须仰国君的鼻息。同时，人民既然平等，就须都去当兵，征兵的制度开始成立。当兵已不是贵族的权利，而是全体人民的义务。所有的战争都是以尽量屠杀为手段，以夺取土地为目的的拼命决斗。周天子名义上的一点地位也无人再肯承认，一切客气的"礼乐"都已破坏无遗。这是中国历史上唯一全体人民参战的时代。

战争最烈的时代也是中国思想史上的黄金时代。各家争鸣，都想提出最适当的方案，去解决当前的严重问题。各派都认为当设法使天下平定，最好的平定方法就是统一。但统一的方策各自不同。除独善其身的杨家和道家与专事辩理的名家外，儒、墨、法、阴阳四家都希望人君能实行他们的理想以平天下。除了法家之外，这些学说都不很切实际，最后平定天下的仍是武力。但秦并六国后却承认阴阳家的五德终始说，自认为以水德王。

公元前221年，秦始皇创了自古未有的新局。前此无论名义如何，实际总是分裂的。自此以后，二千年间统一是常态，分裂是变局。但在二千年的统一中，以秦、西汉及东汉中兴的三百年间的统一为最长，最稳固，最光荣。二千年来的中国的基础可说都立于这三个世纪。秦始皇立名号，普遍地设立郡县，统一度量，同文，同轨。一般讲来，这都是此后历朝所谨守的遗产。中国的疆土在汉武帝时立下大致的规模，此后很少超出这个范围。

社会制度也凝结于此时。传统的宗法社会在战国时代颇受打击。商鞅鼓励大家族析为小家庭的办法，恐怕不限于秦一国，乃是当时普遍的政策。为增加人民对于国家的忠心，非打破大家族、减少家族内的团结力不可。这种政策不见得完全成功，但宗法制度必受了严重的摇撼。到汉代就把这种将消未消的古制重新恢复。在重农抑商的政策之下，秉持宗法的大地主阶级势力日盛。同时，儒教成为国教后，这个事事复古的派别使宗法社会居然还魂。丧服与三年丧是宗法制度的特殊象征。这种在春秋时代已经衰败，在战国时代只是少数儒家迂夫子的古董的丧制，到汉代又渐渐重建起来。（关于此点，两《汉书》中材料太多，不胜枚举。关于汉儒的丧服理论，可参考《白虎通》卷四。）

帝国成立之后，争鸣的百家大半失去存在的理由，因而无形消灭。若把此事全都归咎于秦始皇的焚书，未免把焚书的效能看得太高。只有儒、道、阴阳三家仍继续维持，但三者的宗教成分都日愈加重。孔子虽始终没有成神，但素王也演化为一个很神秘的人格。道家渐渐变成道教，鬼神、符箓、炼丹、长生的各种迷信都成了它的教义。阴阳家自始就富于神秘色彩，至此儒道两家都尽量吸收它的理论。汉的精神界可说是儒、道、阴阳合同统治的天下。

和帝一代（89—105）是重要的过渡时期。前此三百年间，除几个短期的变乱之外，帝国是一致的盛强的。由和帝以下，帝国的衰退日益显著。内政日坏，外族的势力日大，最后北部边疆的领土实际都成了胡人的殖民地，民族的尚武精神消失，帝国的军队以胡人为主干。在这种内外交迫的局势之下，大小的变乱不断发生。羌乱，党锢之祸，黄巾贼[1]，十常侍之乱，董卓之乱，李傕、郭汜之乱，前后就把帝国的命运断送。经过和帝以下百年的摧残之后，天下四分五裂，帝国名存实亡。三国鼎立之后，晋虽临时统一，但内部总不能整顿，外力总不能消灭。勉强经过三个魏晋的百年挣扎之后，胡人终于把中原占据，汉人大批地渡江南迁。

同时，精神方面也呈现相似的衰颓状态。儒教枯燥无味，经过几百年的训诂附会之后，渐渐被人厌弃。比较独立的人都投附于一种颓废的老庄学说，就是所谓清谈。平民社会的迷信程度日愈加深，一种道教会也于汉末成立。在这种种无望的情形下，佛教暗中侵入。当初还不很惹人注意，但自汉末以下势力日大，与无形中侵蚀土地的胡人同为威胁传统中国的外力。

---

[1] 历史上的旧有提法，有其历史局限性，本书尊重作者表述，不予改动。这类旧提法，涉农民起义、古代少数民族等，均已过时，本书不一一指出。希读者批判看待。——编者注

胡人起事的八十年后（公元383年），北方临时被外族[1]统一，苻坚决意要渡江灭晋，统一天下。淝水之战是一个决定历史命运的战争。当时胡人如果胜利，此后有否中国实为问题。因为此时汉族在南方的势力仍未根深蒂固，与后来蒙古、满清[2]过江时的情形大不相同，不只珠江流域尚为汉族殖民的边区，连江南也没有彻底地汉化，蛮族仍有相当的势力（《宋书》卷九十七《夷蛮列传》，《南史》卷七十九《诸蛮列传》），汉人仍然稀少。胡人若真过江，南方脆弱的汉族势力实有完全消灭的危险。南北两失，汉族将来能否复兴，很成问题。即或中国不至全亡，最少此后的历史要成一个全新的局面，必与后来实际实现的情形不同。东晋在淝水虽占了上风，中国所受的冲动已是很大。此后二百年间，中国的面目无形改变。胡、汉两族要混合为一，成为一个新的汉族，佛教要与中国文化发生不可分的关系。中国文化已由古典的第一周进到胡人血统与印度宗教被大量吸收的第二周了。

胡人的血统在第一周的末期开始内浸，在整个第二周的期间都不断地渗入。一批一批的北族向南推进，征服中国的一部或全部，但最后都与汉人混一。唯一的例外就是蒙古。北族内侵一次，汉族就大规模地渡江向南移殖一次。在第一周处在附属地位的江南与边疆地位的岭南，到第二周地位日见提高，政治上成了一个重要的区域，文化

---

[1] 以"异族""外族""胡"等称古代少数民族，为旧时提法，有其局限性。本书尊重作者表述，未予改动。此类问题不一一指出，希读者批判看待。——编者注

[2] "满清"的提法具有历史局限性，现今不再使用，但出于尊重作者，以及保持文本真实性和本来面目的考虑，本书不做改动，后文同此。——编者注

上最后成了重心。

佛教也是在第一周的末期进入中国，但到第二周才与中国文化发生了化学的作用。中国文化原有的个性可说没有丧失，但所有第二周的中国人，无论口头上礼佛与否，实际没有一个人在他的宇宙人生观上能完全逃脱佛教的影响。

第二周也可分为五期：

1. 南北朝、隋、唐、五代（383—960）；

2. 宋代（960—1279）；

3. 元、明（1279—1528）；

4. 晚明、盛清（1528—1839）；

5. 清末、中华民国（公元1839年以下）。

第一周的时代各有专名，第二周的时代只以朝代为名。这并不是偶然的事。第二周的各代之间仍是各有特征，但在政治社会方面一千五百年间可说没有什么本质的变化，大体上只不过保守流传秦汉帝国所创设的制度而已。朝代的更换很多，但除强弱的不同外，规模总逃不出秦汉的范围。只在文物方面，如宗教、哲学、文艺之类，才有真正的演变。最近百年来，西化东渐，中国文化的各方面才受了绝大的冲动，连固定不变的政治社会制度也开始动摇。

南北朝（"南北朝"在中国史学上是一个意义极其含混的名词。《南史》与《北史》同为李延寿一人所撰，但《北史》始于拓跋魏成立的公元386年，终于隋亡的公元618年；《南史》始于刘宋成立的公元420年，终于陈亡的公元589年。所以《北史》的首尾都超过《南史》。关于南北朝的始点，有人用公元386年，有人用公元420年，又有人用魏统一北方的公元439年。关于终点，隋亡的年当然不可用，因为当时已非南北分立的局面；一般多用隋灭陈而统一天下的公元589年，可算非常恰当。关于南北朝的始点，很难武断地规定。当然五胡起事的公元304年或东晋成立于江南的公元317年都可认为是南北分立的开始。但当初的局面非常混沌，一般称此期为"五胡乱华"[1]的时期，十分妥当。公元386与公元420两年，除两个朝代的创立之外，并没有特殊的重要，公元439年又嫌太晚，都不应定为时代的开始。到淝水战后，北方已很明显地要长期丧于胡人，同时胡人也觉悟到长江天险的不易飞渡，南北分立的局面至此才算清楚，分立局面下种族与文化的酝酿调和也可说由此开始，所以我们不只把公元383年当为南北朝的开始年，并且定它为第二周的起发点）、隋、唐、五代是一个大的过渡、综合与创造的时代。南北朝的二百年间，北方的胡族渐与汉人同化，同时江南的蛮人也大半被汉族所同化。到隋统一宇内的时候，天下已无严重的种族问题，所以这个新的汉族才能创造一个媲美秦、汉的大帝国。同时，在南北朝期间，新旧文化的竞争也在夷夏论辩与三教合一的口号之下得到结束。在汉代，佛教并未被人注意，因为当时那仍是一个不足注意的外来势力。到南北朝时佛教大盛。以儒、道为代表的旧文化开始感到外力的威胁，于是才向所谓夷狄之教下总攻击。由《弘明集》中我们仍可想见当时新旧文化竞争的紧张空气。这种竞争到种族混一成功时也就告一段落，佛教已与旧有的文化打成一片，无须再有激烈的争辩。调和一切、包含一切的天台宗恰巧此时成立，并非偶然。同时，中国式的佛教的最早创作也于此时出现，就是有名的《大乘起信论》（见梁启超《大乘起信论考证》）。伟大的

---

[1] 历史上的旧有提法，今已不用，此处尊重作者表述，不予改动，请读者明鉴。——编者注

隋、唐帝国与灿烂的隋、唐文化都可说是南北朝二百年酝酿的结果。

隋、唐的天子在内称皇帝，对外称"天可汗"，象征新的帝国是一个原由胡、汉混成，现在仍由胡、汉合作的二元大帝国。所以外族的人才时常被擢用，在《唐书》的列传里我们可遇到很多的外族人。佛教的各派，尤其像华严宗、法相宗、禅宗一类或内容宏大或影响深远的派别，都在此时发展到最高的程度。完全宗教化的净土宗也在此时泛滥于整个的社会，尤其是平民的社会。在唐代文化结晶品的唐诗中，也有丰富的释家色彩。

历史上的平淡时代可以拉得很长，但光荣的时代却没有能够持久的。隋、唐的伟大时代前后还不到二百年，安史之乱以后不只政治的强盛时期已成过去，连文化方面的发展也渐微弱。藩镇、宦官与新的外祸使帝国的统一名存实亡；五代时的分裂与外祸不过是晚唐情形的表面化。在文化方面发生了复古的运动，韩愈、李翱一班人提倡一种新的儒教，以老牌的孔孟之道相号召。佛教虽仍能勉强维持，极盛的时期却已过去，宋代的理学已经萌芽。所以南北朝、隋、唐、五代代表一个整个的兴起、极盛与转衰的文化运动。

宋代的三百年间是一个整理清算的时代。在政治社会方面，自从大唐的二元帝国破裂之后，中国总未能再树立健全的组织，国力总不能恢复。二百年来的分裂割据局面到公元960年算是告一段落，但各种难题仍未解决。隋、唐短期间所实行的半征兵制度的府兵早已破裂，军队又成了不负责任的流民集团。财政的紊乱与人民负担的繁重也是一个极需下手解决的问题。隋、唐时代的科举制度至此已成为死攻儒经的呆板办法，真正的人才难以出现，国家的难题无人能出来应付。在这种种的情形之下，宋连一个最低限度的自然国境都不能达到，也无足怪。不只外族的土地，寸尺不能占有，连以往混乱期间所丧失的河西与燕云之地也没有能力收复。这是中国本部东北与西北的国防要地，若操在外人手里，中国北方的安全就时刻感到威胁。宋不只无力收复，并且每年还要与辽夏入贡（巧立名目为"岁币"），才得苟安。

整个的中国显然是很不健全，极需彻底地整顿。王安石变法代表一个面面俱到的整理计划，处处都针对着各种积弊，以图挽回中国的颓运。但消极、破坏与守旧的势力太强，真正肯为革新运动努力的人太少，以致变法的运动完全失败。不久中原就又丧于外人，宋只得又渡江偏安。最后连江南都不能保，整个的中国第一次亡于异族[1]。

在思想方面也有同样的整顿运动，并且这种企图没有像政治社会变法那样完全失败。无论衷心情愿与否，中国总算已经接受了外来的佛教，永不能把它摈除。但人类一般的心理，无论受了别人如何大的影响，在口头上多半不愿承认。实际中国并未曾全部印度化，中国的佛教也不是印度的佛教，但连所吸收的一点印度成分中国也不愿永久袭用外来的招牌。宋代理学的整顿工作，可说是一种调换招牌的运动。在以往，中国参考原有的思想，尤其是道家的思想，已创了一个

---

[1] "异族"的提法具有历史局限性，现今不再使用，但出于尊重作者，以及保持文本真实性和本来面目的考虑，本书不做改动。后文同此。——编者注

中国式的佛教。现在中国人要把这种中印合璧的佛教改头换面，硬称它为老牌的古典文化，就是儒教。宋代诸子最后调和了中国式的佛教、原有的道教与正统的儒教，结果产生了一种混合物，可称为新儒教。这种结果的价值难以断定，但最少不似政治社会方面整顿计划的那样明显的失败。

元、明两代是一个失败与结束的时代。一百年间整个的中国初次受制于外族。五胡、辽、金所未能实现的，至此由蒙古人达到目的。这是过度保守、过度松散的政治社会的当然命运。蒙古人并且与此前的外族不同，他们不要与中国同化，还要鼓励汉人模仿蒙古的风俗习惯，学习蒙古的语言文字。所以中国不只在政治上失败，文化上也感到空前的压迫。但蒙古人虽不肯汉化，不久却也腐化，所以不到百年就被推翻。

明是唐以后唯一的整个中国自治统一的时代，不只东北与西北的国防要地完全收复，并且塞外有军事价值的土地也被并入帝国的范围。这种局面前后维持了二百年，较宋代大有可观。但这种表面上的光荣却不能掩盖内里的腐败。科举制度最后僵化为八股文的技术，整个民族的心灵从此就被一套一套的口头禅所封闭，再求一个经世的通才已办不到。宋代还能产生一个王安石，到明代要找一个明了王安石的人已不可得。此外，政治的发展也达到腐败的尽头。廷杖是明代三百年间的绝大羞耻。明初诛戮功臣的广泛与野蛮，也远在西汉之上；汉高情有可原，明祖绝不可恕（赵翼《廿二史札记》卷三十二《胡蓝之狱》）。成祖以下二百余年间国家的大权多半操在宦官手中，宦官当权成了常制，不似汉唐的非常情形。有明三百年间，由任何方面看，都始终未上轨道，整个的局面都叫人感到是人类史上的一个大污点。并且很难说谁应当对此负责。可说无人负责，也可说全体人民都当负责。整个民族与整个文化已发展到绝望的阶段。

在这种普遍的黑暗之中，只有一线的光明，就是汉族闽粤系的向外发展，证明四千年来唯一雄立东亚的民族尚未真正地走到绝境，内在的潜力与生气仍能打开新的出路。郑和的七次出使，只是一种助力，并不是决定闽粤人南洋发展的主要原动力。郑和以前已有人向南洋活动，郑和以后，冒险殖民的人更加增多，千百男女老幼的大批出发并非例外的事（赵翼《廿二史札记》卷二十四[1]《海外诸番多内地人为通事》）。有的到南洋经商开矿，立下后日华侨的经济基础。又有的是冒险家，攻占领土，自立为王。后来西班牙人与荷兰人所遇到的最大抵抗力，往往是出于华侨与中国酋长。汉人本为大陆民族，至此才开始转换方向，一部分成了海上民族，甚至可说是尤其宝贵难得的水陆两栖民族！

元、明两代的思想界也与政治界同样的缺乏生气。程朱思想在宋末已渐成正统的派别，明初正式推崇程朱之学，思想方面更难再有新的进展。到公元1500年左右，才出来一个惊人的天才，打破沉寂的理学界。王阳明是人类历史上少见的全才。政治家、军事家、学者、文人、哲学家、神秘经验者，一身能兼这许多人格，并且面面

---

[1] 应为卷三十四。（本书所选雷海宗先生文章，因先生所引用古籍版本与今日通行点校版本不同，故在卷次上存在不一致，此类情况，本书在保持原貌的基础上，以脚注形式注明点校本卷次，以便读者查阅。）——编者注

独到，传统的训练与八股的枷锁并不能消磨他的才学，这是何等可惊的人物！他是最后有贡献的理学家，也是明代唯一的伟人，他死的1528年可定为划时代的一年。那正是明朝开始衰败，也正是将来要推翻传统中国的魔星方才出现的时候。约在他死前十年，葡萄牙人来到中国的南岸。后来使第二周的中国土崩瓦裂的就是他们所代表的西洋人。

晚明、盛清是政治文化完全凝结的时代。元、明之间仍有闽、粤人的活动，王阳明的奇才，足以自负。明末以下的三百年间并没有产生一个惊人的天才，也没有创造一件值得纪念的特殊事业，三世纪的工夫都在混混沌沌的睡梦中过去。

明末的一百年间，海上的西洋人势力日大，北方前后有鞑靼、日本与满洲的三个民族兴起。这四种势力都有破灭日见衰颓的明朝的可能。西洋人的主要视线仍在新大陆、印度与南洋，未暇大规模地冲入中国，蒙古的鞑靼在四种势力中是最弱的，后来受了中国的牢笼，未成大患。日本若非丰臣秀吉在紧要关头死去，最少征服中国北部是很可想见的事。最后成功的是满洲，整个的中国第二次又亡于异族。但满人与蒙古人不同，并不想摧残中国传统的文化，他们自己也不反对汉化。他们一概追随明代的规模，一切都平平庸庸。但有一件大事，可说是清政府对汉族的一个大贡献，就是西南边省的汉化运动。云南、贵州的边地，虽在汉代就被征服，但一直到明代仍未完全汉化，土司与苗族的势力仍然可观。清世宗用鄂尔泰的计划，行改土归流的政策，鼓励汉人大批移殖，劝苗人极力汉化，在可能的范围内取消或减少土司的势力，增加满汉流官的数目与权势。至此云、贵才可说与中国本部完全打成一片。这虽不像明代闽粤兴起的那样重要，但在沉寂的三百年间可说是唯一影响远大的事件了。

王阳明以后，理学没有新的进展。盛清时的智力都集中于训诂考据。这虽非没有价值的工作，但不能算为一种创造的运动；任何创造似乎已不是此期的人所能办到。

鸦片战争以下的时代，至今还未结束，前途的方向尚不可知。但由百年来的趋势，我们可称它为传统政治文化总崩溃的时代。中国民族与文化的衰征早已非常明显，满人经过二百年的统治之后，也已开始腐化。在政治社会方面，不见有丝毫复兴的希望；精神方面也无一点新的冲动。在这样一个半死的局面之下，晴天霹雳，海上忽然来了一个大的强力。西洋有坚强生动的政治机构，有禀性侵略的经济组织，有积极发展的文化势力；无怪中国先是莫测高深，后又怒不可遏，最后一败涂地。直到最近对于西洋的真相才有一个比较正确的认识。最足代表传统文化的帝制与科举都已废除，都市已大致西洋化，乡间西化的程度也必要日益加深。中国文化的第二周显然已快到了结束的时候。但到底如何结束，结束的方式如何，何时结束，现在还很难说。在较远的将来，我们是否还有一个第三周的希望？谁敢大胆地肯定或否定？

三、中国史与世界史的比较

以上中国历史的分期不能说是绝对的妥当，但可算为一种以时代特征为标准的尝试分期法。专讲中国史，或者看不出这种分期有何特殊的用处，但我们若把中国史与其他民族的历史比较一下，就可发现以前所未觉得的道理。由人类史的立场看，中国历史的第一周并没有什么特别，因为其他民族的历史中都有类似的发展。任何文化区，大概起初总是分为许多部落或小国家，多少具有封建的意味。后来这些小国渐渐合并为少数的大国，演成活泼生动的国际局面。最后大国间互相兼并，一国独盛，整个的文化区并为一个大帝国。这种发展，在以往的时候可说是没有例外的。在比较研究各民族的历史时，整个文化区的统一是一个不能误会的起发点。统一前的情形往往过于混乱，因为史料缺乏，头绪常弄不清。并且有的民族关于统一前能有二千年或二千年以上的史料，例如埃及与巴比伦；有的民族就几乎全无可靠的史料，例如印度。但这是史料存亡的问题，不是史迹演化的问题。史料全亡，并不足证明时代的黑暗或不重要。关于统一前的史料，知道比较清楚的，大概是埃及、希腊、罗马与中国的三个例子。由这三个文化区历史的比较，我们大致可说民族间发展的大步骤都有共同点可寻，并且所需时间的长短也差不多。希腊各小国的定居约在公元前1200年，帝国的实现约在公元前100年（普通的书都以第一个皇帝出现的公元前31年或前30年为罗马帝国开始的一年。实际在公元前100年左右整个的地中海区已经统一，帝国已经成立），前后约一千一百年的工夫。中国由盘庚到秦并六国也是一千一百年。埃及最早定局似在公元前3000年—前2800年间，统一约在公元前1600年，前后约一千二百至一千四百年的工夫，较前两例略长，但埃及的年代至今尚多不能确定。我们可说一个文化区由成立到统一，大致不能少于一千年，不能多于一千五百年。以此类推，其他民族的历史可以大体断定。例如关于印度帝国成立前的历史，除了北部被希腊人一度征服外，我们几乎一件具体的事都不知道。但印度帝国成立于公元前321年，所以我们可推断雅利安人在印度北部定居，建设许多小国，大概是在公元前1400年或略前。关于巴比伦的历史，地下的发现虽然不少，但头绪非常混乱，年代远不如埃及的清楚。但巴比伦帝国成立于公元前2100年—前2000年间，所以我们可知巴比伦地域最初呈现定局是在公元前3100年或略前（回教文化的问题过于复杂，争点太多，为免牵涉太远，本文对回教的历史一概从略。对此问题有兴趣的人可参考 Oswald Spengler 著 *Decline of the West* 与 Amold J.Toynbee 著 *A Study of History*）。这种由详知的例子推求不详的例子的方法，是我们细密分期的第一个收获。

这个方法虽不能叫我们未来先知，但或可使我们对将来的大概趋势能比较认清。今日世界上最活动的文化当然是最初限于欧西、今日普及欧美并泛滥于全球的西洋文化。如果可能，我们很愿知道这个有关人类命运的文化的前途。如果西洋文化不是例外，它大概也终久要演到统一帝国的阶段。但这件事何时实现，比较难说，因为西洋文化当由何时算起，仍无定论。西洋文化的降生，在西罗马帝国消灭以后，大概无人否认，但到底当由何年或何世纪算起，就有疑问了。我们可改变方法，从第一时代的末期算起。一个文化区都以封建式的分裂局面为起发点。这种局面在中国结束于公元前770年左右，距秦并天下为五百五十年的工夫。在希腊，这种局面（一般称为"王制时代"）约在公元前650年左右结束，距罗马帝国的成立也为五百五十年。埃及方面因史料缺乏，可以不论，但中国与希腊的两例如此巧合，我们以它为标准或者不致大误。西洋封建与列国并立的两时代，一般以公元1500年左右为枢纽；以此推算，西洋大帝国的成立当在公元2050年左右[1]，距今至少尚有一世纪的工夫。西洋现在正发展到中国古代战国中期的阶段。今日少数列强的激烈竞争与雄霸世界，与多数弱小国家的完全失去自主的情形，显然是一个扩大的战国；未来的大局似乎除统一外，别无出路。

我们以上所讲的两点，都限于所谓文化的第一周。第二周尚未谈及，因为中国文化的第二周在人类史上的确是一个特殊的例外。没有其他的文化，我们能确切地说它曾有过第二周返老还童的生命。埃及由帝国成立到被波斯征服（公元前525年）因而渐渐消灭，当中只有一千一百年的工夫。巴比伦由帝国成立到被波斯征服（公元前539年）与消亡最多也不过有一千五百年左右的工夫。罗马帝国，若以西部计算，由成立到灭亡（一般定为公元476年）尚不到六百年。所谓东罗马帝国实际已非原来希腊罗马文化的正统继承者，我们即或承认东罗马的地位，罗马帝国由成立到灭亡（公元1453年）也不过一千五百五十年的工夫。中国由秦并六国到今日已经过二千一百五十余年，在年代方面不是任何其他文化所能及的。罗马帝国一度衰败就完全消灭，可以不论。其他任何能比较持久的文化在帝国成立以后也没有能与中国第二周相比的伟大事业。中国第二周的政治当然不像第一周那样健全，并且没有变化，只能保守第一周末期所建的规模，但二千年间大体能维持一个一统帝国的局面，保持文化的特性，并在文化方面能有新的进

---

[1] 本文初创于民国时期，其推算分析仅供参考。——编者注

展与新的建设，这是人类史上绝无仅有的奇事。其他民族，不只在政治上不能维持如此之长，并且在文化方面也绝没有这种二度的生命。我们传统的习性很好夸大，但以往的夸大多不中肯；能创造第二周的文化才是真正值得我们自夸于天地间的大事。好坏是另一问题，第二周使我们不满意的地方当然很多，与我们自己的第一周相比也有逊色。但无论如何，这在人类史上是只有我们曾能做出的事，可以自负而无愧。

唯一好似可与中国相比的例子就是印度。印度帝国的成立比中国还早一百年，至今印度文化仍然存在。但自阿育王的大帝国（公元前3世纪）衰败之后，印度永未盛强。帝国成立约四百年后，在公元100年左右，印度已开始被外族征服，从此永远未得再像阿育王时代的伟大与统一，也永不能再逃出外族的羁绊。此后只有两个真正统一的时代，就是16与17世纪间的莫卧儿帝国与近来英国统治下的印度帝国，都是外族的势力。在社会方面，佛教衰败后所凝结成的四大阶级与无数的小阶级，造出一种有组织而分崩离析的怪局。即或没有外族进攻，印度内部互相之间的一笔糊涂账也总算不清。所以在政治方面印度不能有第二周。在宗教与哲学方面，印度近二千年间虽非毫无进展，但因印度人缺乏历史的观念，没有留下清楚可靠的史料，我们只有一个混沌的印象，不能看出像中国佛教与理学发展的明晰步骤。所以在文化方面，中国与印度也无从比较。第二周仍可说是我们所独有的事业。

这种独到的特点，可使我们自负，同时也叫我们自惧。其他民族的生命都不似中国这样长，创业的期间更较中国为短，这正如父母之年长叫我们"一则以喜,一则以惧"。据普通的说法,喜的是年迈的双亲仍然健在,惧的是脆弱的椿萱不知何时会忽然折断。我们能有他人所未曾有的第二周,已是"得天独厚"。我们是不是能创出尤其未闻的新纪录,去建设一个第三周的伟局?

无兵的文化

（节选）

/ 雷 海 宗 /

一、政治制度之凝结

二、中央与地方

三、文官与武官

四、朝代交替

著者前撰《中国的兵》[1]，友人方面都说三国以下所讲的未免太简，似乎有补充的必要。这种批评著者个人也认为恰当。但二千年来的兵本质的确没有变化。若论汉以后兵的史料，正史中大半都有兵志，正续通考中也有系统的叙述，作一篇洋洋大文并非难事。但这样勉强叙述一个空洞的格架去凑篇幅，殊觉无聊。反之，若从侧面研

---

[1] 指雷海宗于1935年10月发表在《社会科学》第1卷第1期的文章。——编者注

究，推敲二千年来的历史有什么特征，却是一个意味深长的探求。

秦以上为自主、自动的历史，人民能当兵，肯当兵，对国家负责任。秦以下人民不能当兵，不肯当兵，对国家不负责任，因而一切都不能自主，完全受自然环境（如气候、饥荒等等）与人事环境（如人口多少、人才有无，与外族强弱等等）的支配。

秦以上为动的历史，历代有政治社会的演化更革。秦以下为静的历史，只有治乱骚动，没有本质的变化，在固定的环境之下，轮回式的政治史一幕一幕地更迭排演，演来演去总是同一出戏，大致可说是汉史的循环发展。

这样一个完全消极的文化，主要的特征就是没有真正的兵，也就是说没有国民，也就是说没有政治生活。为简单起见，我们可以称它为"无兵的文化"。无兵的文化，轮回起伏，有一定的法则，可分几方面讨论。

一、政治制度之凝结

历代的政治制度虽似不同，实际只是名义上的差别。官制不过是汉代的官制，由一朝初盛到一朝衰败期间，官制上所发生的变化也不能脱离汉代变化的公例。每朝盛期都有定制，宰相的权位尤其重要，是发挥皇权的合理工具，甚至可以限制皇帝的行动。但到末世，正制往往名存实亡，正官失权，天子的近臣如宦官、外戚、幸臣、小吏之类弄权专政，宰相反成虚设。专制的皇帝很自然地不愿信任重臣，因为他们是有相当资格的人，时常有自己的主张，不见得完全听命。近臣地位卑贱，任听皇帝吩咐，所以独尊的天子也情愿委命寄权，到最后甚至皇帝也无形中成了他们的傀儡。

例如汉初高帝、惠帝、吕后、文帝、景帝时代的丞相多为功臣，皇帝对他们也不得不敬重。他们的地位巩固，不轻易被撤换。萧何在相位十四年，张苍十五年，陈平十二年，这都是后代少见的例子。萧何、曹参、陈平、灌婴、申屠嘉五个丞相都死在任上，若不然年限或者更长（俱见《汉书》卷十九下《百官公卿表下》）。

丞相在自己权限范围以内的行动，连皇帝也不能过度干涉。例如申屠嘉为相，一日入朝，文帝的幸臣邓通在皇帝前恃宠怠慢无礼，丞相大不满意，向皇帝发牢骚："陛下幸爱群臣，则富贵之。至于朝廷之礼，不可以不肃！"文帝只得抱歉地答复："君勿言，吾私之。"但申屠嘉不肯放松，罢朝之后回相府，正式下檄召邓通，并声明若不即刻报到就必斩首。邓通大恐，跑到皇帝前求援，文帝叫他只管前去，待危急时必设法救应。邓通到相府，免冠赤足，顿首向申屠嘉谢罪，嘉端坐自如，不肯回礼，并声色俱厉地申斥一顿：

> 夫朝廷者，高皇帝之朝廷也。通小臣，戏殿上，大不敬，当斩！史今行斩之！

"大不敬"在汉律中是严重的罪名，眼看就要斩首。邓通顿首不已，满头出血，申屠嘉仍不肯宽恕。文帝计算丞相的脾气已经发作到满意的程度，于是遣使持节召邓通，并附带向丞相求情："此吾弄臣，君释之！"邓通回去见皇帝，一边哭，一边诉苦："丞相几杀臣！"（《汉书》卷四十二《申屠嘉传》）

这幕活现的趣剧十足地表明汉初丞相的威风，在他们行使职权的时候连皇帝也不能干涉，只得向他们求情，后来这种情形渐渐变化。武帝时的丞相已不是功臣，因为功臣已经死尽。丞相在位长久或死在任上的很少，同时有罪自杀或被戮的也很多。例如李蔡、庄青翟、赵周、公孙贺、刘屈氂都不得善终（《汉书》卷五十八《公孙弘传》，卷六十六《公孙贺传》《刘屈氂传》）。并且武帝对丞相不肯信任，相权无形减少。丞相府原有客馆，是丞相收养人才的馆舍。武帝的丞相权小，不能多荐人，客馆荒凉，无人修理；最后只得废物利用，将客馆改为马厩、车库或奴婢室（《汉书》卷五十八《公孙弘传》）！

武帝似乎故意用平庸的人为相，以便于削夺相权。例如田千秋本是关中高帝庙的卫寝郎，无德无才，只因代卫太子诉冤，武帝感悟，于是就拜千秋为大鸿胪，数月之间拜相封侯。一言而取相位，这是连小说家都不敢轻易创造的奇闻。这件事不幸又传出去，贻笑外国。汉派使臣聘问匈奴，单于似乎明知故问："闻汉新拜丞相。何用得之？"使臣不善辞令，把实话说出，单于讥笑说："苟如是，汉置丞相非用贤也，妄一男子上书即得之矣！"这个使臣忠厚老实，回来把这话又告诉武帝。武帝大怒，认为使臣有辱君命，要把他下狱治罪。后来一想不妥当，恐怕又要贻笑大方，只得宽释不问（《汉书》卷六十六《车千秋传》）。

丞相的权势降低，下行上奏的文件武帝多托给中书谒者令。这是皇帝左右的私人，并且是宦官。这种小人"领尚书事"，丞相反倒无事可做。武帝晚年，卫太子因巫蛊之祸自杀，昭帝立为太子，年方八岁，武帝非托孤不可。于是就以外戚霍光为大司马大将军，领尚书事，受遗诏辅政（《汉书》卷六《武帝纪》，卷六十八《霍光传》）。大司马大将军是天下最高的武职，领尚书事就等于"行丞相事"，是天下最高的政权。武帝一生要削减相权,到晚年有意无意间反把相权与军权一并交给外戚。从此西汉的政治永未再上轨道。皇帝要夺外戚的权柄就不得不引用宦官或幸臣,最后仍归失败,汉的天下终被外戚的王莽所篡。至于昭帝以下的丞相,永久无声无息,大半都是老儒生,最多不过是皇帝备顾问的师友,并且往往成为贵戚的傀儡。光武中兴,虽以恢复旧制相标榜,但丞相旧的地位永未恢复,章帝以后的天下又成了外戚、宦官交互把持的局面。

后代官制的变化,与汉代如出一辙。例如唐朝初期三省的制度十分完善。尚书省总理六部行政事宜,尚书令或尚书仆射为正宰相。门下侍中[1]可称为副宰相,审查诏敕,并得封驳奏抄诏敕。中书令宣奉诏敕,也可说是副宰相。但高宗以下天子左右的私人渐渐用"同中书门下平章事"的名义夺取三省的正权,这与汉代的"领尚书事"完全相同(《新唐书》卷四十六《百官志一》,卷四十七《百官志二》)。

唐以后寿命较长的朝代也有同样的发展。宋代的制度屡次改革,但总的趋势也与汉、唐一样。南渡以后,时常有临时派遣的御营使或国用使一类的名目,操持宰相的实权。明初有中书省,为宰相职。明太祖生性猜忌,不久就废宰相,以殿阁学士勉强承乏。明朝可说是始终没有宰相,所以宦官才能长期把持政治。明代的演化也与前代相同,只不过健全的宰相当权时代未免太短而已。满清以外族入主中国[2],制度和办法都与传统的中国不全相同,晚期又与西洋接触,

---

[1] 应为"侍中"。——编者注

[2] "外族入主"的提法,具有历史局限性,现今不再使用,但出于尊重作者,以及保持文本真实性和本来面目的考虑,本书不做改动。后文同此。——编者注

不得不稍微模仿改制。所以清制与历来的通例不甚相合。

历朝治世与乱世的制度不同，丞相的权位每有转移。其时间常发生一个有趣的现象：就是前代末期的乱制往往被后代承认为正制。例如尚书、中书、门下三省，乃是汉末魏晋南北朝乱世的变态制度；但唐代就正式定它为常制。枢密院本是唐末与五代的反常制度，宋朝也定它为正制。但这一切都不过是名义。我们研究历代的官制，不要被名称所误。两代可用同样的名称，但性质可以完全不同。每代有合乎宪法的正制，有小人用事的乱制。各朝的正制有共同点，乱制也有共同点；名称如何，却是末节。盛唐的三省等于汉初的丞相，与汉末以下演化出来的三省全不相同。以此类推，研究官制史的时候就不致被空洞的官名所迷惑了。

二、中央与地方

宰相权位的变化，二千年间循环反复，总演不出新的花样。变化的原动力是皇帝与皇帝左右的私人，与天下的人民全不相干。这在一个消极的社会是当然的事。

中央与地方的关系，秦、汉以下也有类似的定例。太平时代，中央政府大权在握，正如秦、汉的盛世一样。古代封建制度下的阶级到汉代早已消灭。阶级政治过去后，按理可以有民众政治出现；但实际自古至今在任何地方也没有发生过真正的全民政治，并且在阶级消灭后总是产生个人独裁的皇帝政治，没有阶级的社会，无论在理论上如何美善，实际上总是一盘散沙。个人、家族以及地方的离心力非常强大，时时刻刻有使天下瓦解的危险。社会中并没有一个健全的向心力,只有专制的皇帝算是勉强沙粒结合的一个不很自然的势力。地方官必须由皇帝委任,向皇帝负责,不然天下就要分裂混乱。并且二千年来的趋势是中央集权的程度日愈加深。例如汉代地方官只有太守是直接由皇帝任命,曹掾以下都由太守随意选用本郡的人。南北朝时,渐起变化。隋就正式规定大小地方官都受命于朝廷,地方官回避乡土的制度无形成立(顾炎武《日知录》卷八《掾属》)。若把这种变化整个认为是由于皇帝或吏部愿意揽权,未免因果倒置。主要的关系恐怕还是因为一般的人公益心日衰,自私心日盛,在本乡做官弊多利少,反不如外乡人还能比较公平客观。所以与其说皇帝愿意绝对集权,不如说他不得不绝对集权。

乱世的情形正正相反。帝权失坠,个人、家族与地方由于自然的离心力又恢复了本质的散沙状态。各地豪族、土官、流氓、土匪的无理的专制代替了皇帝一人比较合理的专制。汉末三国时代与安史乱后的唐朝和五代十国都是这种地方官专擅的好例;最多只维持一个一统的名义,往往名义上也为割据。例如唐的藩镇擅自署吏,赋税不解中央,土地私相授受,甚至传与子孙(《新唐书》卷五〇《兵志》,卷二一〇《藩镇列传》)。这并不是例外,以前或以后的乱世也无不如此。在这种割据时代,人民受的痛苦,由民间历来喜欢传诵的"宁作太平犬,勿作乱世民"的话,可以想见。乱世的人无不希望真龙天子出现,因为与地方小朝廷的地狱比较起来,受命王天下的政治真是天堂。

宋以下好似不大见到割据的局面,但这只是意外原因所造出的表面异态,北宋未及内部大乱,中原就被外族征服。南宋也没有得机会形成内部割据，就被蒙古人吞并。这都是外来的势力使中国内部不得割据的例证。元末汉人驱逐外族，天下大乱，临时又割据起来。明末流寇四起，眼看割据的局面就要成立，恰巧满清入关，中国又没有得内部自由捣乱。清末民初割据的局面实际已经成立，只因在外族势力的一方面威胁、一方面维持之下，中国不得不勉强摆出一个统一的面目。所以在北京政府命令不出国门的时候，中国名义上仍是一个大一统的"中华民国"。最近虽略有进步，这种情形仍未完全过去。所以宋以下历史的趋势与从前并无分别；只因外族势力太大，内在的趋势不得自由活动而已。

三、文官与武官

文官、武官的相互消长也与治乱有直接的关系。盛世的文官重于武官，同品的文武二员，文员的地位总是高些。例如汉初中央三公中的丞相高于太尉，地方的郡守高于郡尉，全国的大权一般讲来也都操在文吏的手中（《汉书》卷十九上《百官公卿表上》）。又如唐初处宰相地位的三省长官全为文吏，军权最高的兵部附属于尚书省，唐制中连一个与汉代太尉相等的武官也没有（《新唐书》卷四十六《百官志一》，卷四十七《百官志二》）。

独裁的政治必以武力为最后的基础。盛世是皇帝一人的武力专政，最高的军权操于一手，皇帝的实力超过任何人可能调动的武力。换句话说，皇帝是大军阀，实力雄厚，各地的小军阀不敢不从命。但武力虽是最后的条件，直接治国却非用文官不可；文官若要合法地行政，必须不受皇帝以外任何其他强力的干涉支配；若要不受干涉，必须有大强力的皇帝作后盾。所以治世文胜于武，只是一般地讲；归结到最后，仍是强力操持一切。这个道理很明显，历史上的事实也很清楚，无须多赘。中国历史上最足以点破这个道理的就是宋太祖杯酒解兵权的故事：

> 乾德初，帝因晚朝与守信等饮酒。酒酣，帝曰："我非尔曹不及此，然吾为天子殊不若为节度使之乐，吾终夕未尝安枕而卧！"
>
> 守信等顿首曰："今天命已定，谁复敢有异心？陛下何为出此言邪？"
>
> 帝曰："人孰不欲富贵？一旦有以黄袍加汝之身，虽欲不为，其可得乎？"
>
> 守信等谢曰："臣愚不及此，惟陛下哀矜之！"
>
> 帝曰："人生驹过隙尔，不如多积金帛田宅以遗子孙，歌儿舞女以终天年，君臣之间无所猜嫌，不亦善乎？"
>
> 守信谢曰："陛下念及此，所谓生死而肉骨也！"
>
> 明日皆称病，乞解兵权。帝从之，皆以散官就第，赏赉甚厚。（《宋史》卷二五〇《石守信传》）

宋初经过唐末五代的长期大乱之后，求治的心甚盛，所以杯酒之间大军阀能将小军阀的势力消灭。此前与此后的开国皇帝没有这样便宜，他们都须用残忍的诛戮手段或在战场上达到他们的目的。

乱世中央的大武力消灭，离心力必然产生许多各地的小武力。中央的军队衰弱，甚至消灭；有力的都是各地军阀的私军。这些军阀往往有法律的地位，如东汉末的州牧都是朝廷的命官，但实际却是独立的军阀（《后汉书》卷一〇四[1]《袁绍传》）。唐代的藩镇也是如此。此时地方的文官仍然存在，但都成为各地军阀的傀儡，正如盛世的文官都为大军阀（皇帝）的工具一样。名义上文官或仍与武官并列，甚或高于武官；但实情则另为一事。例如民国初年各省有省长，有督军，名义上省长高于督军；但省长的傀儡地位在当时是公开的秘密。并且省长常由督军兼任，更见得省长的不值钱了。

　　乱世军阀的来源，古今也有公例。最初的军阀本多是中央的巡察使，代中央监察地方官，本人并非地方官。汉的刺史、州牧当初是巡阅使，并非行政官（《汉书》卷十九上《百官公卿表上》）。唐代节度使的前身有各种的监察使，也与汉的刺史一样。后来设节度使，兵权虽然提高，对地方官仍是处在巡阅的地位；只因兵权在握，才无形中变成地方官的上司（《新唐书》卷五〇《兵志》，卷二一〇《藩镇列传》）。这种局面一经成立，各地的强豪、土匪以及外族都可趁火打劫而成军阀。如汉末山贼张燕横行河北诸郡，朝廷不能讨，封为平难中郎将，领河北诸山谷事，每年并得举孝廉（《后汉书》卷一〇一[2]《朱俊传》）。唐末天下大乱，沙陀乘机发展，以致引起后日五代时期的沙陀全盛局面（《新唐书》卷二一八《沙陀传》）。这些新军阀都是巡察官的军阀制度成立后方才出现的。

---

[1] 应为《后汉书》卷七十四。——编者注
[2] 应为《后汉书》卷七十一。——编者注

四、朝代交替

"话说天下大势,分久必合,合久必分。"谁都知道这是《三国志演义》的开场白,也可说是二千年来中国历史一针见血的口诀。一治一乱之间,并没有政治社会上真正的变化,只有易姓王天下的角色更换。我们在以上各节所讲的都是治世与乱世政治社会上各种不同的形态,但没有提到为何会有这种循环不已的单调戏剧。朝代交替的原因或者很复杂,但主要的大概不外三种,就是皇族的颓废、人口的增长与外族的迁徙。

第一种是个人的因素,恐怕不很重要;但因传统的史籍上多偏重这一点,我们不妨略为谈及。皇族的颓废化是一个自然的趋势,有两方面:一是生物学的或血统的,一是社会学的或习惯的。任何世袭的阶级,无论人数多少,早晚总要遇到一个无从飞渡的难关,就是血统上的退化。从古至今没有一个贵族阶级能维持长久,原因虽或复杂,但血统的日趋退化必是一个很重要的原因。法国革命前的贵族都是新贵,中古的贵族都已死净或堕落。今日英国的贵族能上溯到法国革命时代的已算是老资格的了。至于贵族中的贵族(王族或皇族)因受制度的维护,往往不至短期间就死净或丧失地位,但血统上各种不健全的现象却无从避免。百年战争时代(14与15世纪间)的法国王族血统中已有了深重的神经病苗。今日欧洲各国的王族几乎没有一个健全的;只因实权大多不操在王手,所以身体上与神经上的各种缺陷无关紧要。但中国自秦、汉以下是皇帝专制的局面,皇帝个人的健全与否对于天下大局有很密切的关系。低能或愚昧的皇帝不只自己可走错步，他更容易受人包围利用。中国历代乱时几乎都有这种现象。至于血统退化的原因，那是生物学与优生学的问题，本文无须离题多赘。

皇族的退化不只限于血统，在社会方面皇帝与实际的人生日愈隔离，也是一个大的弱点。创业的皇帝无论是否布衣出身，但总都是老经世故、明了社会情况的领袖，所以不至受人愚弄。后代的皇帝生长在深宫之中，从生到死往往没有见过一个平民的面孔，对人民的生活全不了解。例如晋惠帝当天下荒乱、百姓饿死的时候，曾说："何不食肉糜？"（《晋书》卷四《惠帝纪》）法国革命时巴黎饿民发生面包恐慌，路易第十六世的美丽王后也曾问过："他们为何不吃糕饼？"这样的一个皇帝，即或身心健全，动机纯粹，也难以合理地治理国家，必不免为人包围利用；若再加上血统的腐化，就更不必说了。

皇族的退化只是天下大乱的一个次要原因。由中国内部的情形来讲，人口的增长与生活的困难恐怕是主要的原因。由外部的情形来讲，气候的变化与游牧民族的内侵是中国朝代更换的主要原因。大地上的气候似乎是潮湿期与干燥期轮流当位。潮湿期农产比较丰裕，生活易于维持，世界上各民族间不致有惊人的变动。干燥期间土著地带因出产减少，民生日困。并且经过相当长的潮湿期与太平世之后，人口往往已达到饱和状态，农收丰裕已难维生，气候若再忽然干燥，各地就立刻要大闹饥荒。所以内在的因素已使土著地带趋向混乱。同时沙漠或半沙漠地带的游牧民族因气候骤变，生活更难维持；牛羊大批地饿死，寄生的人类也就随着成了饿殍。游牧民族在平时已很羡嫉土著地带的优裕生活，到了非常时期当然要大批地冲入他们心目中的乐国。古今来中国的一部或全部被西北或东北的外族征服，几乎都在大地气候的干燥时期。这绝不是偶然的事（关于气候变化与游牧民族迁徙的问题，可参考Ellsworth Huntington教授的各种著作，最重要的是 *Civilization and Climate*；*The Pulse of Asiu*；*Character of Races*）。

中外的春秋时代

/ 雷 海 宗 /

一

春秋时代，在任何高等文化的发展上，都可说是最美满的阶段。它的背景是封建，它的前途是战国。它仍保有封建时代的侠义与礼数，但已磨掉封建的混乱与不安；它已具有战国时代的齐整与秩序，但尚未染有战国的紧张与残酷。人世间并没有完全合乎理想的生活方式与文化形态，但在人力可能达到的境界中，春秋时代可说是与此种理想最为相近的。

春秋背景的封建时代，是文化发展上的第一个大阶段。由制度方面言，封建时代有三种特征。第一，政治的主权是分化的。在整个的文化区域之上，有一个最高的政治元首，称王（如中国的殷周），或称皇帝（如欧西的所谓中古时代）。但这个元首并不能统治天下的土地与人民，虽然大家在理论上或者承认"普天之下，莫非王土；率土之滨，莫非王臣"。他所直辖的，只有天下土地一小部分的王畿，并且在王畿之内，也有许多卿大夫的采邑维持半独立的状态。至于天下大部的土地，都分封给许多诸侯，诸侯实际各自为政，只在理论上附属于帝王。但诸侯在封疆之内也没有支配一切的权力，他只自留国土的一小部分，大部土地要封与许多卿大夫，分别治理。卿大夫在自己的采邑之上，也非绝对的主人，采邑的大部又要分散于一批家臣的手中。家臣又可有再小的家臣。以此类推，在理论上，封建贵族的等级可以多至无限，政治的主权也可一层一层地分化，以至无穷。实际的人生虽然不似数学的理论，但封建政治之与"近代国家"正正相反，是非常显明的事实。

封建时代的第二个特征，是社会阶级的法定地位。人类自有史以来，最少自新石器时代的晚期以来，阶级的分别是一个永恒的事实。但大半的时期，这种阶级的分别只是实际的，而不是法律所承认并且清清楚楚规定的。只有在封建时代，每个人在社会的地位、等级、业务、权利、责任，是由公认的法则所分派的。

封建时代的第三个特征是经济的，就是所有的土地都是采邑，而非私产。自由买卖，最少在理论上不可能，实际上也是不多见的。所有的土地都是一层一层地向下分封，分封的土地就是采邑。土地最后的用处，当然是粮食的生产。生产粮食是庶民农夫的责任，各级的贵族，由帝王以及极其微贱的小士族，都把他们直接支配的一部土地，分给农夫耕种。由这种农业经济的立场看，土地称为井田（中国）或佃止（欧西）。此中也有"封"的意味，绝无自由买卖的办法，井田可说是一种授给农夫的"采",不过在当时"封"或"采"一类的名词只应用于贵族间的关系上,对平民不肯援用此种高尚的文字而已。

总括一句:封建时代没有统一的国家,没有自由流动的社会,没有自然流通的经济。当时的政治与文化,都以贵族为中心。贵族渐渐由原始的状态建起一种豪侠的精神与义气的理想,一般的赳赳武夫渐渐为斯文礼仪的制度所克服,成了文武兼备的君子。但在这种发育滋长的过程中,政治社会的各方面是不免混乱的,小规模的战事甚为普遍,一般人的生活时常处在不安的状态中。

封建时代,普通约有五六百年。封建的晚期,当初本不太强的帝王渐渐全成傀儡,把原有的一点权力也大部丧失。各国内部的卿大夫以及各级的小贵族也趋于失败。夺上御下,占尽一切利益的,是中间的一级,就是诸侯（中国）或国王（欧西）。最后他们各把封疆之内完全统一,使全体的贵族都听他们指挥,同时他们自己却完全脱离了天下共主的羁绊。列国的局面成立了,这就是春秋时代。

二

主权分化的现象,到春秋时代已不存在。整个的天下虽未统一,但列国的内部却是主权集中的。社会中的士庶之分,在理论上仍然维持,在政治上各国辅助国君的也以贵族居多。但实际平民升为贵族已非不可能,并且也不太难。在经济方面,井田的制度也未正式推翻,但自由买卖的风气已相当地流行。各国内部既已统一,小的纷乱当然减少到最低的限度;至此只有国际间的战争,而少见封建时代普遍流行的地方战乱。真正的外交，也创始于此时。贵族的侠义精神与礼节仪式发展到最高的程度。在不与国家的利益冲突的条件之下（有时即或小有冲突，也不要紧），他们对待国界之外的人也是尽量的有义有礼。国际的战争，大致仍很公开，以正面的冲突为主，奇谋诡计是例外的情形。先要定期请战，就是后世所谓"下战书"，就是欧西所谓宣战。"不宣而战"是战国时代的现象，春秋时代绝不如此无礼。晋楚战于城濮，楚帅成得臣向晋请战："请与君之士戏，君冯轼而观之，得臣与寓目焉。"这几句话，说得如何地委曲婉转！晋文公派人回答说："寡君闻命矣——敢烦大夫谓二三子，戒尔车乘，敬尔君事，诘朝请见。"答辞也可说与请战辞针锋相对。

战争开始之前，双方都先排列阵势，然后方才开战，正如足球戏的预先安排队形一样。有的人甚至宁可自己吃亏，也不攻击阵势未就的敌人。宋襄公与楚战于泓水，宋人已成列，楚人尚未渡水。有人劝襄公乘楚人半渡而突击敌军，宋君不肯。楚军渡水，阵势未成又有人劝他利用机会，他仍拒绝。最后宋军战败，襄公自己也受了伤，并且后来因伤致死。这虽是一个极端的例，但却可代表春秋时代的侠义精神，与战国时代唯利是图的风气大异其趣。

春秋时代的战争，死伤并不甚多，战场之上也有许多的礼数。例如晋楚战于邲，晋人败逃，楚人随后追逐。晋军中一辆战车忽然停滞不动。后随的楚车并不利用机会去擒俘，反指教晋人如何修理军辆，以便前进。修好之后，楚人又追，终于让晋军逃掉！

虽在酣战之中，若见对方的国君，也当在环境许可的范围内恭行臣礼。晋楚战于鄢陵，晋将却至三见楚王，每见必下车，免首胄而急走以示敬。楚王于战事仍然进行之中，派人到晋军去慰劳，却至如此不厌再三的行礼，却至与楚使客气了半天，使臣才又回楚军。在同一的战役中，晋栾鍼看见楚令尹子重的旌旗，就派人过去送饮水，以示敬意。子重接饮之后，送晋使回军，然后又击鼓前进。两次所派到对方的都是"行人"，正式的外交使臣，行人的身命在任何情形下都是神圣不可侵犯的。

欧西的春秋时代，就是宗教改革与法国革命间的三个世纪，普通称为旧制度时代。欧西人对于利益比较看重，没有宋襄公一类的人，但封建时代的礼仪侠气也仍然维持。例如当时凡是两国交兵，除当然经过宣战的手续与列阵的仪式之外，阵成之后，两方的主帅往往要到前线会面，互示敬意，说许多的客套话，最后互请先行开火。过意不去的一方，只得先动手，然后对方才开始还击。到法国革命之后，就绝不再见此种不可想象的傻事了！

除较严重的战争场合外，一般士君子的日常生活也都以礼为规范。不只平等的交际如此，连国君之尊，对待臣下也要从礼。例如臣见君行礼，君也要还礼，不似后世专制皇帝的呆坐不动而受臣民的伏拜。大臣若犯重罪，当然有国法去追究。但在应对之间，若小有过失，或犯了其他不太严重的错误，国君往往只当未见未闻。路易第十四世，是欧西春秋时代的典型国君。他的最高欲望，就是做整个法国甚至整个欧洲最理想的君子。有一次一位大臣当面失态，使路易几至怒不可遏。但他仍压抑心中的怒火，走到窗前，把手中的杖掷之户外，回来说："先生，我本想用杖打你的！"

英国伊丽莎白女王的名臣菲力普·西德尼爵士是当时的典型君

子。举止行动，言谈应对，对上对下，事君交友，一切无不中节。男子对他无不钦羡，女子见他无不欲死。他的声名不只传遍英国，甚至也广播欧陆。最后他在大陆的战场上身受重伤。临死之际，旁边有人递送一瓶饮水到他口边。他方勉强抬头就饮，忽见不远之处卧着一个垂死的敌人，于是就不肯饮水，将瓶推向敌人说："他比我的需要还大。"一个人真正的风格气度，到危难临头时必要表现，弥留之顷尤其是丝毫假不得的。"人之将死其言也善"，是指罪孽深重临死忏悔者而言，那只是虚弱的表示，并非真情的流露。至人临死，并无特别"善"的需要，只是"真"而已。世俗之见，固然可看西德尼的举动为一件"善"事，但那是对他人格的莫大误解，他那行为是超善恶的，他绝无故意行"善"的心思。与他平日的各种举动一样，那只是他人格自发的"真"，与弱者临危的"善"相差不可以道里计。后代时过境迁，对前代多不能同情地了解，春秋时代的理想人格是最易被后代视为虚伪造作的。当然任何时代都有伪君子，但相当大的一部分的春秋君子是真正地默化于当代的理想中。

三

我们举例比较，都限于中国与欧西，因为这两个文化可供比较之处特别地多，同时关于它们的春秋时代，史料也比较完备。此外唯一文献尚属可观的高等文化，就是古代的希腊罗马。希腊文化的春秋时代，是公元前650年左右到亚历山大崛起的三百年间。当时的历史重心仍在希腊半岛，雅典与斯巴达的争雄是历史的推动力，正如中国的晋楚争盟或欧西的英法争霸一样。当时的希腊也有种种春秋式的礼制，凡读希罗多德的历史的人都可知道。侠义的精神，尤其是大国对大国，是很显著的。

雅典与斯巴达时断时续地打了四十年的大战之后，雅典一败涂地，当时有人劝斯巴达把雅典彻底毁灭。但斯巴达坚决拒绝，认为这是一种亵渎神明的主张。柏拉图与亚里士多德的哲学使命，都在斯巴达侠义的一念之下，日后得有发扬的机会。

上列的一切，所表现的都是一种稳定安详的状态。春秋时代的确是稳定安详的。封建时代，难免混乱；战国时代，过度紧张。春秋时代，这两种现象都能避免。国际之间，普通都以维持均势为最后的目标，没有人想要并吞天下。战争也都是维持均势的战争，歼灭战的观念是战国时代的产物。在此种比较安稳的精神之下，一切的生活就自然呈现一种悠闲的仪态，由谈话到战争，都可依礼进行。

但历史上的任何阶段，尤其是比较美满的阶段，都是不能持久的。春秋时代最多不过三百年。中国由吴越战争起，欧西由法国革命起，开始进入战国。贵族阶级被推翻，贵族所代表的制度与风气也大半消灭。在最初的一百年间，中国由吴越战争到商鞅变法，欧西由法国革命到第一次大战，还略微保留一点春秋时代的余味。但那只是大风暴雨前骗人的平静，多数的人仍沉湎于美梦未醒的境界时，残酷的、无情的歼灭战，闪电战，不宣而战的战争，灭国有如摘瓜的战争，坑降卒四十万的战争，马其诺防军前部被虏的战争，就突然间出现于彷徨无措的人类之前了。

中国的家族

/ 雷 海 宗 /

一、春秋以上

二、战国

三、秦汉以下

四、结论

中国的大家族制度曾经过一个极盛、转衰与复兴的变化，这个变化与整个政治社会的发展又有密切的关系。春秋以上是大家族最盛的时期，战国时代渐渐衰微。汉代把已衰的古制又重新恢复，此后一直维持了二千年。

关于春秋以上的家族制度，前人考定甚详（关于宗法制度，《礼记》多有记载，《大传》一篇最详。万斯大的《宗法论》八篇解释最好。大家族的实际情形，散见于《左传》《国语》。顾栋高的《春秋大事表》研究最精。近人孙曜的《春秋时代之世族》总论宗法与家族，可供参考），本文不再多论，只略述几句作为全文的背景而已。战国以下的发展，一向少人注意，是本文所特别要提出讨论的。

一、春秋以上

春秋时代大家族制度仍然盛行，由《左传》《国语》中看得很清楚。并且大家族有固定的组织法则，称为宗法。士族有功受封或得官后，即自立一家，称"别子"。他的嫡长子为"大宗"，称"宗子"；历代相传，嫡长一系皆为大宗，皆称宗子。宗子的兄弟为"支子"，各成一"小宗"。小宗例须听命于大宗。只大宗承继土田或爵位；族人无能为生时，可靠大宗养赡。但除大宗"百世不迁"外，其他一切小宗都是五世而迁，不复有服丧与祭祀的责任。"迁"就是迁庙。

宗法的大家族是维持封建制度下贵族阶级地位的一种方法。封建破裂，此制当然也就难以独存。所以一到战国，各国贵族推翻，宗法也就随着消灭，连大家族也根本动摇了。贵族消灭的情形，因春秋、战国之际的一百年间史料缺乏，不能详考。但大概的趋向却很清楚。各国经过一番变动之后，无论换一个或几个新的朝代（如齐、晋），或旧朝代仍继续维持，旧日与君主并立的世卿以及一般士族的特权已都被推翻。各国都成了统一专制的国家。春秋时代仍然残余的一点封建制度，至此全部消灭了。

至于平民的情形，可惜无从考知。但以历史上一般的趋势而论，平民总是千方百计设法追随贵族的。所以春秋以上的平民，虽不见得行复杂的宗法制，但也必在较大的家族团体中生活。

春秋以上的大族不只是社会的细胞与经济的集团，并且也是政治的机体。各国虽都具有统一国家的形态，但每一个大族可说是国家内的小国家。晋、齐两国的世卿最后得以篡位，根本原因就在此点。

经过春秋末、战国初的变革之后，家族只是社会的细胞与经济的集团，政治机体的地位已完全丧失。至此专制君主所代表的国家可随意支配家族的命运了。

二、战国

据今日所知，战国时代最有系统的统制家族生活的就是秦国。商鞅变法：

> 令民为什伍，而相牧司连坐。不告奸者腰斩，告奸者与斩敌首同赏，匿奸者与降敌同罚。民有二男以上不分异者，倍其赋。有军功者各以率受上爵，为私斗者各以轻重被刑。（《史记》卷六十八《商君列传》）

商鞅的政策可分析为两点。第一，是废大家族。所以二男以上必须分异，否则每人都要加倍纳赋。第二，是公民训练。在大家族制度之下，家族观念太重，国家观念太轻，因为每族本身几乎都是一个小国家。现在集权一身的国君要使每人都直接与国家发生关系，所以就打破大家族，提倡小家庭生活，使全国每个壮丁都完全独立，不再有大家族把他与国家隔离。家族意识削弱，国家意识提高，征兵的制度才能实行，国家的组织才能强化。商鞅的目的十分明显。什伍连坐是个人向国家负责。告奸也是公民训练。禁止私斗，提倡公战，更是对国家有利的政策；家族间的械斗从此大概停止了。

商鞅的政策完全成功：

> 行之十年，秦民大说。道不拾遗，山无盗贼。家给人足。民勇于公战，怯于私斗。乡邑大治。（同上）

汉初贾谊不很同情的描写，尤为活现：

> 商君违礼义，弃伦理，并心于进取。行之三岁，秦俗日败。秦人有子，家富子壮则出分，家贫子壮则出赘。假父耰锄杖彗耳，虑有德色矣。母取瓢碗箕帚，虑立讯语。抱哺其子，与公并踞。妇姑不相说，则反唇而睨。其慈子嗜利而轻简父母也，念罪，非有储理也。亦不同禽兽仅焉耳！（贾谊《新书》卷三《时变篇》。《汉书》卷四十八《贾谊传》中所引与此大同小异。）

贾谊所讲的是否有过度处，很难断定，但大概的情形恐怕可靠。旧日父母子女间的关系以及舅姑与子妇的关系完全打破，连父母子女之间互相借贷都成问题，颇有今日西洋的风气！

可惜关于家族制度的改革，我们只对秦国有这一点片面的知识，其他各国的情形皆不可考。但商鞅变法，以李悝的《法经》为根据。（《晋书》卷三〇《刑法志》："是时承用秦汉旧律。其文起自魏文侯师李悝。悝撰次诸国法，著《法经》……商鞅受之以相秦。"）李悝前曾相魏文侯，变魏国法，魏因而成为战国初期最强的国家。秦在七国中似乎变法最晚，并非战国时唯一变法的国家。这个重要的关键，历来都被人忽略。楚悼王用吴起变法，也在商鞅之前。吴起原与李悝同事魏文侯，对魏变法事或者亦有贡献。后往楚，相楚悼王：

> 明法审令，捐不急之官，废公族疏远者，以抚养战斗之士。（《史记》卷六十五《吴起列传》）

此处所言不详，所谓"明法审令"所包必广，恐怕也与后来商鞅在秦所行的大致相同。此外申不害相韩，与商鞅同时，"内修政教，外应诸侯"，大概也是在变法（《史记》卷六十三《申不害传》）。

关于秦、魏、楚、韩四国的变法，我们能得到这一点眉目，已算侥幸；其他各国的情形，连一个字也未传到后代。但泛观人类历史，同一文化区域之内，一切的变化都是先后同时发生的。所以我们可以假定战国七雄都曾经过一番彻底的变法。商鞅变法是秦国富强的必需条件，但不是唯一条件，秦并六国更不完全由于变法，因为变法在当时是普遍的现象。地广人稀、沃野千里的蜀地的富源，恐怕是秦在列国角逐中最后占优势的主要原因。

各国变法之后，家族制度没落，可由种种方面看出。丧服制与子孙繁衍的观念可说是旧日家族制度的两个台柱。清楚严明的丧服制是维持一个人口众多的家族的方法；子孙繁衍是使大家族继续存在的方法。但到战国大家族破裂之后，这两根台柱也就随着倒塌了。

三年丧是丧制的中心。三年丧的破裂象征整个丧制的动摇。三年丧似乎破坏得很早，春秋末期恐怕已经不能完全实行。孔子的极力提倡，正足证明它的不为一般人所注意；连孔门弟子宰我都对三年丧表示怀疑，认为服丧一年已足（《论语·阳货篇》）。这恐怕是当时很普遍的意见。后来孟子劝滕文公服三年丧，滕的父兄百官无不反对："吾宗国鲁先君莫之行，吾先君亦莫之行也；至于子之身而反之不可！"（《孟子·滕文公上》）所谓"先君"到底"先"到什么程度很难强解。最少可说战国初期鲁、滕两个姬姓国家已都无形间废除三年丧。实际恐怕春秋末期政治社会大乱开始的时候，这个古制必已渐渐不能成立。

墨子倡三月丧必很合乎当时的口味（《墨子》卷十二《公孟篇》第四十八）。在当时提倡并且实行三年丧的只有一般泥古的儒家。但一种制度已经不合时代的潮流，勉强实行必不自然，虚伪的成分必甚浓厚。墨者骂儒家"繁饰礼以淫人，久丧伪哀以谩亲"（《墨子》卷九《非儒篇下》第三十九），或有党派之嫌，但与实情相离恐不甚远。许多陋儒的伪善，连儒家内部比较诚恳高明的人也看不过，也情不自已地骂两句。荀子所指摘的种种"贱儒"必包括一些伪善与伪丧的人（《荀子》卷三《非十二子篇》第六。但荀子并不反对三年丧，见卷十三《礼论篇》第十九）。《礼记》各篇中所讲的漫无涯际的丧礼，到底有多少是古代的实情，多少是儒家坐在斗室中的幻想，我们已无从分辨。若说春秋以上的人做戏的本领如此高强，很难令人置信！

与三年丧有连带关系的就是孝道。孔子虽然重孝，但把孝创为一种宗教却是战国儒家，尤其是曾子一派所做的。《孝经》就是此种环境下所产的作品。

与三年丧同时没落的，还有多子多孙的观念与欲望。大家族制度之下，子孙众多当然是必需的。西周、春秋时代的铭刻中，充分地表现了这种心理：

其永宝！

子孙其永宝！

其万年宝用！

其万年子子孙孙永宝用！

以上一类的句法，几乎是每件铜器上必有的文字。后来虽或不免因习惯而变成具文，但在当初却是整个社会制度的一种表现。孟子"不孝有三，无后为大"（《孟子·离娄篇上》）的说法，不只是战国时代儒家的理想，也确是春秋以上的普遍信仰。

但一旦大家族破裂，子孙繁衍的观念必趋微弱。一人没有子孙，整个家族的生命就有受威胁的可能。但公民观念代替了家族观念之后，一般人认为一人无子，国家不见得就没有人民。并且在大家族的集团生活之下，家口众多还不感觉不便。小家庭中，儿女太多，的确累赘。人类的私心，总不能免。与个人太不便利时，团体的利益往往就被牺牲。所以战国时代各国都有人口过少的恐慌，也多设法增加自己国内的人口。最早的例子就是春秋、战国之交的越国。句践要雪国耻，极力鼓励国内人口的繁殖：

（1）令壮者无取老妇，令老者无取壮妻；

（2）女子十七不嫁，其父母有罪；丈夫二十不娶，其父母有罪；

（3）将免（娩）者以告，公医守之；

（4）生丈夫二壶酒一犬，生女子二壶酒一豚；

（5）生三人公与之母，生二人公与之饩。（《国语》卷二〇《越语上》）

我们读此之后，几乎疑惑墨索里尼是句践的私淑弟子；两人的政策相同处太明显了！

关于越国，我们或者还可说它是新兴的国家，地广人稀，所以才采用这种方法。但北方的古国，后来也采用同样做法，就很难如此解释了。魏居中原之中，也患人少。梁惠王向孟子诉苦：

> 寡人之于国也，尽心焉耳矣。河内凶，则移其民于河东，移其粟于河内。河东凶亦然。察邻国之政无如寡人之用心者，

邻国之民不加少，寡人之民不加多，何也？（《孟子·梁惠王上》）梁惠王以后，秦国也患人少，有人提倡招徕三晋的人民。（《商君书》卷四《徕民篇》。此篇所言并非商君时事，篇中谓："今三晋不胜秦四世矣。自魏襄王以来，野战不胜，守城不拔；小大之战，三晋之所以亡于秦者不可胜数也。"魏襄王还是惠王的儿子，此篇所言当为孟子与梁惠王后百年的情形。《墨子》书中也屡次提倡人口增加，但这是根据墨子的经济生产学说与整个兼爱主义的，与实际人口多少问题似无直接的关系。所以本文对《墨子》所言，闭而不论。）越、魏、秦三国也决非例外，其他各国也必感到同样的困难。战争过烈，杀人太多，或可解释人口稀少的一部分；但此外恐怕还有其他的因素。小家庭制度盛行多子观念薄弱之后，杀婴的风气必所难免。关于战国时代，虽无直接的证据，但到汉代，杀婴的事却曾惹人注意。

并且再进一步，今日西洋各国所时尚的节制生育方法并非新事，战国时代的中国已有此风。中国古代称它为房中术，又称玄素术、阴阳术、容成术，或彭祖术。按《汉书》，古代此种的书籍甚多（《汉书》卷三〇《艺文志》），正如今日西洋性学专书与节制生育小册的流行一样。战国、西汉间，最重要的有八种：

（1）《容成阴道》，二十六卷；

（2）《务成子阴道》，二十六卷；

（3）《尧舜阴道》，二十三卷；

（4）《汤盘庚阴道》，二十卷；

（5）《天老杂子阴道》，二十五卷；

（6）《天一阴道》，二十四卷；

（7）《黄帝三王养阳方》，二十卷；

（8）《三家内房有子方》，十七卷。

这些书可惜已全部失传无从详考其内容。单看书名，前七种似乎专讲方法。最后一种仍承认"有子"是必需的，但内中必有条件，正如今日西洋节制生育家所提倡的儿女少而优秀的说法。我们从葛洪较晚的传说中，还可看出房中术的大概性质：

或曰：闻房中之事，能尽其道者，可单行致神仙，并可以移灾解罪，转祸为福，居官高迁，商贾倍利。信乎？

抱朴子曰：此皆巫书妖妄过差之言，由于好事增加润色，至令失实。或亦奸伪造作虚妄，以欺诳世人；藏隐端绪，以求奉事；招集弟子，以规世利耳。夫阴阳之术，高可以治小疾，次可以免虚耗而已。其理自有极，安能致神仙及却祸致福乎？人不可以阴阳不交，坐致疾患。若乃纵情恣欲，不能节宣，则伐年命。善其术者，则能却走马以补脑，还阴丹以朱肠；采玉液于金池，引三五于华梁。令人老有美色，终其所禀之天年。而俗人闻黄帝以千二百女升天，便谓黄帝单以此事致长生；而不知黄帝于荆山之下，鼎湖之上，飞九丹成，乃乘龙登天也。黄帝自可有千二百女耳，而非单行之所由也。凡服药千种，三牲之养，而不知房中之术，亦无所益也。是以古人恐人轻恣情性，故美为之说，亦不可尽信也。玄素谕之水火，水火煞人而又生人，在于能用与不能耳。大都其要法，御女多多益善；如不知其道而用之，一两人足以速死尔。彭祖之法，最其要者；其他经多烦劳难行，而其为益不必如其书，人少有能为之者。口诀亦有数千言耳。不知之者，虽服百药，犹不能得长生也。

（《抱朴子内篇》卷六《微旨篇》）

葛洪又谓："房中之术，近有百余事焉。"又谓："房中之法，十余家。"可见到晋时比战国、秦、汉间已又增加了几种作品；方法也相当地复杂，可以有百余事。又谓："或以补救伤损，或以攻治众病，或以采阴益阳，或以增年延寿；其大要在于还精补脑之一事耳。"（同上，卷八《释滞篇》。近人叶德辉《双梅景暗丛书》中辑有《素女经》《素女方》《玉房秘诀》三种，是南北朝、隋、唐间的作品。其中性学的成分较多，但仍保有战国、春[1]、汉间的节育学说，可供参考。）

上面仅存于今日的几段记载，废话太多，中肯的话太少。但我们可看出当时对此有种种自圆其说的理论，用以遮掩那个完全根据于个人幸福的出发点。"却走马以补脑"或"还精补脑"的一句话，暗示今日节制生育中所有的一种方法，在古代的中国这大概是最流行的方法。

并且一种潮流，往往不只有一种表现的途径。战国时代家族破裂，国家不似家族那样亲切，号召人心的力量也不似家族那样强大。于是个人主义横流，种种不健全的现象都自由发展。道家的独善其身与杨家的任性纵欲是有理论为借口的个人主义。房中术是没有理论的，最少可说是理论很薄弱的个人主义。与房中术性质相类的还有行气、导引、芝菌、按摩等等（《汉书》卷三〇《艺文志》，神仙家。参考《抱朴子内篇》卷六《微旨篇》）。行气又称吐纳，就是今日所谓深呼吸，在当时又称胎息术；"得胎息者，能不以鼻口嘘吸，如在胞胎之中。"（《抱朴子内篇》卷八《释滞篇》）。

---

[1] 据前后文，此处应为秦。——编者注

导引又称步引，就是今日的柔软体操与开步走之类。本是活动身体的方法，后来渐渐附会为"步罡踏斗"的神秘把戏。

芝菌近乎今日的素食主义（Vegetarianism）与斋疗术（Fasting cure），认为少吃、不吃或专吃几种特别食品可以延年益寿。芝菌术又称辟谷术，因为最彻底的实行者不只忌肉食，并且又辟五谷，而专吃野生的芝菌。这种本就荒唐的办法，后来又演化为炼长生丹与药饵的说法。据说战国韩的遗臣而后来成为汉初三杰之一的张良，在晚年曾经学习辟谷（《史记》卷五十五《留侯世家》。但这与黄石公的故事很可能都是张良见功臣不得善终，故意使人散布的谣言，以示自己无心于俗世，借以免祸。但以此为借口，更足见其流行），可见其流行的程度了。

按摩术，名与事今日都很流行。这种种个人享乐与养生的方法，当初或者都各自独立发展。但后来合流为神仙术，象征个人主义的极顶表现。养生术未可厚非，但太注意身体的健全，本身就是一个不健全的现象，对整个的社会是有妨害的。求长生不老，根本是变态心理的表现。今日西洋少数人要以羊腺或猴腺恢复青春的妄想，若不及早预防，将来也有演成神仙术的可能。战国时代的人口稀少，与个人养生享乐的潮流必有关系，可惜因史料缺乏，不能断定关系密切到如何的程度。但自私心过度发展，必至连子女之爱也要牺牲。房中术的主旨是既得性欲之乐，又免儿女之苦，对人口稀少要负一部分的责任，是没有问题的。

三、秦汉以下

秦汉大帝国初立，战国时代一般的潮流仍旧。秦皇、汉武既为天子，又望长生，人人皆知的两个极端例证可以不论。人口稀少仍是国家的一个严重问题。房中之风仍然流行。王莽相信黄帝御一百二十女而致神仙，于是遣人分行天下，博采淑女。一直到天下大乱，新朝将亡时，王莽仍"日与方士涿郡、昭君等于后宫考验方术，纵淫乐焉"（《汉书》卷九十九下《王莽传下》地皇二年，四年）。

东汉时此风仍然盛行，王充谓"素女对黄帝陈五女之法，非徒伤父母之身，乃又贼男女之性"（王充《论衡》卷二《命义篇》）。可见这在当时仍是很平常的事，所以王充特别提出攻击。东汉末有妄人冷寿光，自谓因行容成公御妇人法，年已百五六十，面貌仍如三四十（《后汉书》卷一一二[1]下《华佗传》附《冷寿光传》）。

此外，汉时有的地方盛行杀婴的风气。东汉末，贾彪为新息（今河南息县）县长——

> 小民困贫，多不养子。彪严为其制，与杀人同罪。城南有盗劫害人者，北有妇人杀子者。彪出案发，而掾吏欲引南。彪怒曰："贼寇害人，此则常理。母子相残，逆天违道！"遂驱车北行，案验其罪。城南贼闻之，亦面缚自首。数年间人养子者千数。金曰："贾父所长。"生男名为贾子，生女名为贾女。（《后汉书》卷九十七[2]《贾彪传》。春秋以上，生子可弃，但与此性质不同。参考《诗·大雅·生民篇》后稷被弃故事及《左传》宣公四年越椒几乎被弃的故事。）

---

[1] 应为《后汉书》卷八十二。——编者注
[2] 应为《后汉书》卷六十七。——编者注

区区一县之地，数年间可杀而未杀的婴儿居然能有千数，可见杀婴不完全是由于困乏。此风停止后，也没有听说生活更加困难；贫困最多也不过是杀婴的一种借口。这种风气恐怕来源甚早，也不见得限于新息一地；前此与别处无人注意就是了。房中术盛行时，不明其法的人就难免要采用野蛮的杀婴方法。

汉代的政府也如战国时代列国的设法提倡人口增加。高帝七年，"命民产于[1]，复勿事二岁"（《汉书》卷一下《高帝纪下》）。这或者还可以大乱之后人口稀少来解释。但由后来的情形，可看出这并不是唯一的原因。西汉最盛的宣帝之世，仍以人口增加的多少为地方官考课的重要标准，当时人口缺乏的正常现象可想而知了。黄霸为颍川太守，"以外宽内明，得吏民心，户口岁增，治为天下第一"。西汉末年，人口称为最盛（《汉书》卷二十八下《地理志下》）；然而召信臣为南阳太守，"其化大行……百姓归之，户口增倍"（黄霸召信臣事俱见《汉书》卷八十九《循吏列传》）。所谓"百姓归之"就是邻郡的人民慕化来归的意思。人口增加要靠外来的移民，生殖可谓困难到惊人的程度！

两汉四百年间，人口的总额始终未超过六千万。汉承战国的法治之余，户口的统计当大致可靠。并且当时有口赋、算赋、更赋的担负，男女老幼大多都逃不了三种赋役中的最少一种，人口统计当无大误。珠江流域虽尚未开发，长江流域虽尚未发展到后日的程度，但只北方数省的人口在今日已远超过六千万。汉代人口的稀少，大概

---

[1] 应为"民产子"。——编者注

是无可置疑的。并且西汉人口最盛时将近六千万，东汉最盛时反只将近五千万，减少了一千万（《汉书》卷二十八下《地理志下》，《后汉书》卷三十三[1]《郡国志五》）。可见当时虽每经过一次变乱之后，人口减而复增；但四百年间人口的总趋势是下减的。

此点认清之后，东汉诸帝极力奖励生育的政策就可明白了。章帝元和二年，降下有名的胎养令，分为两条：

（1）产子者，复勿算三岁；

（2）怀孕者，赐胎养谷，人三斛；复其夫勿算一岁（《后汉书》卷三《章帝纪》）。

由此看来，生育的前后共免四年的算赋，外给胎养粮。算赋不分男女，成年人都须缴纳，每年一百二十钱，是汉代最重的一种税赋。"产子者，复勿算三岁"，未分男女，大概是夫妇皆免。怀孕者，夫免算一岁；妇既有养粮，免算是不言而喻的了。两人前后免算八次，共九百六十钱。汉代谷贱时，每石只五钱，饥荒时亦不过数百钱，平时大概数十钱（《汉书》卷二十四《食货志》）。所以这个"胎养令"并不是一件小可的事情，所免的是很可观的一笔税款。这当然是仁政，但只把它看为单纯消极的仁政，未免太肤浅。这件仁政有它积极的意义，就是鼓励生育。并且这个办法是"著以为令"的，那就是说，此后永为常法。但人口的增加仍是有限，总的趋势仍是下减。如此大的奖励还是不能使人口增加，可见社会颓风的积重难返了。

此外，汉代诸帝又不断地设法恢复前此几近消灭的大家族制

---

[1] 应为《后汉书》卷一百一十三。——编者注

度。这个政策可从两方面来解释。第一，战国的紧张局面已成过去，现在天下一家，皇帝只求社会的安定。小家庭制度下，个人比较流动，社会因而不安。大家族可使多数的人都安于其位；所以非恢复大家族，社会不能安宁。（汉代重农抑商，原因亦在此。商业是流动的，使社会不安。农业是固定的，农业的社会大致都安静无事。见《汉书》卷二十四《食货志》。）但汉帝要恢复大家族，恐怕还有一个原因，就是希望人口增加。小家庭制与人口减少几乎可说有互相因果的关系。大家族与多子多孙的理想若能复兴，人口的恐慌就可免除了。汉代用政治的势力与权利的诱惑提倡三年丧与孝道，目的不外上列两点。战国时代被许多人讥笑的儒家至此就又得势了。

汉初承战国旧制，仍行短丧。文帝遗诏，令臣民服丧以三十六日为限（《史记》卷一〇《文帝本纪》，《汉书》卷四《文帝纪》同）。臣民亦多短丧。一直到西汉末成帝时，翟方进为相，后母终，既葬三十六日除服（《汉书》卷八十四《翟方进传》）。但儒家极力为三年丧宣传，武帝立儒教后，宣传的势力更大。公孙弘为后母服丧三年，可说是一种以身作则的宣传（《汉书》卷五十八《公孙弘传》）。到西汉末，经过百年间的提倡，三年丧的制度又重建起来了。成帝时薛宣为相，后母死，其弟薛修服三年丧，宣谓"三年服，少能行之者"，不肯去官持服，后竟因此遭人攻击（《汉书》卷八十三《薛宣传》）。哀帝时，刘茂为母行三年丧（《汉书》卷八十一《独行列传》）[1]。成哀间，河间王良丧太后三年，哀帝大事褒扬（《汉书》卷五十三《河间献王传》）。哀帝时，游侠原

---

[1] 《独行列传》应位于《后汉书》卷八十一。——编者注

涉为父丧三年，衣冠之士无不羡叹（《汉书》卷九十二《游侠列传》）。哀帝即位，诏博士弟子父母死，给假三年（《汉书》卷十一《哀帝纪》）。到东汉时，三年丧更为普遍，例多不举。光武帝虽又废三年丧，但那是大乱后的临时措置，不久就又恢复（《后汉书》卷六十九[1]《刘恺传》，卷七十六《陈忠传》）。后虽兴废无定，但三年丧已根深蒂固，已成为多数人所承认的制度（《后汉书》卷七《桓帝纪》，卷九十二[2]《荀爽传》）。

孝道的提倡与三年丧的宣传同时并进。汉帝谥法，皆称"孝"。《孝经》一书特别被推崇。选举中又有孝廉与至孝之科。对人民中的"孝弟力田"者并有赏赐。据荀爽说：

> 汉为火德。火生于木，木盛于火，故其德为孝。……故汉制使天下诵《孝经》，选吏举孝廉。（《后汉书》卷九十二《荀爽传》）

汉谥法用"孝"的来源不详。荀爽火德为孝的解释不妥，因为以汉为火德是王莽时后起的说法，汉原来自认为水德或土德（《汉书》卷二十五《郊祀志》，卷九十八《元后传》，卷九十九《王莽传》），而西汉第二代的惠帝已称"孝惠"。谥法用"孝"，解释为国家提倡孝道，最为简单通顺，无须绕大圈子去找理由。

明帝时，期门羽林介胄之士都通《孝经》（《后汉书》卷六十二[3]《樊准传》），可见此书到东汉时已成了人人皆读的通俗经典了。关于孝廉与孝弟力田的事，例证极多，无须列举。

孝的宗教，到东汉时可说已经成立。东汉初，江革母老，不欲

---

[1] 应为《后汉书》卷三十九。——编者注

[2] 应为《后汉书》卷六十二。——编者注

[3] 应为《后汉书》卷三十二。——编者注

摇动，革亲自在辕中为母挽车，不用牛马。乡里称他为"江巨孝"（《后汉书》卷六十九[1]《江革传》）。中叶顺帝时，东海孝王臻与弟蒸乡侯俭并有笃行，母死皆吐血毁瘠。后追念父死时，年尚幼，哀礼有阙，遂又重行丧制（《后汉书》卷七十二[2]《东海恭王强传》）！至此孝已不只是善之一种，而成了万善之本。章帝称赞江革的话可说是此后二千年间唯孝主义的中心信条：

　　夫孝，百行之冠，众善之始也。（《后汉书》卷六十九《江革传》）

这种三年丧与孝教的成功，表示大家族制度已又渐渐恢复。人口虽仍不见加多，但并未过度地减少，所以帝国仍能维持，不致像西方同时的罗马帝国因患贫血症而堪堪待死，等到日耳曼的狂风暴雨一来，就立刻气绝。中国虽也有五胡入侵，但最后能把他们消化，再创造新的文化局面，这最少一部分要归功于汉代大家族制度的重建政策。

四、结论

到东汉时大家族重建的运动已经成功，魏、晋清谈之士的谩侮礼教，正足证明旧的礼教已又复活。五胡的打击也不能把旧礼教与大家族冲破。永嘉乱后，中原人士南迁，家人父子往往离散。子过江而不知父母存没的甚多，守丧的问题因而大起。未得正确的消息之先，为人子的可否结婚或做官，更是切肤的问题。"服丧则凶事未据，从

---

[1] 应为《后汉书》卷三十九。——编者注
[2] 应为《后汉书》卷四十二。——编者注

吉则疑于不存"。真是进退两难。大家议论纷纷，莫衷一是，可见孝道与丧制的基础是如何地稳固了（《晋书》卷二〇《礼志中》）。房中术与杀婴风气虽未见得完全绝迹，但已不是严重的问题。此后历代的问题不是人口稀少，而是食口太多，生活无着。"胎养令"一类的办法无人再提起；因为不只无此需要，并且事实上也不可能了。

东汉以下二千年间，大家族是社会国家的基础（但严格讲来，不能称为宗法社会，因为春秋以上的宗法制度始终没有恢复）。大家族是社会的一个牢固的安定势力。不只五胡之乱不能把它打破；此后经过无数的大小变乱，社会仍不瓦解，就是因为有这个家族制度。每个家族，自己就是一个小国家。每个分子，甚至全体分子，可以遇害或流散死亡；但小国家制度本身不是任何暴力或意外的打击所能摇撼的。

但反过来讲，汉以下的中国不能算为一个完备的国家。大家族与国家似乎是根本不能并立的。封建时代，宗法的家族太盛，国家因而非常散漫。春秋时代宗法渐衰列国才开始具备统一国家的雏形。战国时代大家族没落，所以七雄才组成了真正统一的完备国家。汉代大家族衰而复盛，帝国因而又不成一个国家。二千年来的中国只能说是一个庞大的社会，一个具有松散政治形态的大文化区，与战国七雄或近代西洋列强的性质绝不相同。

近百年来，中国受了强烈的西洋文化的冲击，汉以下重建的家族制度以及文化的各方面才开始撼动。时至今日，看来大家族的悲运恐怕已无从避免。实行小家庭制，虽不见得国家组织就一定可以健强，但古今似乎没有大家族制下而国家的基础可以巩固的。汉以下始终未曾实现的真正统一的建国运动，百年来，尤其是民国以来，也在种种的困苦艰难中进行。一个整个的文化区，组成一个强固的国家，是古今未曾见过的事。中国今日正在努力于这种人类前此所未有的事业；若能成功，那就真成了人类史上的奇迹。

家族制度，或大或小，是人类生活的必需条件。所以未来的中国到底采用如何形态的大家族或小家族制度，颇堪玩味。大小两制，各有利弊。两者我们都曾实行过，两者的苦头也都尝过。我们在新的建国运动中，是否能尽量接受历史上的教训，去弊趋利；这种万全的路径，是否可能；大小两制是否可以调和——这些问题都是我们今日的人所极愿追究的，但恐怕只有未来的人才能解答！

中国的元首

/ 雷 海 宗 /

中国历史上四千年间国君的称号甚为简单。当初称王，王下有诸侯。其后诸侯完全独立，各自称王。最后其中一王盛强，吞并列国，统一天下，改称皇帝，直至最近的过去并无变更。称号的演化虽甚简单，内涵的意义却极重要。专就皇帝成立的事实经过而论，可分下列诸步骤：

一、列国称王

二、合纵连横与东帝西帝

三、帝秦议

四、秦始皇帝

五、汉之统一与皇帝之神化

六、废庙议与皇帝制度之完全成立

七、后言

参错在这个史实的演化中，还有各种相反与相成的帝王论。本篇专以事实为主，帝王论与当时或后世史实有关系者也附带论及。

一、列国称王

战国以前，列国除化外的吴、楚诸国外，最少在名义上都尊周室为共主。春秋时代周王虽早已失去实权，然而列国无论大小，对周室的天子地位没有否认的。春秋时代国际政治的中心问题是"争盟"或"争霸"，用近代语，就是争国际均势。国际均势是当时列强的最后目的，并非达到其他目的的一种手段。以周室为护符——挟天子以令诸侯——是达到这个目的最便利的方法。因为列强都想利用周室，所以它的地位反倒非常稳固，虽然它并无实力可言。

到春秋末期、战国初期这种情形大变。各国经过政治的篡弑与我们今日可惜所知太少的社会激变，统治阶级已非旧日的世族，而是新起的智识分子。旧的世族有西周封建时代所遗留的传统势力与尊王心理，列国国君多少要受他们的牵制。所以春秋时代的列国与其说是由诸侯统治，毋宁说是诸侯与世族合治。列国的诸侯甚至也可说是世族之一，不过是其中地位最高的而已。争盟就是这个封建残余的世族的政策。他们认为这个政策最足以维持他们的利益，因为列国并立势力均衡，世族在各本国中就可继续享受他们的特殊权利。任何一国或任何一国的世族并没有独吞天下的野心。

战国时代世族或被推倒，或势力削弱。这时统治者是一般无世族传统与世族心理的出身贵贱不齐的文人。国君当初曾利用这般人推翻世族的势力；现在这般人也成为国君最忠心的拥护者。他们没有传统的势力与法定世袭的地位，他们的权势荣位来自国君，国君也可随时夺回。到这时，列国可说是真正统一的国家了，全国的权柄都归一人一家，一般臣下都要仰给于君上，不像春秋时代世族的足以左右国家以至天下的政策与大局。国君在血统上虽仍是古代的贵族，但在性质上他现在已不代表任何阶级的势力，而只知谋求他一人或一家的利益。所以战国时代二百五十年间国际均势虽然仍是一个主要的问题，但现在它只是一种工具，不是最后的目的。最后的目的是统一天下。列强都想独吞中国，同时又都不想为他人所吞。在这种矛盾的局面下，临时只得仍然维持均势；自己虽然不能独吞，最少可防止其他一国过强而有独吞的能力。但一旦有机可乘，任何一国必想推翻均势局面，而谋独强以至独吞。战国时代的大战都是这种防止一国独强或一国图谋推翻均势所引起的战争。列国称王也是这种心理的最好象征。列国称王可说有两种意义。第一是各国向周室完全宣布独立；第二是各国都暗示想吞并天下，因为"王"是自古所公认为天子的称号。

最早称王的是齐、魏两国。但这种革命的举动也不是骤然间发生的，发生时的经过曲折颇多。战国初年三晋独立仍须周室承认（公元前403年）。田齐篡位也须由周天子取得宪法上的地位（公元前386年）。可见历史的本质虽已改变，传统的心理不是一时可以消灭的。后来秦国于商鞅变法之后，势力大盛，屡次打败战国初期最强的魏国。这时秦国仍要用春秋时代旧的方法以巩固自己的地位，所以就极力与周天子拉拢，而受封为伯（公元前343年），与从前的齐桓、晋文一样。次年（公元前342年）秦又召列国于逢泽（今河南开封东南），朝天子。这是一种不合时代性的举动，在当时人眼光中未免有点滑稽。

虽然如此，别国必须想一个抵抗的方法，使秦国以周为护符的政策失去效用。于是失败的魏国就联络东方大国的齐国，两国会于徐州，互相承认为王（公元前334年）。这样一来，秦国永不能再假周室为号召，周室的一点残余地位也就完全消灭了。秦为与齐魏对抗起见，也只得称王（公元前325年）。其他各国二年后（公元前323年）也都称王。只有赵国唱高调称"君"；现成的"公侯"不用而称"君"，也正足证明周室的封号无人承认，一切称号都由自定。但赵国终逆不过时代潮流，最后也称王（公元前315年）（《史记》卷九[1]《秦本纪》，卷四十三《赵世家》，卷四十四《魏世家》，卷四十六《田敬仲完世家》）。至此恐怕各国方才觉悟，时代已经变换，旧的把戏不能再玩，新的把戏非常严重痛苦——就最是列国间的拼命死战。这种激烈战争，除各国的奖励战杀与秦国的以首级定爵外，由国界的变化最可看出。春秋时代各国的疆界极其模糊。当时所谓"国"就是首都。两国交界的地方只有大概的划分，并无清楚的界限。到战国时各国在疆界上都修长城，重兵驻守，可见当时国际空气的严重。在人类史上可与20世纪欧洲各国疆界上铜墙铁壁的炮垒相比的，恐怕只有战国时代这些长城（顾炎武《日知录》，卷三十一《长城》）。

二、合纵连横与东帝西帝

列国称王以后百年间，直至秦并六国，是普通所谓合纵连横的时期。连横是秦国的统一政策，合纵是齐、楚的统一政策。其他四国

---

[1] 应为《史记》卷五。——编者注

比较弱小，不敢想去把别人统一，只望自己不被人吞并就够了。所以这一百年间可说是秦、齐、楚三强争天下的时期。这时不只政治家的政策是以统一为目标，一般思想家也无不以统一为理想。由现存的先秦诸子中，任择一种，我们都可发现许多"王天下""五帝三王云云"花样繁多而目的一致的帝王论或统一论。所以统一可说是当时上下一致的目标，人心一致的要求。这些帝王论中，除各提倡自己一派的理想，当初有否为某一国宣传的成分，我们现在已不容易考知。其中一种有丰富的宣传色彩，似乎大致可信——就是邹衍（前350—前250）一派的五德终始说。对后代皇帝制度成立，也属这派的影响最深。可惜邹衍的著作全失，后代凌乱的材料中，只有《史记·封禅书》中所记录的可以给我们一个比较完备的概念：

> 自齐威宣之时，邹衍之徒论著终始五德之运。及秦帝，而齐人奏之。故始皇采用之。

所以这当初是齐国人的说法，秦始皇统一后才采用。五德的说法据《封禅书》是：

> 秦始皇既并天下而帝，或曰：黄帝得土德，黄龙地螾见；夏得木德，青龙止于郊，草木畅茂；殷得金德，银自山溢；周得火德，有赤乌之符。今秦变周，水德之时，昔秦文公出猎，获黑龙；此其水德之瑞。

这是一个极端的历史定命论，也可见当时一般的心理认为天下统一是不成问题的，并且据邹衍一派的说法，统一必由按理当兴的水德。

这个说法本来是为齐国宣传的。邹衍是齐国人，受齐王优遇，有意无意中替齐国宣传也无足怪。宣传的证据是与五德终始说有连带关系的封禅说。所谓封禅是历代受命帝王于受命后在泰山上祭祀天地的一种隆重典礼。在先秦时代，列国分立，各地有各地的圣山，并无天下公认的唯一圣山。由《周礼·夏官·职方氏》可知，泰山不过是齐、鲁（兖州）的圣山，并非天下的圣山；其他各州各有自己的圣山。只因儒家发生、盛行于齐、鲁及东方诸小国，儒书中常提泰山，又因封禅说的高抬泰山，所以后代才认泰山为唯一圣山。邹衍一派当初说帝王都须到泰山封禅，是一种前所未有的新闻。这等于说，齐国是天命攸归的帝王，不久必要统一天下。假设封禅的说法若为楚人所倡，必定要高抬衡山；若为秦人所创，必说非封禅华山不可。现在的《管子·封禅篇》与《史记·封禅书》都讲到齐桓公要封禅而未得。这恐怕是同样的邹衍一派的宣传，暗示春秋时代的齐国几乎王天下，战国时代的新齐国必可达到目的。

空宣传无益。当时齐国的确有可能统一天下的实力。邹衍或其他一派的人创造这个学说，一定是认清这个实力所致，并非一味地吹嘘。齐国是东方的大国，到宣王时（前319—前301）尤强，乘燕王哙让位子之大演尧舜禅让的悲喜剧的机会，攻破燕国（公元前314年），占领三年。后来（公元前312年）虽然退出，齐国的国威由此大振。同时（前312—前311）楚国上了张仪的当，贸然攻秦，为秦所破，将国防要地的汉中割与秦国。所以至此可说秦、齐二国东西并立，并无第三国可与抗衡。至于两国竞争，最后胜利谁属尚在不可知之数。在这种情形下，齐国人为齐国创造一种有利的宣传学说，是很自然的。于是，产出这个以泰山为中心的封禅主义。

这个秦、齐并立的局面支持了约有二十五年。两国各对邻国侵略，但互相之间无可奈何。天下统一不只是政治家的政策，不只是思想家的理想，恐怕连一般人民也希望早日统一，以便脱离终年战争的苦痛。"王天下"的人为"帝"现在也已由理想的概念成为一般的流行语。当初的"王"现在已不响亮，作动词用（王天下）还可以，作名词用大家只认"帝"为统一的君主。秦、齐既两不相下，所以它们就先时发动，于公元前288年两国约定平分天下，秦昭襄王称西帝，齐湣王称东帝，除楚国外，天下由二帝分治。根本讲来，这是一个矛盾的现象，因为"帝"的主要条件就是"王天下"，所以两帝并立是一个不通的名词，在当时的局势之下也是一个必难持久的办法。可惜关于这个重大的事件，我们所知甚少。据《战国策》（《战国策》卷十一齐四）似乎是秦国提议。秦先称西帝，齐取观望的态度，后来也称帝。但因列国不服或其他原因，两国都把帝号取消，仍只称王。但后来齐湣王在国亡家破的时候（公元前284年）仍要邹、鲁以天子之礼相待，结果是遭两国的闭门羹（《战国策》卷二十赵三），可见取消帝号是一种缓和空气的作用，实际上齐国仍以帝自居。荆轲刺秦王的时候（公元前227年）称秦王为"天子"（《战国策》卷三十一燕三），可见秦也未曾把帝号完全取消。两国大概都是随机应变，取模棱两可的态度。

三、帝秦议

齐国称帝不久就一败涂地。三晋本是秦的势力范围，齐湣王野心勃勃，要推翻秦的势力，以便独自为帝。齐攻三晋（公元前286年）的结果是秦国合同三晋，并联络燕国，大举围齐。齐国大败，临时亡国。燕国现在报复三十年前的旧恨，把齐国几乎完全占领（公元前284

年）。楚国也趁火打劫，由南进攻。后来五国退兵，燕独不退。五六年间（前284—前279），除莒与即墨二城外，整个齐国都变成燕的属地。后来齐虽复国（公元前279年），但自此之后元气大亏，丧失强国的地位，永远不能再与秦国对抗。后来秦并天下，齐是六国中唯一不抵抗而亡的。所以燕灭齐可说是决定秦并天下的最后因素。284年前一切皆在不可知之数，284年后秦灭六国只是一个时间的问题。[1]

二十年后（公元前258年）秦攻赵，围邯郸。赵求救于魏，魏援军畏秦，不敢进兵。邯郸一破，三晋必全为秦所吞并，因为现在中原只有赵还有点抗秦的能力。但其他各国连援兵都不敢派出，可见当时畏秦的心理已发展到何等的程度。这时遂有人提议放弃无谓的抵抗，正式向秦投降，由赵领衔，三晋自动尊秦为帝。此举如果成功，秦并六国的事业或可提早实现。所幸（或不幸）当时出来一个齐国人鲁仲连，帝秦议方才中止（《战国策》卷二十赵三）。大概此时齐国虽已衰弱，齐国志士尚未忘记秦齐并立的光荣时期。所以对强秦最愤恨的是齐人，对帝秦议极力破坏的也是齐人。后来赵、魏居然联合败秦，拼死的血战又延长了四十年。

由于思想家的一致提倡统一，由于列强的极力蚕食邻国，由于当时人的帝秦议，我们都可看出天下统一是时代的必然趋势，没有人能想象另一种出路。最后于公元前221年秦王政合并六国，创了前古未有的大一统局面。

---

[1] 指公元前284年。——编者注

四、秦始皇帝

秦始皇对于他自己的新地位的见解很值得玩味。据《史记·秦始皇本纪》，公元前221年令丞相御史议称号：

> 寡人以眇眇之身，兴兵诛暴乱。赖宗庙之灵，六王咸伏其辜，天下大定。今名号不更，无以称成功传后世。其议帝号！

"其议帝号"一句话很可注意。当时秦尚未正式称帝，然而正式的令文中居然有这种语气，有两种可能的解释。一是帝本是公认为"王天下者"的称号；现在秦并六国，当然是帝。第二种解释就是七十年前秦称西帝，始终未正式取消，所以"帝号"一词并无足怪。现在秦王为帝已由理想变成事实，只剩正式规定帝的称号。

始皇与臣下计议的结果，名号制度焕然一新。君称"皇帝"，自称"朕"，普遍地行郡县制与流官制，划一度量衡，书同文，车同轨，缴天下械，治驰道，徙富豪于咸阳。凡此种种，可归纳为两条原则。一，天下现在已经统一，一切制度文物都归一律。二，政权完全统一，并且操于皇帝一人之手。从此以后，皇帝就是国家，国家就是皇帝。这种政治的独裁在战国时已很明显。只因那时列国并立，诸王不得不对文人政客有相当的敬礼与笼络。现在皇帝不只不再需要敬畏政客文人，并且极需避免他们的操纵捣乱。当初大家虽都"五帝三王""王天下"不离口，但他们并没有梦想到天下真正统一后的情势到底如何。现在他们的理想一旦实现，他们反倒大失所望，认为还是列国并立的局面对他们有利。同时六国的王孙遗臣也很自然地希望推翻秦帝，恢复旧日的地方自由。所以文人政客个人自由的欲望与六国遗人地方独立的欲望两相混合，可说是亡秦的主要势力。焚书坑儒就是秦始皇对付反动的文人政客的方法。张良与高渐离（《史记》卷五十五《留侯世家》，卷八十六《刺客列传》）可代表六国遗人力谋恢复的企图。在历史上，第一个统一的伟人或朝代似乎总是敌不过旧势力的反动，总是失败的。统一地中海世界的恺撒为旧党所刺杀，西方的天下又经过十几年的大乱才又统一。统一中国的秦朝也遭同样的命运。一度大乱之后，汉朝出现，天下才最后真正统一。

秦亡的代价非常重大。秦朝代表有传统政治经验与政治习惯的古国，方才一统的天下极需善政，正需要有政治经验习惯的统治者。并且秦国的政治在七国中最为优美，是战国时的人已经承认的（《荀子》卷十一《强国篇》第十六）。反动的势力把秦推翻，结果而有布衣天子的汉室出现。汉高是大流氓，一般佐命的人多为无政治经验的流氓小吏出身。所以天下又经过六十年的混乱方才真正安定下去。到汉武帝时（前140—前87）政治才又略具规模，汉室的政治训练才算成熟。

五、汉之统一与皇帝之神化

汉室的成立是天下统一必然性的又一明证。楚汉竞争的时期形式上是又恢复了战国时代列国并立的局面；义帝只是昙花一现的傀儡。项羽灭后，在理论上除汉以外还有许多别的国，不过是汉的与国而已，并非都是属国。但列国居然与汉王上表劝进：

> 楚王韩信、韩王信、淮南王英布、梁王彭越、故衡山王吴芮、赵王张敖、燕王臧荼，昧死再拜言，大王陛下！先时秦为亡道，天下诛之。大王先得秦，王定关中，于天下功最多。存

亡定危，救败继绝，以安万民，功盛德厚。又加惠于诸侯王有功者，使得立社稷。地分已定，而位号比拟，亡上下之分；大王功德之著于后世不宣。昧死再拜上皇帝尊号！（《汉书》卷一下《高帝纪下》）

细想起来，这个劝进表殊不可解。这是一群王自动公认另一王为帝，正与五十年前鲁仲连所反对的帝秦议性质相同。我们即或承认这是诸王受汉王暗示所上的表，事情仍属奇异。各人起兵时本是以恢复六国推翻秦帝为口号。现在秦帝已经推翻，六国也可说已经恢复，问题已经解决，天下从此可以太平无事；最少列国相互间可以再随意战争，自由捣乱，不受任何外力的拘束。谁料一帝方倒，他们就又另外自立一帝。即或有汉王的暗示，当时汉王绝无实力勉强诸王接受他的暗示。所以无论内幕如何，我们仍可说这个劝进表是出于自动的；最少不是与诸王的意见相反的。这最足以证明当时的人都感觉到一统是解决天下问题的唯一方法，除此之外，并无第二条出路。第二条路是死路，就是无止期的战乱。从此以后，中国的历史只有这两条路可走：可说不是民不聊生的战国，就是一人独裁的秦、汉。永远一治一乱循环不已。

汉室虽是平民出身，皇帝的尊严并不因之减少，反而日趋神秘。秦、汉都采用当初齐国人的宣传，行封禅，并按五德终始说自定受命之德（《史记》卷二十八《封禅书》，《汉书》卷二十五《郊祀志》）。皇帝的地位日愈崇高，日愈神秘，到汉代，皇帝不只是政治的独裁元首，并且天下公然变成他个人的私产。未央宫造成之后（公元前198年）——

高祖大朝诸侯群臣，置酒未央前殿。高祖奉玉卮，起为太上皇寿曰:"始大人常以臣无赖,不能治产业,不如仲力。今某之业,所就孰与仲多?"殿上群臣皆呼万岁,大笑为乐。

(《史记》卷八《高祖本纪》)

由此可见皇帝视天下为私产,臣民亦承认天下为其私产而不以为怪,反呼万岁,大笑为乐。这与战国时代孟子所倡的民贵社稷次君轻的思想,及春秋时代以君为守社稷的人而非社稷的私有者的见解是两种完全不同的政治空气。

哀帝(前6—前1)宠董贤,酒醉后(公元前1年),"从容视贤笑曰:'吾欲法尧禅舜何如?'"中常侍王闳反对:

> 天下乃高皇帝天下,非陛下之有也。陛下承宗庙,当传子孙于亡穷。统业至重,天子亡戏言!(《汉书》卷十一《哀帝纪》,卷九十三《董贤传》)

皇帝看天下为自己的私产,可私相授受。臣下认天下为皇室的家产,不可当作儿戏。两种观点虽不完全相同,性质却一样;没有人认为一般臣民或臣民中任何一部分对天下的命运有支配的权力。

天下为皇帝的私产,寄生于皇帝私产上的人民当然就都是他的奴婢臣妾。奴婢虽或有高低,但都是奴婢;由尊贵无比的皇帝看来,奴婢间的等级分别可说是不存在的。最贵的丞相与无立锥之地的小民在皇帝前是同样的卑微,并无高下之分。当时的人并非不知道这种新的现象。贾谊对此有极沉痛的陈述:

> 人主之尊譬如堂,群臣如陛,众庶如地。故陛九级上,廉远地,则堂高。陛无级,廉近地,则堂卑。高者难攀,卑者易陵,理势然也。故古者圣王制为等列,内有公卿大夫士,外

有公侯伯子男，然后有官师小吏，延及庶人。等级分明，而天子加焉，故其尊不可及也。里谚曰："欲投鼠而忌器。"此善谕也。鼠近于器，尚惮不投，恐伤其器，况于贵臣之近主乎？廉耻节礼以治君子，故有赐死而亡戮辱。是以黥劓之辠不及大夫，以其离主上不远也。礼不敢齿君之路马，蹴其刍者有罚。见君之几杖则起，遇君之乘车则下，入正门则趋。君之宠臣虽或有过，刑戮之辠不加其身者，尊君之故也。此所以为主上豫远不敬也，所以体貌大臣而厉其节也。今自王侯三公之贵，皆天子之所改容而礼之也，古天子之所谓伯父伯舅也。而今与众庶同黥劓髡刖笞骂弃市之法，然则堂不亡陛乎，被戮辱者不泰迫乎？廉耻不行，大臣无乃握重权，大官而有徒隶亡耻之心乎？失望夷之事，二世见当以重法者，投鼠而不忌器之习也。臣闻之，履虽鲜不加于枕，冠虽敝不以苴履。夫尝已在贵宠之位，天子改容而体貌之矣，吏民尝俯伏以敬畏之矣；今而有过，帝令废之可也，退之可也，赐之死可也，灭之可也。若夫束缚之，系緤之，输之司寇，编之徒官，司寇小吏詈骂而榜笞之，殆非所以令众庶见也。夫卑贱者习知尊贵者之一旦吾亦乃可以加此也，非所以习天下也，非尊尊贵贵之化也。夫天子之所尝敬，众庶之所尝宠，死而死耳，贱人安宜得如此而顿辱之哉？（《汉书》卷四十八《贾谊传》）

当时因为丞相绛侯周勃被告谋反，收狱严治，最后证明为诬告，方才释出。这件事（公元前176年）是贾谊发牢骚的引线。贾谊对于这种事实认得很清楚，但对它的意义并未明了。他所用的比喻也不妥当。皇帝的堂并不因没有陛级而降低，他的堂实在是一座万丈高台，臣民都俯伏在台下。皇帝的地位较前提高，臣民的地位较前降低，贾谊所说的古代与汉代的分别，实在就是阶级政治与个人政治的分别。先秦君主对于大臣的尊敬是因为大臣属于特殊的权利阶级。阶级有相当的势力，不是君主所能随意支配。到秦汉时代真正的特权阶级已完全消灭，人民虽富贵贫贱不同，但没有一个人是属于一个有法律或政治保障的固定权利阶级的。由此点看，战国时代可说是一个过渡时代。在性质上，战国时代已演化到君国独裁的个人政治的阶段。但一方面因为春秋时代的传统残余，一方面因为列国竞争下人才的居奇，所以君主对臣下仍有相当的敬意。但这种尊敬只能说是手段，并不是理所当然的事。秦汉统一，情势大变，君主无须再存客气，天下万民的生命财产在皇帝前都无保障。由人类开化以来，古有阶级分明的权利政治与全民平等的独裁政治。此外，除于理想家的想象中，人类并未发现第三种可能的政治。一切宪法的歧异与政体的花样不过都是门面与装饰品而已。换句话说，政治社会生活总逃不出多数（平民）为少数（特权阶级）所统治或全体人民为一人所统治的两种方式。至于孰好孰坏，只能让理想家去解决。

皇帝既然如此崇高，臣民既然如此卑微，两者几乎可说不属于同一物类。臣民若属人类，皇帝就必属神类。汉代的皇帝以至后妃都立庙祭祀。高帝时令诸侯王国京都皆立太上皇庙（《汉书》卷七十三《韦玄成传》）。高帝死后惠帝令郡国诸侯各立高祖庙，以岁时祠（《史记》卷八《高祖本纪》）。惠帝尊高祖庙为太祖庙，景帝尊文帝庙为太宗庙，行所尝幸郡国各立太祖太宗庙。宣帝又尊武帝庙为世宗庙，行所巡狩皆立世宗庙。至西汉末年，祖宗庙在68郡国中共167所。长安自高祖至宣帝以及太上皇悼皇考（宣帝父）各自居陵立庙旁，与郡国庙合为176所。又园中各有寝便殿。日祭于寝，月祭于庙，时祭于便殿。寝，每日上食四次。庙，每年祭祀25次。便殿，每年祠四次。此外又有皇后太子庙30所。总计每岁的祭祀，上食24455份，用卫士45129人，祝宰乐人12147人（《汉书》卷七十三《韦玄成传》）。皇帝皇室的神化可谓达于极点！

不只已死的皇帝为神，皇帝生时已经成神，各自立庙，使人崇拜。文帝自立庙，称顾成庙。景帝自立庙，为德阳。武帝生庙为龙渊，昭帝生庙为徘徊，宣帝生庙为乐游，元帝生庙为长寿，成帝生庙为阳池（《汉书》卷四《文帝纪》四年注）。

皇帝皇室的庙不只多，并且祭祀的礼节也非常繁重，连专司宗庙的官往往也弄不清，因而获罪（《汉书》卷七十三《韦玄成传》）。繁重的详情已不可考，但由上列的统计数目也可想见一个大概。这种神化政策，当时很遭反对。详情我们虽然不知，反对的人大概不是儒家根据古礼而反对，就是一般人不愿拿人当神看待而反对。所以"高后时患臣下妄，非议先帝宗庙寝园官，故定著令，敢有擅议者弃市"（同上）。这种严厉的禁令直到元帝毁庙时方才取消。

这种生时立庙、遍地立庙的现象，当然是一种政策，与宗教本身关系甚少。古代的政治社会完全崩溃，皇帝是新局面下唯一维系天下的势力。没有真正阶级分别的民众必定是一盘散沙，团结力日渐减少以至于消灭。命定论变成人心普遍的信仰，富贵贫贱都听天命，算命看相升到哲学的地位（王允《论衡·途遇篇》《累害篇》《命禄篇》

《偶会篇》《治期篇》《命义篇》《骨相篇》《初禀篇》，王符《潜夫论·正列篇》《相列篇》，荀悦《申鉴·俗嫌篇》）。这样的民族是最自私自利、最不进取的。别人的痛苦与自己无关，团体的利害更无人顾及，一切都由命去摆布。像墨子那样极力非命的积极人生观已经消灭，现在只有消极怠惰的放任主义。汉代兵制之由半征兵制而募兵制，由募兵以至于无兵而专靠羌胡兵（《汉书》卷一《高帝纪下》注，卷七《昭帝纪》注，《后汉书》卷一下《光武帝纪下》建武七年正文及注，卷五十三《窦宪传》），是人民日渐散漫，自私自利心发达，命定论胜利的铁证。现在只剩皇帝一人为民众间的唯一连锁，并且民众间是离心力日盛、向心力日衰的，所以连锁必须非常坚强才能胜任。以皇帝为神，甚至生时即为神，就是加强他的维系力的方法。天下如此之大，而皇帝只有一人，所以皇帝、皇室的庙布满各地是震慑人心的一个巧妙办法。经过西汉二百年的训练，一般人民对于皇帝的态度真与敬鬼神的心理相同。皇帝的崇拜根深蒂固，经过长期的锻炼，单一的连锁已成纯钢，内在的势力绝无把它折断的可能。若无外力的强烈压迫，这种皇帝政治是永久不变的。

不过这种制度不是皇帝一人所能建立，多数人民如果反对，他必难成功。但这些消极的人民即或不拥护，最少也都默认。五德终始说与封禅主义是一种历史定命论。到汉代这种信仰的势力愈大，大家也都感觉到别无办法，只有拥戴一个独裁的皇帝是无办法中的办法。他们可说都自愿地认皇帝为天命的统治者。后代真龙天子与《推背图》的信仰由汉代的谶纬都可看出（《汉书》卷九十九《王莽传》，《后汉书》卷一《光武帝纪》）。所以皇帝的制度可说是由皇帝的积极建设与人民的消极拥护所造成的。

六、废庙议与皇帝制度之完全成立

到西汉末年,繁重不堪的立庙制度已无存在的必要,因为它的目的已经达到。况且儒家对于宗庙本有定制,虽有汉初的严厉禁令,儒家对这完全不合古礼的庙制终久必提出抗议。所以元帝时(前48—前33)贡禹就提议:

> 古者天子七庙。今孝惠孝景庙皆亲尽宜毁。及郡国庙不应古礼,宜正定。(《汉书》卷七十三《韦玄成传》)

永光四年(公元前40年)元帝下诏,先议罢郡国庙:

> 朕闻明王之御世也,遭时为法,因事制宜。往者天下初定,远方未宾,因尝所亲以立宗庙。盖建威销萌,一民之至权也。今赖天地之灵,宗庙之福,四方同轨,蛮貊贡职;久遵而不定,令疏远卑贱共承尊祀,殆非皇天祖宗之意。朕甚惧焉!传不云乎:"吾不与祭,如不祭。"其与将军列侯中二千石诸大夫博士议郎议!(同上)

由这道诏命我们可见当初的广建宗庙是一种提高巩固帝权的方策,并且这种方策到公元前40年左右大致已经成功,已没有继续维持的必要。诸臣计议,大多主张废除,遂罢郡国庙及皇后太子庙。同年又下诏议京师亲庙制。大臣议论纷纷,莫衷一是,此事遂暂停顿。此后二年间(前39—前38)经过往返论议,宗庙大事整理,一部分废罢,大致遵古代儒家所倡的宗庙昭穆制(详情见《汉书》卷九《元帝纪》及《韦玄成传》)。

毁庙之后,元帝又怕祖宗震怒,后来(公元前34年)果然生病,

"梦祖宗谴罢郡国庙"，并且皇弟楚孝王所梦相同。丞相匡衡虽向祖宗哀祷，并愿独负一切毁庙的责任，元帝仍是不见痊可。结果二年间（前34—前33）把所废的庙又大多恢复，只有郡国庙废罢仍旧。元帝一病不起（公元前33年），所恢复的庙又毁（同上）。自此以后，或罢或复，至西汉末不定（《汉书》卷二十五下《郊祀志下》）。但郡国庙总未恢复。

光武中兴，因为中间经过王莽的新朝，一切汉制多无形消灭。东汉时代，除西京原有之高祖庙外，在东京另立高庙。此外别无他庙，西汉诸帝都合祭于高庙。光武崩后，明帝为在东京立庙，号为世祖庙。此后东汉诸帝未另立庙，只藏神主于世祖庙。所以东汉宗庙制可说较儒家所传的古礼尚为简单（《后汉书》卷十九[1]《祭祀志下》）。

这种简单的庙制，正如上面所说，证明当初的政策已经成功，皇帝的地位已无摇撼的危险。在一般人心理中，皇帝真与神明无异，所以繁复的祭祀反倒不再需要。因为皇帝的制度已经确定稳固，所以皇帝本人的智愚或皇朝地位的强弱反倒是无关紧要的事。和帝（89—105）并非英明的皇帝，当时外戚宦官已开始活跃，汉室以至中国的大崩溃也见萌芽，适逢外戚窦宪利用羌、胡兵击破北匈奴，为大将军，威震天下。当时一般官僚自尚书以下"议欲拜之，伏称万岁"，只有尚书令韩棱正色反对："夫上交不谄，下交不黩。礼无人臣称万岁之制！"议者皆惭而止（《后汉书》卷七十五[2]《韩棱传》）。这虽是小

---

[1] 应为《后汉书》卷九十九。——编者注
[2] 应为《后汉书》卷四十五。——编者注

掌故，最可指出皇帝的地位已经崇高到如何的程度。"万岁"或"万寿"本是古代任人可用的敬祝词，《诗经》中极为普通。汉代对于与皇帝有关的事物，虽有种种的专名（蔡邕《独断》），一如秦始皇所定的"朕"之类，但从未定"万岁"为对皇帝的专用颂词。所以韩棱所谓"礼无人臣称万岁之制"实在没有根据，然而"议者皆惭而止"，可见当时一般的心理以为凡是过于崇高的名词只能适用于皇帝，他人不得僭妄擅用，礼制有否明文并无关系。

七、后言

此后二千年间皇帝个人或各朝的命运与盛衰虽各不同，然而皇帝的制度始终未变。汉末、魏晋南北朝时期皇帝实权削弱，隋唐复盛，宋以下皇帝的地位更为尊崇。到明代以下人民与皇帝真可说是两种物类了，不只皇帝自己是神，通俗小说中甚至认为皇帝有封奇人或妖物为神的能力。这虽是平民的迷信，却是由秦汉所建立的神化皇帝制度产生出来的，并非偶然。这也或者是人民散漫的程度逐代加深的证据。不过这些都是程度深浅的身外问题，皇帝制度本身到西汉末年可说已经完全成立，制度的本质与特性永未变更。

这个制度，正如我们上面所说，根深蒂固，由内在的力量方面讲，可说是永久不变的，只有非常强烈的外来压力才能将它摇撼。二千年间，变动虽多，皇帝的制度始终稳固如山。但近百年来的西洋政治经济文化的势力与前不同，是足以使中国传统文化根本动摇的一种强力。所以辛亥革命，由清室一纸轻描淡写的退位诏书，就把这个战国诸子所预想，秦始皇所创立，西汉所完成，曾经维系中国二千余年的皇帝制度，以及三四千年来曾笼罩中国的天子理想，一股结束。废旧容易，建新困难。在未来中国的建设中，新的元首制度也是一个不能避免的大问题。

历史上的君权的限制

/ 吴 晗 /

近四十年来，坊间流行的教科书和其他书籍，普遍的有一种误解，以为在民国成立以前，几千年来的政体全是君主专制的，甚至全是苛暴的、独裁的、黑暗的，这话显然有错误。在革命前后持这论调以攻击君主政体，固然是一个合宜的策略，但在现在，君主政体早已成为历史陈迹的现在，我们不应厚诬古人，应该平心静气地还原其本来的面目。

过去四千年的政体，以君主（皇帝）为领袖，用现代话说是君主政体，固然不错，说全是君主专制却不尽然。至少除开最后明清两代的六百年，以前的君主在常态上并不全是专制。苛暴的、独裁的、黑暗的时代，历史上虽不尽无，但都可说是变态的、非正常的现象，就政体来说，除开少数非常态的君主个人的行为，大体上说，一千四百年的君主政体，君权是有限制的，能受限制的君主被人民所爱戴。反之，他必然会被颠覆，破家亡国，人民也陪着遭殃。

就个人所了解的历史上的政体，至少有五点可以说明过去的君权的限制，第一是议的制度，第二是封驳制度，第三是守法的传统，第四是台谏制度，第五是敬天法祖的信仰。

国有大业，取决于群议，是几千年来一贯的制度。春秋时子产为郑国执政，办了好多事，老百姓不了解，大家在乡校里纷纷议论，有人劝子产毁乡校，子产说，不必，让他们在那里议论吧，他们的批评可以做我施政的参考。秦汉以来，议成为政府解决大事的主要方法，在国有大事的时候，君主并不先有成见，却把这事交给廷议，廷议的人员包括政府的高级当局如丞相御史大夫及公卿列侯二千石以至下级官如议郎博士以及贤良文学。谁都可以发表意见，这意见即使是恰好和政府当局相反，可以反复辩论不厌其详，即使所说的话是攻击政府当局。辩论终了时理由最充分的得了全体或大多数的赞成（甚至包括反对者），成为决议，政府照例采用作为施政的方针。例如汉武帝以来的监铁榷酤政策，政府当局如御史大夫桑弘羊及丞相等官都主张继续专卖，民间都纷纷反对，昭帝时令郡国举贤良文学之士，问以民所疾苦，教化之要。皆对曰，愿罢监铁榷酤均输官，无与天下争利。于是政府当局以桑弘羊为主和贤良文学互相诘难，词辩云涌，当局几为贤良文学所屈，于是诏罢郡国榷酤关内铁官。宣帝时桓宽推衍其议为《盐铁论》十六篇。又如汉元帝时珠崖郡数反，元帝和当局已议定，发大军征讨，待诏贾捐之上疏独以为当罢郡，不必发军。奏上后，帝以问丞相御史大夫，丞相以为当罢，御史大夫以为当击，帝卒用捐之议，罢珠崖郡。又如宋代每有大事，必令两制侍从诸臣集议，明代之内阁六部都察院通政司六科诸臣集议，清代之王大臣会议[1]，虽然与议的人选和资格的限制，各朝不尽相同，但君主不以私见或成见独断国家大政，却是历朝一贯相承的。

封驳制度概括地说，可以分作两部分。汉武帝以前，丞相专决国事，权力极大，在丞相职权以内所应做的事，虽君主也不能任意干涉。武帝以后，丞相名存职废，光武帝委政尚书，政归台阁，魏以中书典机密，六朝则侍中掌禁令，逐渐衍变为隋唐的三省——中书、门下、尚书——制度，三省的职权是中书取旨，门下封驳，尚书施行，中书省有中书舍人掌起草命令，中书省在得到君主同意或命令，就让舍人起草，舍人在接到词头（命令大意）以后，认为不合法的便可以缴还词头，不给起草。在这局面下，君主就得改换主意。如坚持不改，也还可以第二次第三次发下，但舍人仍可第二次第三次退回，除非君主罢免他的职务，否则，还是拒绝起草。著例如宋仁宗时，富弼为中书舍人封还刘从愿妻封遂国夫人词头。门下省有给事中专掌封驳，凡百司奏钞，侍中审定，则先读而署之，以驳正违失，凡制敕宣行，大事覆奏而请施行，小事则署而颁之，其有不便者，涂窜而奏还，谓之涂归。著例是唐李藩迁给事中，制有不便，就制尾批却之，吏惊请联他纸，藩曰，联纸是牒，岂得云批敕耶。这制度规定君主所发命令，得经过两次审查，第一次是中书省专主起草的中书舍人，他认为不合的可以拒绝起草，舍人把命令草成后，必须经过门下省的审读，审读通过，由给事中签名副署，才行下到尚书省施行。如被封驳，则

---

[1] 即议政王大臣会议。——编者注

此事便当作为罢论。这是第二次也是最后一次的审查。如两省官都能称职，坚定地执行他们的职权，便可防止君主的过失和政治上的不合法行为。从唐到明这制度始终为政府及君主所尊重，在这个时期内君权不但有限制，而且其限制的形式，也似乎不能为现代法西斯国家所接受。

法有两种：一种是成文法，即历朝所制定的法典；一种是不成文法，即习惯法，普通政治上的相沿传统属之。两者都可以纲纪政事，维持国本，凡是贤明的君主必得遵守。不能以喜怒爱憎、个人的感情来破法坏法。即使有特殊情形，也必须先经法的制裁，然后利用君主的特赦权或特权来补救。著例如汉文帝的幸臣邓通，在帝旁有怠慢之礼，丞相申屠嘉因言朝廷之礼不可以不肃，罢朝坐府中檄召通到丞相府，不来且斩，通求救于帝，帝令诣嘉，免冠顿首徒跣谢，嘉谓小臣戏殿上，大不敬当斩，史今行斩之，通顿首，首尽出血不解，文帝预料丞相已把他困辱够了，才遣使向丞相说情，说这是我的弄臣，请你特赦他，邓通回去见皇帝，哭着说丞相几杀臣。又如宋太祖时有群臣当迁官，太祖素恶其人不与，宰相赵普坚以为请，太祖怒曰，朕固不为迁官，卿若之何！普曰，刑以惩恶，赏以酬功，古今通道也，且刑赏天下之刑赏，非陛下之刑赏，岂得以喜怒专之。太祖怒甚起，普亦随之，太祖入宫，普立于宫门口，久久不去，太祖卒从之。又如明太祖时定制，凡私茶出境，与关隘不讥者并论死，驸马都尉欧阳伦以贩私茶依法赐死（伦妻安庆公主为马皇后所生）。类此的传统的守法精神，因历代君主的个性和教养不同，或由于自觉，或由于被动，都认为守法是做君主的应有的德行，君主如不守法则政治即失常轨，臣下无所准绳，亡国之祸，跷足可待。

为了使君主不做错事，能够守法，历朝又有台谏制度。一是御史台，主要的职务是纠察官邪，肃正纲纪，但在有的时代，御史亦得言事。谏是谏官，有谏议大夫左右拾遗、补阙，及司谏正言等官，分属中书门下两省（元废门下，谏职并入中书，明废中书，以谏职归给事中兼领）。台谏以直陈主夫[1]，尽言直谏为职业，批龙鳞，挦虎须，如沉默不言，便为失职，史记唐太宗爱子吴王恪好畋猎损居人田苗，侍御史柳范奏弹之，太宗因谓侍从曰，权万纪事我儿，不能匡正，其罪合死。范进曰，房玄龄事陛下，犹不能谏正畋猎，岂可独坐万纪乎？又如魏徵事太宗，直言无所避。若谏取已受聘女，谏作层观望昭陵，谏息于受谏，谏作飞仙宫，太宗无不曲意听从，肇成贞观之治。宋代言官气焰最盛，大至国家政事，小至君主私事无不过问。包拯论事仁宗前，说得高兴，唾沫四飞，仁宗回宫告诉妃嫔说，被包拯唾了一面。言官以进言纠箴为尽职，人君以受言改过为美德，这制度对于君主政体的贡献可说很大。

两汉以来，政治上又形成了敬天法祖的信条，敬天是适应自然界的规律，在天人合一的政治哲学观点上，敬天的所以育人治国。法祖是法祖宗成宪，大抵开国君主的施为，因时制宜，着重在安全秩序保持和平生活。后世君主，如不能有新的发展，便应该保守祖宗成业，不使失坠；这一信条，在积极[2]方面说，固然是近千年来我民族

---

[1] 应为"台谏以直陈主失"。——编者注

[2] 应为"消极"。——编者注

颓弱落后的主因，但在消极[1]方面说，过去的台谏官却利用以劝告非常态的君主，使其安分，使其不做意外的过举。因为在理论上君主是最高的主宰，只能抬出祖宗，抬出比人君更高的天来教训他，才能措议，说得动听。此类的例子不可胜举，例如某地闹水灾或旱灾，言官便说据五行水是什么、火是什么，其灾之所以成是因为女谒太盛，或土木太侈，或奸臣害政，君主应该积极采取相对的办法斥去女谒，罢营土木，驱诛奸臣，发赈救民。消极的应该避殿减膳停乐素服，下诏引咎求直言以应天变。好在大大小小的灾异，每年各地总有一些，言官总不愁无材料利用，来批评君主和政府，再不然便引用祖宗成宪或教训，某事非祖宗时所曾行，某事则曾行于祖宗时，要求君主之改正或奉行。君主的意志在这信条下，多多少少为天与祖宗所束缚，不敢做逆天或破坏祖宗成宪的事。两千年来，只有一个王安石，他敢说"天变不足畏，祖宗不足法，人言不足恤"，除他以外，谁都不敢说这话。

就上文说，国有大事，君主无适无莫，虚心取决于群议。其命令有中书舍人审核于前，有给事中封驳于后，如不经门下副署，便不能行下尚书省。其所施为必须合于法度，如有违失，又有台谏官以近臣之地位，从中救正，或谏止于事前，或追论于事后，人为之机构以外，又有敬天法祖之观念，天与祖宗同时为君权之约束器。在这样的君主政体下，说是专制固然不尽然，说是独裁，尤其不对，说是黑暗或苛暴，以政治史上偶然的畸形状态，加上于全部历史，尤其不应

---

[1] 应为"积极"。——编者注

该。就个人所了解，六百年以前的君权是有限制的，至少在君主不肯受限制的时候，还有忠于这个君主的人敢提出指责，提出批评。近六百年来，时代愈进步，限制君权的办法逐渐被取消，驯至以桀纣之行，文以禹汤文武之言，诰训典谟，连篇累牍，"朕即国家"和西史暴君同符，历史的覆辙，是值得读史的人深切注意的。

历史上的政治的向心力和离心力
/ 吴 晗 /

历史上有若干时代,军权政权法权财权一切大权,始终握于中央政府之手,各级地方政府唯唯听命,中央之于地方,犹躯干之于手足,令出必行。地方之于中央,犹众星之拱北辰,环侍唯谨。例如宋代和明代。

也有若干时代,中叶以后,大权旁落,地方政府自成单位,其强大者更是操纵中枢,形成尾大不掉之势。中枢政令只及于直属的部分,枝强干弱,失去均衡。例如汉末六朝和唐的后期,清的后期。

前者用科学的术语说,我们叫它作政治上的向心力时代,用政治上的术语说,可叫作中央集权时代。后者则是政治上的离心力时代,也可叫作地方分权时代。为避免和现代的政治术语混淆起见,我们还是用向心力和离心力这两个名词较为妥当。

要详细说明上举几个不同时代的各方面情形,简直是一部中国政治史，颇有不知从何处说起之苦，并且篇幅也不容许。我们不妨用简笔画的办法，举几个有趣的例子来说明。办法是看那个时代人愿意在中央做事，还是在地方做事，前者举宋朝作例，后者举唐朝作例。

宋承五代藩镇割据之后，由大分裂而一统。宋太祖采用谋臣赵普的主意，用种种办法收回地方的兵权、政权、法权、财权。中央直属的军队叫禁军，挑选全国最精锐的军人组成，战斗力最强，挑剩的留在地方的叫厢军，全国各地的厢军总数才和禁军的总数相等，以此在质、量两方面禁军都超过了厢军。各地方政府的长官也都直接由中央任免。地方的司法和财政也都由中央派专使，提点刑狱公事和转运使直辖。府县的长官大部分都带有在中央服务的职名，任满后仍须回中央供职，到地方做事只算是出差（差遣）。在这一个系统之下，就造成了政治上的向心力，宋代的各级官吏，都以到地方服务为回到中央供职的过程，内外虽迭用，但最后的归结还是台阁监寺以至两地。如地位已到了台阁侍从，则出任州守，便算遣谪。反之由外面内召，能到曹郎，便是美迁。"故仕人以登台阁，升禁从为显官，而不以官之迟速为荣滞，以差遣要剧为贵途，而不以阶勋爵邑有无为轻重。"一般士大夫大多顾恋京师，轻易不肯离去阙下，叶梦得《避暑录话》下记有一则范纯仁的故事说：

> 范尧夫每仕京师，早晚二膳，自己至婢妾皆治于家，往往镌削，过为简俭，有不饱者，虽晚登政府亦然。补外则付之外厨，加料几倍，无不厌余。或问其故，曰：人进退虽在己，然亦未有不累于妻孥者。吾欲使居中则劳且不足，在外则逸而有余，故处吾左右者，朝夕所言，必以外为乐，而无顾恋京师之

意,于吾亦一佐也。前辈严于出去,每致其意如此。

范尧夫是哲宗时的名臣名相,尚且以克削饮食的手段,来节制出处,可见当时一般重内轻外的情形。南渡后半壁江山,政治重心却仍因制度的关系,维护在朝廷,外官纷纷要求京职。《宋会要稿》九五《职官》六〇之二九:

> 绍兴九年(公元1139年)五月二十三日,殿中侍御史周英言:士大夫无安分效职之心,奔走权势,惟恐不及,职事官半年不迁,往往有滞淹之叹。

又一〇六《职官》七九之一二:

> 庆元二年(公元1196年)十月十四日,臣僚言,近日监司帅守,到任之后,甫及半考,或几一年,观风问俗,巡历未周,承流宣化,抚字未遍,即致书当路,自述劳绩,干求朝堂,经营召命。
>
> 四年八月二十四日,臣僚言,比年以来,州县官吏,奔竞躁进,相师成风,嘱托请求,恬不知耻,贿赂杂沓于往来之市,汗牍旁午于贵要之门,上下玩习,不以为怪。故作县未几,即求荐以图院辖。作倅未几,即求荐以图作州。作州未几,即求荐以图特节。既得节矣,复图职名,得职名矣,复图召命。

以上二例,固然是政治的病态,却也可看出这时代向心力的程度。

再就唐代说,安史之乱是一个路标,乱前内重外轻,乱后内轻外重。乱前的府兵属于国家,乱后节镇兵强,中央衰弱。乱前官吏任免由朝廷，乱后地方多自辟僚属，墨版假授。乱前财政统一，乱后财赋有留州留使，仅上供是朝廷的收入。乱前中央官俸厚，地方官俸薄，乱后恰好相反。至于河北山东割据的藩镇，则索性一切自主，完全和中央无干。乱前士大夫多重内官，轻外职。此种风气，唐初已极显著，贞观十一年（公元637年）马周上疏即提到这问题，他说：

今朝廷独重内官，刺史县令，颇轻其选。刺史多是武夫勋人，或京官不称职始外出，边远之处，用人更轻，所以百姓未安，殆由于此。（《唐会要》六十八，《刺史》上）

长安四年（公元704年）李峤也上疏说：

安人之方，须择刺史，窃见朝廷物议，莫不重内官，轻外职，每除牧伯，皆再三披诉。比来所遣外任，多是贬累之人，风俗不澄，实由于此。（《唐会要》六十八，《刺史》上）

神龙元年（公元705年）赵冬曦也说：

今京职之不称者，乃左为外任，大邑之负累者，乃降为小邑，近官之不能者，乃迁为远官。（《唐会要》六十八，《刺史》上）

直至开元五年（公元721年）[1]源乾曜还说：

臣窃见势要之家，并求京职，俊乂之士，出任外官，王道均平，不合如此。（《唐会要》五十三）

这种畸轻畸重的形式，深为当时有识的政治家所忧虑，唐太宗以此自简刺史，令五品以上京官举县令一人。武后时以台阁近臣分典大州，中宗时特敕内外官吏更用，玄宗时源乾曜请出近臣弟子为外

---

[1] 应为开元九年。——编者注

官,都想矫正这种弊端,不过全无用处,外官之望京职,有如登仙。
《新唐书·倪若水传》:

> 开元初为中书舍人,尚书右丞,出为汴州刺史……时天下久平,朝廷尊荣,人皆重内任,虽自冗官擢方面,咸自谓下迁。班景倩自扬州采访使入为大理少卿,过州,若水饯于郊,顾左右曰:班公是行若登仙,吾恨不得为驺仆!

等到"渔阳鼙鼓动地来",胡笳一声,立刻把这一种向心力转为相反的离心力。《新唐书·李泌传》说:

> 贞元三年(公元787年)……时州刺史月俸千缗,方镇所取无艺,而京官禄寡薄。自方镇入至八座,至谓罢权。薛邕由左丞贬歙州刺史,家人恨降之晚。崔祐甫任吏部员外,求为洪州别驾。使府宾,佐有所忤者,荐为郎官,其迁台阁者,皆以不赴取罪去。泌以为外太重,内太轻,乃请随官闲剧,倍增其俸,时以为宜。而窦参多沮其事,不能悉如所请。

元和时(806—820)李鄘为淮南节度使,内召作相,至祖道泣下,固辞不就。《新唐书》本传:

> 吐突承璀数称荐之,召拜门下侍郎同中书门下平章事。鄘不喜由宦幸进,及出,祖乐作,泣下谓诸将曰:吾老安外镇,宰相岂吾任乎?至京师,不肯视事,引疾固辞。

这情形恰好是乱前乱后绝妙的对照。士大夫都营求外任,不肯赴阙,人才分散在地方,政府无才可用,末期至用朱朴、郑綮做相,"履霜坚冰至"其由来也渐矣。

明代政治组织较前代进步,内阁决大政,六部主庶务,都督府司兵籍，都察院司弹劾监察，官无虚设，职与事符。并且卫军全属于国家，地方无私兵。地方政府的组织也较前代简单而严密，严格说只有府县两级，均直属中央。原来的三司（布政使司、按察使司、都指挥使司）皆带使名，以中央官外任，后来增设巡抚，也是以中央大员出巡。总督主两省以上的军务，事定即罢。士大夫以内召为宠命。诏书一下，全国上下奉行唯谨。清代因承明制，却有一部分没有学到家，总督军务成为地方常设的经制的疆吏，权限过大过重，前期国势强盛，尚可以一纸命令节制调动。中叶以后，八旗军力衰弱，代以绿营，洪杨乱起[1]，绿营不能用，复代以练勇。事定后，各省疆吏拥兵自重，内中淮军衍变为北洋系，犹自成一系，潜势力可以影响国政，义和团乱起，南方各省疆吏竟成联省自立的局面。中央政令不行，地方形同割据。革命起后，北洋系的军人相继当国，形成十六年割据混战的局面。在这期间内，政治上的离心力大过向心力，一般智识分子，多服务于地方，人才分散。我们回顾这两千年的专制政治，无论向心或离心，都是以独夫之心，操纵数万万人之事。而历朝皇帝，都生怕天下把得不稳，于是大量引用戚族，举全国人的血汗，供一家之荣华富贵，荒淫奢侈。自今而后，我们需要向心，我们更需要统一，但我们必须向心于一个民主的政权，我们必须统一于一个民主的政府之下。

---

[1] 指洪秀全、杨秀清等领导的太平天国运动。此类带有历史局限性的旧提法，本书为尊重特定时代的历史文本，多不作更改，请读者明鉴。——编者注

论修明政治的途径

/ 张荫麟 /

修明政治有两个途径。一是着眼在政治本身,从政治本身下手;一是着眼在政治弊端所依据的其他社会现象,而从这些政治以外的社会现象下手。前者可说是治标的途径,后者可说是治本的途径,当然治标和治本是可以双管齐下的。

先说前者。政治现象的最后因素,不外二者,曰人,曰法。从政治本身去修明政治,就是从用人、立法和执法上去修明政治。从前有人问陆象山,假如一旦以国事相付托,有何办法?象山答道,有,就是八个字:"任贤使能,赏功罚罪。"任贤使能是用人之事,赏功罚罪是立法执法的事。(立法可视为给功罪下界说,为赏罚的前提。)任与使有别,任重而使轻。非贤不可任,能而非贤亦可使。这八个字所代表的四件事,都是政治上的老生常谈。象山的话的新颖处,只在他认为这八个字便尽政治的能事。我们现在可以更补充一句道:从政治本身去修明政治，这八个字的确已尽政治的能事。

"任贤使能，赏功罚罪"，既然是现在我国任何从政的人都会见到，都会说出的，为什么现在我国政治的实践离这八个字还很远呢？

这八个字又可以总括为一个字，曰"公"。任使而公，则所任所使必是贤能。赏罚而公，则所赏者必是有功，而有功必赏，所罚者必是有罪，而有罪必罚。什么是公，把政事本身当作一目的，而不把他当作达到任何个人目的的手段，这便是公。

公的反面是私。任使而私，则赏罚亦随之而不得不私。任使而私，则赏擢无次而罚禁不行，赏擢无次而罚禁不行，则法律制度一切扫地。什么是私，把政事当作达到任何个人目的或满足任何个人欲望（或个人的亲属的欲望）的手段，这便是私。儒家所主张的"尊其位，重其禄……以劝亲亲"的家庭主义，便是中国传统思想中奖私害公的政治毒药。但儒家所要劝的亲亲似乎还不过只涉宗族。人生的大私，尚莫如男女之事。政治之事假若和男女之事搅在一起，则政治永远没有清明的希望。

有人问：古人也说，"内举不避亲"，难道这句话没有一点真理？答道：有，看在什么时代，处什么地位，在纪纲确立、法度整饬的时代，在下位的人，内举不避亲是应当的。但在一个"匿抱提谌"（Nepotism）已经风靡一世的时代，主持气运的人，为树范矫枉计，在用人上岂独应当"避亲"，简直应当"断六亲"，否则"风兴草偃，上行下效"，更加上经典的护符，大家理直气壮地以国事为家事，以家事为国事，政治便不可问了。

私是一念。去私是诚意正心的事。《大学》以诚意正心为治国平天下的根本，就从政治本身去修明政治而论，这有不磨的真理。幸而三纲领、八条目现在已挂在人人的嘴边了。但我们不要忘记王阳明先生的话："知"而不行，只是不知。

但是，仅只从政治本身去修明政治是不够的。政治不是孤立的社会现象，他是和其他的社会现象相关联，受其他的社会现象所制约的。许多政治的弊病是植根于其他某些社会现象，必待其他某些社会现象改变了，方能彻底消除的。

现在大家所最为蹙额疾首的政治弊病岂不是贪污？我以为中国政治的根本症候，不是贪污，而别有在。这中国政治的根本症候，吾无以名之，强名之曰"政府的瘫痪"。贪污只是这症候的外征之一而已。什么是政治的瘫痪？上层的意志无法贯彻于下层；法令每经一度下行，便打一次折扣，甚则"损之又损，以至于无"；一切政治上的兴作和运动有形式而无精神，多耗费而少功效；巨蠹重弊，在上的人知之甚明而不能禁，禁之严而不能绝；这便是政治的瘫痪。

政治的瘫痪，主要的原因是在整个政治机构里，上层人员和下层人员之间，精神上脱节。而这精神上的脱节主要的原因，是上下层之间生活的甘苦差别太大。政治瘫痪的程度与上下生活之甘苦差异的程度及最下一层之苦的程度成正比例。必上下生活一致（至少大致上一致），才会上下一心。但在我国每一个政府的机关里的人员，都可分为三类。一、老爷之类，二、书办之类，三、差役之类。这三类人，无论在经济上，在社会地位上，在精神价值上，都有天渊之别。抗战以来，因为货币的贬值，书办之类和差役之类在经济地位上的差异几乎泯灭了，因而他们的社会地位上的差别也几乎泯灭了。现在我们可以把这三类约为两类，一是"有"的一类，即老爷之类；一是"无"的一类，即书办和差役之类。无论在物质享受上，在社会地位上，在个人的尊严上，老爷之类有一切而书办和差役之类（除作弊者外）无一切。老爷天天对书办和差役训话，讲道德，说主义，要他们尽忠，要他们牺牲。然而老爷训话完了，坐汽车回到广厦华堂里，享香港用飞机运来的珍馐，赏洛阳用飞机运来的牡丹。书办和差役（作弊的除外），听训完了，回到寒冷的家里，对着衣不暖食不饱的妻孥。这种情形老爷也许不觉，书办和差役是知得清清楚楚的。在这种情形之下，老爷的训话，对如书办和差役岂能不如"东风之逆马耳"？况且在衙门里，在老爷面前，书办和差役根本没有人的尊严，根本不能"堂堂地做个人"。在以上所说的物质和精神的条件之下，他们怎会有一点"敬业"之心，我们不要小视书办和差役之类的人员。他们占整个政治机构里的人员的大多数，他们是整个政治机构的手足和爪牙，他们是政治的干部，未有这类人员不能"敬业"而政治能够修明的。

修明政治的一个基本问题，是平均上层政治人员和下层政治人员的生活水准。至少大大减少两者间的距离。这有两条路，一是提高下层政治人员的生活水准，二是降低上层政治人员的生活水准。前者直接是财政的问题，间接是整个经济机构的问题。后者是上层统治者的人生观的问题。这两个问题都不是从政治本身所能解决的。

古代中国的外交

/ 雷 海 宗 /

古往今来所有的高等文化,于封建制度过去之后,大一统的帝国出现之前,都有五六百年的列国并立时代。各国对内统一,对外争衡,在此种的国际局面下就自然地产生了外交,真正的外交也只限于这个文化阶段。由公元前650年左右到100年[1]左右罗马帝国的成立,是希腊罗马文化的列国时代。关于当时的外交,史料虽然不多,但仍值得今日研究外交史与外交术的人去参考。印度的封建时代,普通称为吠陀时代,于公元前850年左右结束,由此到公元前321孔雀王朝的统一帝国成立[2],是印度的列国时代,只可惜这一大段的政治史与外交史已几乎全部失传。欧西由16世纪初宗教改革时起,进

---

[1] 指公元前100年。——编者注
[2] 孔雀王朝的创建时间,除公元前321年,尚有公元前324年一说。——编者注

入列国，这个阶段至今尚未结束，它的外交史与外交术仍是目前活的问题，外交业者与外交学者当然对它特别注意。中国古代的春秋、战国，前后五百五十年，也是同样的一个列国阶段，外交术甚为发达，外交史的材料传于后世的也不少于希腊罗马。外交史，说来话长，但春秋、战国的外交术，虽至今日也不显得陈腐，颇有一谈的价值。

一、春秋时代

外交各以本国的利益为出发点，而国与国间情形复杂，不似个人的关系可以比较地开诚布公，所以任何时任何地的外交都不免有欺诈的成分。但一般说来，春秋时代的外交，尚相当地坦白，欺诈的事例并不太多。外交注重辞令。外交的辞令，由好的方面言，是一种说话得体的艺术：不轻不重，不多不少，不倨不卑，而把自己的意愿能够彻底地表达，方为理想的外交辞令。由坏的方面言，外交辞令也可说是一种撒谎的艺术：以非为是，以是为非，而能持之有故，言之成理，把对方完全蒙蔽，或使对方明知为欺诈而不能反驳，方为外交扯谎的上乘。

春秋时代最出名的一篇颠倒是非的外交辞令，大概要算成公十三年（公元前578年）晋使吕相绝秦的那篇绝交书。书中先责七十年前秦公败晋惠公于韩原的事。韩原之败，实乃由晋自招；惠公原许割地与秦，中途变卦，才引起战事。二，吕相又言晋文公报秦穆公扶立之德，曾使东方诸侯朝秦。这是绝无其事的谎言。三，又言僖公三十年郑侵秦，晋文公曾率诸侯与秦围郑。实则晋因郑暗中与楚勾结，才去伐郑，与秦全不相干。四，责秦于此项战役中，暗里与郑请和。此点是事实。五，言诸侯都怒秦单独请和，将伐秦，而由晋文公制止。绝无其事。六，责秦穆公于晋文公死后，袭郑火滑。是事实。七，谓晋襄公困郑、滑之事，不得已而攻秦丁殽。这虽是事实，却全为自解之辞。八，责秦于此后联楚攻晋。是事实。九，责秦康公要强立晋公子雍为晋侯，"欲阙翦我公室，倾覆我社稷，帅我蟊贼以来荡扫我边疆"。这真是欲加之罪，何患无辞；实际是晋国自动请秦把公子雍送回晋国即位，后来晋国又忽然反悔，将护送公子雍的秦军当为边寇，乘其不备而加以袭击！十，责秦此后屡次侵伐晋边。但这都是晋所自取。十一，责秦桓公攻晋。十二，责秦背河西之盟。十三，责秦联狄和楚，以便攻晋。最后三点，都是事实。总观这一篇外交通牒，虽非全无根据，但大体却是颠倒是非、歪曲事实之言。这可说是古今中外一切外交辞令的通例，在春秋时代这不过是一个显例而已。

除口头应对或文书来往的辞令外，春秋时还有一种特殊的辞令，就是赋诗。此时古诗集的种类大概很多，传到后世的《诗》三百篇只是其中的一种。赋诗也是一种艺术，非经严格的训练与练习不能胜任。对方赋诗，自己必须答赋，答赋必须恰当，否则必招人讥笑，有辱国家。赋诗时或赋全篇，或任择一二章，皆可随机应变。赋诗由乐工负责，外交人员不过发令指示而已。乐工一面奏乐，一面歌唱，乐歌并作。太复杂的交涉，或难用赋诗的方式去进行，但除普通的外交酬酢当然赋诗外，赋诗有时也可发生重大的具体作用。例如文公十三年（公元前614年）郑伯背晋降楚后，又欲归服于晋，适逢鲁文公由晋回鲁，郑伯在半路与鲁侯相会，请他代为向晋说情，两方的应答全以赋诗为媒介。郑大夫子家赋《小雅·鸿雁篇》，义取侯伯哀恤鳏寡,有远行之劳,暗示郑国孤弱,需要鲁国哀恤,代为远行,往晋国去关说。鲁季文子答赋《小雅·四月篇》,义取行役逾时,思归祭祀;这当然是表示拒绝,不愿为郑国的事再往晋一行。郑子家又赋《庸风·载驰篇》[1]之第四章,义取小国有急,想求大国救助。鲁季文子又答赋《小雅·采薇篇》之第四章,取其"岂敢定居,一月三捷"之句,鲁国过意不去,只得答应为郑奔走,不敢安居。郑伯见请求成功,于是就向鲁侯下拜,表示谢意。鲁侯赶忙答拜还礼。这俨然是做戏,却也是富有内容的一段变相的外交辞令。

两国绝交,当然是施展辞令的大好机会。在一般无关重要的外交场合中,辞令的润饰也很重要。但若逢到真正严重的交涉时,普通是先私下做一番非正式谈商的工夫,并且大多是由次要的人物出面。待大体商定之后,主角才出台做戏,在正式的会议中表演一套冠冕堂皇的辞令而已。襄公二十七年(公元前546年)的向戌弭兵之会,是此种办法的最好例证。弭兵会议的两个主角是晋中军将赵武与楚令尹子木。会场在宋的首都商丘,宋左师向戌是当然的主人。赵武虽先到会,子木却停留于陈国,不肯与赵武太早地会面,以免两大相逢,或将因摩擦过甚而演成僵局。向戌于是就成了中间的传话人,先到陈会见子木,子木非正式地向向戌提议:"请晋楚之从,交相见也。"就是说,晋的附属小国也要朝见楚王,楚的附属小国也要朝见晋侯,作为晋楚两国不再用兵争取中原小国的条件。向戌回宋,报告赵武。赵武对此并不反对,但另外提出齐秦两国的问题,提议算齐为晋的属

---

[1] 应为《鄘风·载驰篇》。——编者注

国，算秦为楚的属国，秦也要朝晋，齐也要朝楚。赵武这是故意给楚国出一个难题目去做。因为齐国四十年前为晋大败，齐侯曾亲自朝晋，算齐为晋的属国，还勉强可以说通。但晋秦是仇，秦绝不肯低声下气地去朝晋。并且秦楚两国虽然一向国交亲密，秦并不附属于楚，楚也绝不能命令秦去朝晋。向戌又往陈国转达赵武的意见，子木不能决，遣人回国向王请示。楚王倒很干脆，决定说："释齐秦，他国请相见也。"向戌又回宋，赵武也就不再故意为难，接受了楚王的决意。一切既定之后，赵武与楚国已经到宋的次要人物子晳先非正式地定盟，以免正式会议时再有条文的争讼。至此，子木始到宋赴会。

正式会议本当顺利，不意却又发生了意外的问题。晋楚争先，两国都要主盟。前此的国际会议，或由晋召聚，或由楚召聚，两大国向未在国际盟会中逢面。晋召会，当然晋主盟；楚召会，当然楚主盟。主盟，做主席，有两种权利。第一，先书盟：会议中所定的正式盟约用牺牲的血写在竹简上，约中要列与会各国的国名，主席的国名当然写在第一位。第二，主席先歃血：盟约写定之后，主席先读一遍，然后以盘中的牲血涂在口边，表示请鬼神为盟约的证人，这就是所谓歃血为盟，意义与今日的签字一样。盟主之后，列国顺序歃血。现在晋楚同时在场，主席的问题大感困难。晋国的代表说："晋固为诸侯盟主，未有先晋者也。"楚人说："子言晋楚匹也。若晋常先，是楚弱也。且晋楚狎主诸侯之盟也久矣，岂专在晋？"两方各执一词，皆能言之成理，一群小国都不敢发表意见，根本也不知应当如何调解。最后还是晋国的叔向提出一个妥协的办法，就是在写盟约时先晋后楚，歃血为盟时先楚后晋，两方都接受了这个提议，弭兵之会才算是顺利地结束。

大国与小国的关系，难以完全平等的。盟约称为载书，当时有许多的载书可说是不平等的条约。但春秋时代国际间还未发展到蛮不讲理的阶段，小国若有智胆兼备的外交家，在坛坫之上往往可以与大国抗衡。例如襄公九年（公元前564年）晋与诸侯盟郑于戏，晋卿士弱为载书，写道："自今日既盟之后，郑国而不唯晋命是听而或有异志者，有如此盟！"郑国的代表子驷认为如此的条文侮人太甚，于是趋前在载书上加写了一条："天祸郑国，使介居二大国之间，大国不加德音，而乱以要之，使其神鬼不获歆其禋祀，其民人不获享其土利，夫妇辛苦垫隘，无所底告。自今日既盟之后，郑国而不唯有礼与强可以庇民者是从而敢有异志者，亦如之！"晋方的荀偃大怒，说："改载书！"要把郑国后加的条文删去。郑方的子展说："昭大神，要言焉，若可改也，大国亦可叛也！"这句话说得非常厉害，晋国辞穷，无法可想，只有听任载书保留前后矛盾的两种条文。这大概是古今中外所未再有的一种奇特条约！（以上各节，俱见《左传》）

总观春秋外交的各种情形，欺诈的作用虽不能免，但大体还是有规则，讲道理，重礼节的国际交往周旋的一种方式。一进战国，情形大变。国际的局面骤然紧张，外交也就随着根本变质了。

二、战国时代

战国初期的百年间，由吴越战争到商鞅变法，是一个大革命的时期。革命的详细经过，今日已不可考，但革命的结果我们看得很清楚。各国都变成国君一人专制独裁的国家，扩充领土变成列强的最高国策。各国都成了帝国主义的国家,都想吞并邻国,最后统一天下。战争之外,外交,无所不用其极的外交,也是达到此种目的的一种手段。春秋时代比较坦白的外交已不再见,纵横诈伪变成外交术的显著特征。春秋外交艺术之花的赋诗,无形消灭,可说是外交术彻底革命的象征。赋诗何时停止,难以稽考。《左传》中最后一次的赋诗,在昭公二十五年(公元前517年),正当孔子三十五岁左右的时候。但这不足为此后不再赋诗之证,最多只能表明赋诗之事的日渐稀少。孔子说:"诵诗三百,授之以政,不达,使于四方,不能专对;虽多,亦奚以为?"(《论语·子路篇》)所谓"使于四方,不能专对",就是指出使外国时赋诗而言,可见当孔子时赋诗仍相当地普遍,孔子教授弟子学诗的一个重要目的,也就是希望他们将来从政时,若出使四方,能够专对。赋诗的传统,大概就在战国初期百年大乱的期间消灭。赋诗之事,象征春秋时代稳定安详悠闲自在的文化精神与国际空气。此种精神与空气,进到战国后已不复存在,无人再有闲情逸致去雍容赋诗。

《战国策》与《史记》所记载的纵横外交,乍看之下,好似是变幻万端,难以揣测。但若归纳研究,就可见在随机应变的运用之上,实有几条原则,一切的诈伪都逃不出它们的范围。

(1)利而忘义——绝对的信义,只能见于私人间的关系上,国际间当然不可能。但战国时代国际间信义扫地的程度,则远非春秋的士君子所能想象。例如韩齐二国会订军事同盟,约定患难相助。后来秦伐韩,韩派使臣往齐求援,齐王想要出兵解救时,齐臣田臣思说:"王之谋过矣。不如听之。子哙与子之国,百姓不戴,诸侯弗与。秦伐韩，楚赵必救之。是天以燕赐我也。"齐王称善，于是应许韩的使臣立刻出兵，而实际按兵不动。楚赵为要维持均势，果然自动出兵救韩，齐国却乘着大家忙乱不堪的时机攻占燕国，把燕国临时灭掉（《战国策》卷九《齐策二》）。又有一次，齐秦二国强甲天下，秦约齐同时称帝，齐为东帝，秦为西帝。齐国想称帝，又怕天下各国不服，空招无趣，于是决定应许与秦同时称帝，而先观望不称，待秦国称帝之后，如果没有不利的反响，齐国再正式自加尊号，也不为迟；秦称帝，若国际的舆论不佳，齐就始终不动，免得与秦同被恶名。后来秦国果然上当，称帝不久就又羞答答地取消了尊号。这在战国时代算是秦国外交上一个小小的失败（《战国策》卷十一《齐策四》）。

齐攻宋，宋派使向楚求救，楚王满口答应，痛快非常。宋使回国途中，面带愁容，他的从人问他为何使命成功而不欢喜。使臣说："宋小而齐大，夫救于小宋而恶于大齐，此王之所忧也，而荆王悦甚，必以坚我。我坚而齐弊，荆之利也。"楚国果然失信，听宋为齐所败而不搭救（《战国策》卷三十二《宋卫策》）。

（2）贿赂内奸——买通敌对国家中意志薄弱，头脑不清，或思想复杂的分子，无事时可以泄漏情报，有事时可以捣乱响应，这是国际钩心斗角局面下的一种费力少而效用大的阴谋手法。贿买内奸，以人类大弱点的贪欲为起发点，秦对此点看得最清楚，秦相应侯有一次对秦王说："秦于天下之士，非有怨也，相聚而攻秦者，以己欲富贵耳。王见大王之狗，卧者卧，起者起，行者行，止者止，毋相与斗者。投之一骨，轻起相牙者；何则？有争意也。"（《战国策》卷五《秦策三》）这未免太小看了天下之士；不计私利而一心抗秦的人物，各国都有。但接受秦贿而出卖国家的人，的确也不算少。秦王政即位不久，出万金，令大阴谋家顿弱到各国去行贿，六国自将相以下都有被收买的人（《战国策》卷六《秦策四》）。秦国吞并天下，兵力之外，这是很重要的一个助力。秦国贿赂策略收效最大的地方，就是齐国。齐相后胜暗中受了秦国的金玉，故意松弛齐国的武备，以致最后齐国在六国中成了唯一不抵抗而灭亡的国家（《战国策》卷十三《齐策六》）。

（3）流言反间——散布谣言蜚语，挑拨离间，拆散敌方领袖间的团结合作，也是一种失败也无大碍、成功可收奇效的外交攻势。燕将乐毅攻齐，下七十余城，除莒与即墨二地外，齐国全部沦陷，齐王亦死，真可谓国破家亡。田单守即墨，乐毅围攻甚急，适逢燕王死，新王为太子时即与乐毅失和，田单乘隙使人至燕散布流言："齐王已死，城之不拔者二耳。乐毅畏诛而不敢归，以伐齐为名，实欲南面而王齐。齐人未附，故且缓攻即墨，以待其事。齐人所惧，唯恐他将之来，即墨残矣。"新王果然中计，夺了乐毅的兵权。代将的人庸碌无能，不久就把乐毅征服的齐地全部丧失（《史记》卷八十二《田单列传》）。

长平之战，赵将廉颇采取高垒坚守以老敌师的策略。秦军屡次挑战，廉颇自计实力太弱，应战必然失败，所以始终不动。赵王以及国内一般浅见者流，多认为廉颇过度示弱，讥怨之声四起。秦使人往赵反间说："秦之所恶，独畏马服子赵括将耳。廉颇易与，且降矣。"赵括是善于纸上谈兵的军事家，名望甚高，而无真正的本领。但在舆论失常之下，赵王竟不顾一切，撤换了廉颇，使赵括代将。赵括贸然进攻，大败，赵军四十万人投降，全部为秦将白起所坑杀

(《史记》卷七十三《白起列传》）。这个反间计，比田单所施用的还要厉害，田单的目的不过是去掉一个劲敌，秦人此次不只去掉一个莫可奈何的廉颇，并且还请来一位幼稚可怜的赵括，以便由秦彻底地解决。历史的教训，很少有人接受。三十年后，秦已灭韩，出兵围赵，赵将李牧、司马尚二人善用兵。秦军屡次失利，遂又用反间计，贿赂赵王的宠臣，使他乘间向赵王进谗，说李牧、司马尚与秦暗中有所勾结。这是贿买内奸与流言离间双管齐下的进攻，赵王居然听信了谗言，杀李牧，废司马尚。不久赵军大败，赵国亦亡（《战国策》卷二十一《赵策四》）。

战国末期，六国中唯一有胆有识的抗秦人物就是魏公子信陵君，天下知名，号召力甚大，组织六国的联军，屡次败秦。秦王出万金，在魏遍布流言："诸侯徒闻魏公子，不闻魏王，公子亦欲因此时定南面而王。诸侯畏公子之威，方欲共立之。"此外，秦的使臣又屡次向信陵君致贺，并问登位的日期。魏王当初虽然半信半疑，最后竟被说动，夺了公子的军权，魏以及六国的悲运从此也就注定了（《史记》卷七十七《信陵君列传》）。

小国间的鸡虫得失，有时也用反间。昌他由西周逃到东周，把西周的秘密全盘托出，东周大喜，西周大怒。西周于是派人与昌他送书，并附金三十斤，说："告昌他：事可成，勉成之；不可成，亟亡来。事久且泄，自令身死。"西周同时又使人告东周："今夕有奸人当入者矣。"东周的守兵当然捉得西周的送书人，东周君立刻杀掉昌他（《战国策》卷一《东周策》）！

（4）虚伪利诱——为达到自己的目的，以重利引诱他人，待目的达到之后,再设法把当初送人的利益收回,甚或实际的利益始终并未放手,待把握已定之后,再翻脸不认旧账,这也是国际纵横捭阖的一种秘诀。战国时代最有名的利诱例证,就是张仪骗楚怀王的故事。齐楚同盟,秦颇感受威胁,遂派张仪往楚游说,只要楚与齐绝,秦即无条件地割商于之地六百里与楚。楚怀王大喜,与齐绝交,并派人随张仪回秦受地。张仪回国,假醉坠车,称病不出。待秦已确知齐楚绝交之后,张仪才病愈上朝,告楚使说:"子何不受地?从某至某,广袤六里。"使臣说:"臣闻六百里,不闻六里。"张仪吃惊回答说:"仪固以小人,安得六百里?"楚使回国,怀王大怒,伐秦,为秦所败,国防要地的汉中也为秦夺去(《战国策》卷四《秦策二》,《史记》卷四十《楚世家》)。后来秦攻韩,怕楚干涉,派冯章使楚,应许于战后将汉中割还楚国,楚国又二次听信了秦的甘言。战后,楚向秦索地,冯章自请出亡,秦于是把一切责任都推到冯章身上,说他未得秦王同意而擅自应许楚国割地的条件(《战国策》卷四《秦策二》)。又有一次,秦赵合攻魏国,魏国也以割地的厚利去诱骗赵国,赵国也利令智昏,退出战团,魏国的急围遂得解除。事过之后,魏国也把责任推到使臣身上,不肯割地(《战国策》卷二十四《魏策三》)。

利诱的把戏,有时可以玩得非常复杂。楚怀王的太子横在齐为质。怀王死,太子要回国即位。齐以楚割东方领土的所谓下东国五百里之地相要挟,否则不放太子。太子只得答应割地。回国即位,为楚襄王。齐要取地,襄王向群臣求计。子良说:"王不可不与也。王身出玉声,许强万乘之齐而不与,则不信。后不可以约结诸侯。请与而复攻之。与之信,攻之武。臣故曰与之。"昭常说:"不可与也。

万乘者，以地大为万乘。今去东地五百里，是去战国之半也。有万乘之号，而无千乘之用也，不可。臣故曰勿与。常请守之。"景鲤说："不可与也。虽然，楚不能独守，臣请西索救于秦。"襄王最后问慎子，慎子说，可兼用三子之计。王不悦，认为慎子是在开玩笑。慎子解释说："臣请效其说，而王且见其诚然也。王发上柱国子良车五十乘，而北献地五百里于齐。发子良之明日，遣昭常为大司马，令往守东地。遣昭常之明日，遣景鲤车五十乘，西索救于秦。"楚王真就采用了这条连环妙计，子良献地之后，昭常又去坚守不退，不久秦为维持均势又出兵救楚。齐国空欢喜一场，一无所得（《战国策》卷十五《楚策二》）。

这种空头支票的诱人诡谋，有时也会弄假成真，非忍痛割地不可。楚魏战，魏许秦割上洛地，请秦不要助楚。魏果然战胜。秦向魏索地，被魏拒绝。秦于是做出与楚接近的姿态。魏怕秦楚联合攻己，赶快把上洛之地割与秦国（《战国策》卷六《秦策四》）。

（5）威逼诱降——敌人战败而尚未失去抵抗力，或可战而意志未决时，用甜言蜜语去松懈他的决心，使他相信早日投降可以免除更大的痛苦，这种利用人类侥幸心理的策略，往往也可以收获宏效。秦败楚，楚怀王使太子为质于齐以求援。秦昭王致书楚王，说愿与楚王在秦楚交界处的武关相见，面谈两国间的误会，以便言归于好。楚怀王犹豫不决，去，怕被欺，不去，怕招致秦国更烈的进攻。最后，怀王冒险往武关去赴会，结果被秦扣留。秦要怀王割地，否则不准回国。怀王不肯一错再错，坚决拒绝割地，终至死在秦国。楚太子横虽由齐回国，即位为襄王，但秦乘楚内部人心惶惶之际，猛烈进攻，大败楚国(《史记》卷四十《楚世家》)。

五国相继破灭亡之后,只有齐尚独立于东方。秦威胁利诱兼施,劝齐不要做无谓的抵抗,以免生灵涂炭,只要齐王入朝,就可封与五百里之地,但齐国必须降秦。齐王建的精神已被秦克服,左右亦多胆怯或曾被秦贿买,极力劝王建西去降秦,王建入秦,齐毫无抵抗而亡国。王建被秦拘,饿死(《战国策》卷十三《齐策六》)。在战国时代秦国全部的外交史上,灭齐是收尾的一幕,也是最便宜的一幕:一纸招降书而灭掉一个有名的大国,全天下从此就都一统于秦。

(6)骑墙外交——以上所讲的,几乎都是大国间互相侵袭的纵横诈术。小国在此种局面下,难以有完全自主的外交,只有兼事四邻的大国,利用大国间的矛盾,使自己成为国际均势之下的一个虽小而必需的成分,小心翼翼,各方讨好,或可勉强维持独立。这可称为骑墙外交。滕文公向孟子所说:"滕,小国也,间于齐楚,事齐乎,事楚乎?"又,"滕,小国也,竭力以事大国,则不得免焉,如之何则可?"正道出各小国莫可奈何的悲哀(《孟子·梁惠王下》)。魏伐赵,勉强宋出兵随征。宋国进退两难,暗中派人到赵去诉说苦衷,请赵准宋军开入赵境,专围一城,以便对魏交代,同时赵亦可不致受宋的大害。魏国居然被蒙蔽,以为宋真正在大卖力气助战。赵国也甚心感宋国,认为宋只是虚张声势,并非真正仇赵。宋国两面讨好,最后"兵退难解,德施于梁,而无怨于赵"(《战国策》卷三十二《宋卫策》)。当时宋、卫、鲁、中山、西周、东周诸小国,都时常被大国要挟,在可能时也总是采取此种骑墙的策略,以谋自保。

三、后言

战国的外交，手段要辣，居心要狠，才有成功的希望。身处战国，而行春秋的外交，小则丧权，大则亡国。战国的结局，在各民族中，都是全文化区的统一：印度、中国、希腊罗马无不如此。今日的欧美恐也终难逃脱历史的命运。最辣最狠的国家，往往也是最后成功的国家。战国时曾有人对秦下过很深刻的评断："秦之欲并天下而王之也，不与古同。事之虽如子之事父，犹将亡之也。行虽如伯夷，犹将亡之也。行虽如桀纣，犹将亡之也。虽善事之无益也，不可以为存，适足以自令亟亡也。然则山东非能从亲，合而相坚如一者，必皆亡矣！"（《战国策》卷二十八《韩策三》）六国中的明眼人，都知秦的野心漫无止境，非独吞天下不可。但六国始终不能一心一德地合力抗秦，最后听秦个个击破，统一宇内。世事推移，好似有非人力所能挽回的趋势。只看细节，历史绝不重演。但若从远处大处着眼，历史所能供给的教训似乎又非常之多。印度的史料过度缺乏，可以不论。但罗马的统一地中海世界与秦的统一中国，在政策运用与步骤的进展上，往往如出一辙。今日的欧美，表面的态势无论如何地独特，骨子里是否又在开始重演战国的悲剧，这当然只有后来的人才能断定。但我们今日的人，若由此点观察，对世界的大局与趋势或者能有深入一层的了解。

五代时波斯人之华化

/ 张荫麟 /

唐末五代，欧洲所谓"近东"（就吾人观点应称"近西"）之人，因互市而侨居于中国者甚众，其土生子姓颇有深沐华化，甚至以事功或文学显于当时，而名氏入于载籍者。南汉开国主刘隐之父刘谦为一大食或波斯人，日人藤田丰八已考之详矣（见所著《东西交涉史·南海篇》）。予近又得李珣一例。

五代时后蜀人何光远所撰《鉴诫录》卷四《斥乱常》条载："宾贡李珣，字德润，本蜀中土生波斯也。少小苦心，屡称宾贡。所吟诗句，往往动人。尹校书鹗者，锦城烟月之士。与李生常为友善，遽因戏遇□嘲之。李生文章扫地而尽。"诗曰：

异域从来不乱常，李波斯强学文章。假饶折得东堂桂，胡臭薰来也不香。

可见，其受当时华人之排疾。

李珣之家庭及来历亦有可考者。宋初黄休复所撰《茅亭客话》（卷二《李四郎》条）载："李四郎，名玹，字庭仪。其先波斯国人，随僖宗入蜀，授率府。兄珣，有诗名，预宾贡焉。"所谓"其先"当即李珣之父，名字已不可考。史称僖宗此次出奔，唯四王及妃嫔数人从行，百官皆莫之知。珣父必非自长安扈驾，而是中路附随者。由"四郎"之称可见李珣兄弟至少有四人。玹亦当时闻人，下文将再及之。

吴任臣（清初人）《十国春秋》于《前蜀编》有李珣一小传，然绝不言其先为波斯人，是可异也。传云："李珣……梓州人，昭仪李舜弦兄也。珣以小词为（前蜀）后主所赏。尝制浣溪纱词，有'早为不逢巫峡梦，那堪虚度锦江春'（之句），词家互相传诵。所著有《琼瑶集》若干卷。"李舜弦，《十国春秋》亦有传，然亦不言其先为波斯人。传云："舜弦，梓州人，酷有辞藻，后主（王衍）立为昭仪，世所称李舜弦夫人也。所著《蜀宫应制诗》《随驾诗》《钓鱼不得诗》诸篇多为文人赏鉴。"所举舜弦诸诗今皆存，下文将再及之。

《五代诗话》（清初王世禛编，乾隆中郑方坤补）卷四有李珣一目，唯只余《十国春秋》本传，及朱彝尊《词综》论李珣《巫山一段云词》一则，未详其先为波斯人。同书卷八有李昭仪一目，录《十国春秋》本传，又词品一则，亦未详其先为波斯人。据所引词品，知舜弦"有《鸳鸯枕上忽然声》一首，（曾）误入花蕊夫人集"。

由上所考，知李珣以诗及词名于时。其所著《琼瑶集》，《宋史·艺文志》即未著录，必始久已散佚。唯《花间集》……收李珣

《渔父歌》三首，以为诗，实词也。前附小传，亦仅言其为"梓州人"。又卷廿九词编收李珣词凡五十四首，前所载《渔父歌》重见于此。盖书成于众手，未经细勘，遂致两歧。五代词人作品留存如此之多者亦不数数觏。《琼瑶集》虽亡，其精华盖尚在也。王静庵曾辑五代人词，见其《遗书》中，惜作者避地居陋，不得其书，无从用与全唐诗词编相较。下文引李珣词只据《全唐诗》所辑录。

《琼瑶》词在五代不为大家，然自有不刊之作。《十国春秋》所称传诵于时之《浣溪纱》词，其全首云：

访旧伤离欲断魂，无因重见玉楼人。六街微雨镂相尘。

早为不逢巫峡梦，那堪虚度锦江春？遇花倾酒莫辞频。

此词情韵凄婉，且带地方色彩，宜为蜀人所赏。此外合作，当推《菩萨蛮》一首，云：

回塘风起波纹细，刺桐花里门斜闭。残日照平芜，双双飞鹧鸪。

征帆何处客？相见还相隔。不语欲魂销，望中烟水遥。

此文不重论词，不多选录。

《琼瑶》词中，颇有作者之传记资料。李珣虽以词为后主所赏，且与有后官之亲，而未尝居显要，前蜀政治史中无其名。就词观之，晚岁盖隐居学道，"经年不见市朝人"。殆因是在前蜀亡国之惨变中得自全欤？抑亦有见于后主之淫昏无道，而预先遁迹以求免祸欤？今词中《渔父歌》三首、《渔歌子》四首及《定风波》之前二首（依《全唐诗》辑），皆自道其隐居生活者。此等山林言志之作，在五代词中为创格，实开朱希真《樵歌》之先河，兹选录其二首如下：

（一）

十载逍遥物外居，白云流水似相于。乘兴有时携短棹，江岛。谁知求道不求鱼？

到处等闲追鹤伴，江岸，野花香气扑琴书。更饮一杯红霞酒，回首，半钩新月贴清虚。

——《定风波》

（二）

水接衡门十里余，信船归去卧看书。轻爵禄，慕玄虚，莫道渔人只为鱼。

——《渔父歌》

又《南乡子》十七首皆写岭南风物，而第一首有"思乡处"云云。是作者以岭南为故乡，殆作者身虽居蜀，其家族尚有一部分在岭南，作者且曾归省故乡，故忆其风物也。又《渔父歌》有"曾见钱塘八月涛"之句，可决作者一生不尽在蜀也。

李珣之生卒年不可考。上引《鉴诚鉴录》[1]称其为"蜀中土生"，则当生在其父随僖宗入蜀之后。按僖宗因黄巢之乱入蜀乃在中和元年（公元881年），则李珣之生最早不过是年也。由中和元年至前蜀后主之即位，凡三十九年。是时李珣至多不过三十九岁。后主在位七年而国灭，降于后唐。次年，迁居长安，举族被戮。是时李珣至多不过四十六岁。以未居显位当不随后主北徙。《通鉴》称后唐庄宗遣中使赍敕往诛王衍，敕曰："王衍一行并从杀戮。"己卯画，枢密使

---

[1] 应为《鉴诫录》。——编者注

张居翰覆视，就殿柱楷去"行"字改为"家"字。由是蜀百官及衍仆役获免者千余人。是李珣即使随后主北徙，亦得全躯也。然观其词所写晚年隐居之境确是江乡，必亡国后仍留居于蜀也。

珣妹舜弦虽为后主昭仪，而不在其特殊宠幸之列。《十国春秋》本传所称其诗三首今悉载于《全唐诗》中。诗非妙品，以其稀异，且辞不繁，全录于下：

（一）随驾游青城

因随八马上仙山，顿隔尘埃物象闲。只恐西追王母去，却忧难得到人间。

（二）蜀宫应制

浓树禁花开后庭，饮筵中散酒微醒。濛濛雨草瑶阶湿，钟晓愁吟独倚屏。

（三）钓鱼不得

尽日池边钓锦麟，菱荷香里暗消魂。依稀纵有寻香饵，知是金钩不肯吞。

按《通鉴》载，后唐庄宗同光三年九月，即前蜀灭亡之前二月（后主出降在是年十一月），蜀主与太后大妃游青城山，上录第一首当是此时所作。蜀亡后昭仪不知是与后主同命否，恐当然耳。《五代诗话》引《词品》所称"鸳鸯枕上忽然声"之诗，今《全唐诗》于舜弦及花蕊夫人名下，皆无之，已佚。

珣弟玹亦深沐华化。《茅亭客话》载"玹举止温雅，颇有节行，以鬻香药为业，善弈棋，好摄养，以金丹延驻为务。暮年以炉鼎之费，家无余财，惟道书、药囊而已。尝得'耳珠'，先生与青城南六郎书一纸,论淮南至炼秋石之法,每焚香熏之。有一桃核杯,围可尺余,纹彩灿然,真蟠桃之实业。至晚年,末而服之。(宋太宗)雍熙元年(公元984年)游青城山,于六时岩下溪水中得一块石,如雁卵,色黑温润,尝与同道者玩之,一日误坠地,碎为数片。其中可容一合许物。四畔皆雕刻龙凤云草之形,文理纤妙"云。观玹终老于蜀,珣当如之。

论贪污

/ 吴　晗 /

古语说："无敌国外患者国恒亡。"这是历代相传的名言，颠扑不破的真理。其实，征之于过去的史实，这句话还可引申为："内政修明而有敌国外患者国必不亡！""内政不修而无敌国外患者国恒亡。"

内政不修的含义极广，举实例说明之，如政出多门，机构庞冗，横征暴敛，法令滋彰，宠佞用事，民困无告，货币紊乱，盗贼横行，水旱为灾等都是，而最普遍最传统的一个现象是贪污。这现象是"一以贯之"，上述种种实例都和它有母子关系，也可以说贪污是因，这些实例是果。有了这些现象才会有敌国外患，反之如政治修明，则虽有敌国外患也不足为患。

贪污这一现象，假如我们肯细心翻读过去每一朝代的历史，不禁令人很痛心地发现"无代无之"，竟是与史实同寿！我们这时代，不应该再讳疾忌医了，更不应该蒙在鼓里夜郎自大了。翻翻陈账，看看历代覆亡之原，再针对现状，求出对症的药石，也许可以对抗建大业有些小补。

一部二十四史充满了贪污的故事，我们只能拣最脍炙人口的大人物举几个例，开一笔账，"豺狼当道，安问狐狸！"下僚小吏，姑且放开不谈。

过去历史上皇帝是国家元首，皇帝的宫廷财政和国家财政向来分开，但是有时候皇帝昏乱浪费，公私不分，以国产为私产，恣意挥霍，闹得民穷财尽，这种情形，史不绝书。最奇的是皇帝也有贪污的，用不正当的方法收受贿赂，例如汉灵帝和明神宗。汉灵帝为侯时常苦贫，及即位后，每叹桓帝不能做家居，曾无私钱，故卖官聚钱，以为私藏。光和元年（公元178年）初开西邸卖官，二千石二千万，四百石四百万，公千万，郎五百万，富者先入钱，贫者到官然后倍输。崔烈入钱五百万拜司徒，拜日天子临轩，百僚毕会。灵帝忽然懊悔，和左右说，这官卖得上当，那时只要稍为揩住一下，他会出一千万的。大将如段颎、张温虽然有功，也还是用钱买，才能做三公。又收天下之珍货，每郡国贡献，先输内廷，名为导引费。又税天下田亩什钱修宫室，内外官迁除都先到西园讲价钱，大郡至二三千万，付了钱才能上任，关内侯值钱五百万。他把国库的金钱缯帛取归内府，造万金堂贮之，藏不下的寄存在小黄门常侍家。黄巾乱起，卒亡汉社。无独有偶，一千四百年后的明神宗也是爱钱胜过爱民的皇帝，他要增殖私产，到处派太监榷税采矿，大珰小监，纵横绎骚，吸髓饮血，以供进奉，有的称奉密旨搜金宝，募人告密，有的发掘历代陵寝，豪夺民产，所至肆虐，民不聊生，大小臣工上疏谏止的一概不理，税监有所纠劾的却朝上夕报，立得重遣。结果内库虽然金银山积，民间却被逼叛乱四起，所遣税监高淮激变于辽东，梁永激变于陕西，陈奉激变于江夏，李奉激变于新会，孙隆激变于苏州，杨荣激变于云南，刘成激变于常镇，潘相激变于江西，瓦解土崩，民流政散，甚至遣使到菲律宾采金，引起误会，侨民被杀的至二万五千人，国库被挪用空乏，到了外患内乱迭起，无可应付时，请发内库存金，却靳靳不肯，再三催讨，才勉强发出一点敷衍面子。他死后，不过二十多年，明朝就亡国了，推原根本，亡国的责任应该由他的贪污行为负责。

皇后贪污亡国的，著名的例子有五代唐庄宗的刘后。刘后出身寒微，既贵，专务蓄财，薪蔬果茹，都贩鬻充私房，到了做皇后时，四方贡献，分作两份，一上天子，一上中宫，又广收货赂，营私乱政，宫中宝货山积，皇后的教和皇帝的制敕并行，藩镇奉之如一。邺都变起后，仓储不足，军士有流言，政府请发内库金帛给军，庄宗要答应，她却说自有天命，不必理会。大臣再三申论，她拿出妆具和三个银盆，又叫三个皇子出去说，人家说宫中蓄积多，不知都已赏赐完了，只留下这些，请连皇子卖了给军士罢。到庄宗被弒后，她却打叠珍宝驮在马鞍上，首先逃命。余下带不走的都被乱军所得。

大臣贪污乱国的更是指不胜屈，著例如唐代的杨国忠、元载，宋代的秦桧、贾似道，明代的严嵩，清代的和珅。史书记元载籍没时单胡椒一项就有八百斛，钟乳五百两。严嵩的家产可支军饷数年，籍没时有黄金二万余两，白金二百余万两，其他珍宝不可胜计。隐没未抄的不可计数。和珅的家产可以供给全国经费二十年，以半数就够付清庚子赔款。

太监得君主信任的，财产的数目也多得惊人。例如明代的王振，籍没时有金银六十余库，玉盘百，珊瑚高六七尺者二十余株。刘瑾擅权不过六七年，籍没时有大玉带八十束，黄金二百五十万两，银五千万余两，其他珍宝无算。

一般官僚的贪污情形，以元朝末年做例。当时上下交征，问人讨钱，各有名目，所属始参曰拜见钱，无事白要曰撒花钱，逢节曰追节钱，生辰曰生日钱，管事而索曰常例钱，送迎曰人情钱，勾追曰赍发钱，论诉曰公事钱。觅得钱多曰得手，除得州美曰好地，补得职近曰好窠。遇事要钱，成为风气，种下了亡国的祸根。

武人的贪污在历史上也不能例外。有个著名的故事说，五代时有一个军阀被召入朝，百姓喜欢极了，说是从今拔去眼中钉了，不料这人在朝廷打点花了大钱，又回旧任，下马后即刻征收"拔钉钱"。又有一军阀也被召入朝，年老的百姓都摸摸胡子，会心微笑，这人回任后，也向百姓要"摸胡子钱"。

上下几千年，细读历史，政简刑清、官吏廉洁、生民乐业的时代简直是黄钟大吕之音，少得可怜。史家遇见这样稀觏的时代，往往一唱三叹，低回景仰而不能自已。

历朝的政治家用尽了心力，想法子肃清贪污，树立廉洁的吏治，不外两种办法，第一种是厚禄，他们以为官吏之所以不顾廉耻，倒行逆施，主要原因是禄不足以养廉，如国家所给俸禄足够生活，则一般中人之资，受过教育的应该知道自爱。如再违法受赃，便是自暴白弃，可以重法绳之。第二种是严刑，国家制定法令，犯法的立置刑章，和全国共弃之。前者例如宋，后者例如明初。

宋代官俸最厚，京朝官有月俸，有春冬服（绫绢绵），有禄粟，有职钱，有元随傔人衣粮傔人餐钱。此外又有茶酒厨料之给，薪蒿炭盐诸物之给，饲马刍粟之给，米面羊口之给。外官则别有公用钱，有职田。小官无职田者别有茶汤钱，给赐优裕，入仕的人都可得到生活的保障，不必顾念身家，一心一意替国家做事。一面严刑重法，凡犯赃的官吏都杀无赦，太祖时代执法最严，中外官犯赃的一定弃市。太宗时代也还能维持这法令，真宗时从轻改为杖流海岛。仁宗以后，姑息成风，吏治也日渐腐败，和初期的循良治行不可同日而语了。明代和宋代恰好相反，明太祖有惩于元代的覆败，用重刑治乱国，凡贪官污吏重则处死，轻也充军或罚做苦工，甚至立剥皮之刑，一时中外官吏无不重足屏息，奉公畏法，仁宣两代继以宽仁之治，一张一弛，倒也建设了几十年的清明政治。正统以后，情形便大不相同了，原因是明代官俸本来不厚，洪武年代还可全支，后来便采用折色的办法，以俸米折钞，又以布折俸米，朝官每月实得米不过一二石，外官厚者不过三石，薄的一石二石，其余都折钞布，钞价贬值到千分之二三，折算实收一个正七品的知县不过得钱一二百文。仰无以事父母，俯无以蓄妻子，除了贪污，更无别的法子可想。这情形政府当局未尝不了解，却始终因循敷衍，不从根本解决，上下相蒙，贪污成为正常风气，时事也就不可问了。

由于上述两个例子，宋代厚禄，明初严刑，暂时都有相当效果，却都不能维持久远（但是比较地说，宋代一般的吏治情形要比明代好一点）。原因是这两个办法只能治标，对贪污的根本原因不能发生作用。治本的唯一办法，应该从整个历史和社会组织去理解。

一直到今天为止，我们的政治，我们的社会组织，我们的文化都是以家族为本位的。在农村里聚族而居，父子兄弟共同劳作，在社会上工商也世承其业，治国平天下的道理也从修身齐家出发。孝友睦姻是公认的美德，几代同居的大家族更可以夸耀乡党。做官三辈爷，不但诰封父母，荫及妻子，连亲戚乡党也鸡犬同升。平居父诏其子，兄诏其弟以做官发财，亲朋也以此相勉，社会也以此相钦羡，"个人"在这环境下不复存在，一旦青云得路，父族妻族儿女姻戚和故旧乡里都一拥而来，禄薄固不能支给，即禄厚又何尝能够全部应付，更何况上官要承迎，要人要敷衍，送往迎来，在在需钱！如不贪污非饿死冻死不可！固然过去也有清官，清到儿女啼饥号寒，死后连棺材也买不起的。也有做官一辈子，告休后连住屋也没有一间的。可是这类人并不多，一部正史的循吏传也不过寥寥十数人而已。而且打开天窗说亮话，这些人之所以做清官，只是用礼法勉强约束自己，有一个故事说某一清官对人说钱多自然我也喜欢，只是名节可畏，正是一个好例。

根据这个理解，贪污的根绝，治本的办法应该是把"人"从家族的桎梏下解放出来。个人生活的独立，每一个人都为工作而生存，人与人之间无倚赖心。从家族本位的社会组织改变为个人本位的社会组织，自然，上层的政治思想文化也都随而改变。"人"能够独立存在以后，工作的收入足够生活，法律的制裁使他不愿犯禁，厚禄严刑，交互为用，社会上有公开的舆论指导监督，政府中有有力的监察机关举劾纠弹，"衣食足而后知荣辱"，贪污的肃清当然可操左券。

治人与法治

/ 吴 晗 /

历史上的政治家经常提到的一句话是："有治人，无治法。"意思是徒法不足以为治，有能运用治法的治人，其法然后足以为治。法的本身是机械的，是不能发生作用的，譬如一片沃土，辽廓广漠，虽然土壤是十分宜于种植，气候也合宜，假如不加以人力，这片地还是不能发生生产作用。假如利用这片土地的人不是一个道地有经验的农人，一个种植专家，而是一个博徒，游手好闲的纨绔子弟，一曝十寒，这片地也是不会有好收成的。反之，这块好地如能属于一个勤恳精明的老农，有人力，有计划，应天时，顺地利，耕耨以时，水旱有备，丰收自然不成问题。这句话不能说没有道理，就历史的例证看，有治人之世是太平盛世，无治人之世是衰世乱世。因之，有些人就以之为口实，主张法治不如人治。

反之，也有人主张："有治法，无治人。"法是鉴往失，顺人情，集古圣先贤遗教、全国聪明才智之士的精力，穷研极讨所制成的。法度举，纪纲立，有贤德的领袖固然可以用法而求治，相得益彰，即使中才之主，也还可以守法而无过举。法有永久性，假定是环境不变的时候，法也有伸缩性，假定环境改变了，前王后王不相因，变法以合时宜所以成后王之治，法之真精神真作用即在其能变。所谓变是因时以变，而不是因人以变，至于治人则间世不多得，有治人固然能使世治，但是治人未必能有治人相继，尧舜都是治人，其子丹朱、商均却都不肖，晋武帝、宋文帝都是中等的君主，晋惠帝却是个白痴，元凶劭则禽兽之不若。假使纯以人治，无大法可守，寄国家民族的命运于不肖子白痴低能儿枭獍之手，其危险不问可知，以此，这派人主张法治，以法纲纪国家，全国人都应该守法。君主也不能例外。

　　就人治论者和法治论者所持论点而论，两者都有其颠扑不破的理由，也都有其论据上的弱点。问题是人治论者的治人从何产生，在世业的社会组织下，农之子恒为农，父兄之教诲，邻里之启发，日兹月兹，习与性成，自然而然会成为一个好农人，继承父兄遗业，纵然不能光大，至少可以保持勿失。治人却不同了，子弟长于深宫，习于左右，养尊处厚，不辨菽麦，不知人生疾苦，和现实社会完全隔绝，中才以上的还肯就学，修身砥砺，有一点教养，却无缘实习政事，一旦登极执政，不知典故，不识是非，任喜怒爱憎，用左右近习，上世的治业由之而衰，幸而再传数传，一代不如一代，终致家破国灭，遗讥史册。中才以下的更不用说了，溺于邪佟，移于嬖幸，骄悍性成，暴恣自喜，肇成祸乱，身死国危，史例之多，不可胜举。治人不世出,治人之子不必贤,而治人之子却依法非治国不可,这是君主世袭制度所造成的人治论者的致命打击。法治论者的缺点和人治论者一样,以法为治固然是天经地义,问题是如何使君主守法,过去的儒家法家都曾费尽心力,用天变来警告,用人言来约束,用谏官来谏诤,用祖宗成宪来劝导。可是这些方法只能诱引中才以上的君主,使之守法,对那些庸愚刚愎的下才,就无能为力了,法无废君之条,历史上偶尔有一两个例子,如伊尹放太甲,霍光废昌邑,都是不世出的惊人举动,为后来人所不敢效法。君主必须世袭,而世袭的君主不必能守法,虽有法而不能守,有法等于无法,法治论者到此也技穷而无所措手足了。

这两派持论的弱点到这世纪算是解决了,解决的枢纽是君主世袭制度的废除。就人治论者说,只要有这片地,就可以找出一个最合于开发这片地的条件的治人,方法是选举。选出的人干了几年无成绩或成绩不好,换了再选一个。治人之后必选治人相继,选举治人的全权操在这片地的全数主人手上。法治论者的困难也解决了,由全数主人建立一个治国大法,然后再选出能守法的治人,使之依法管理,这被选人如不守法,可由全数主人的公意撤换,另选一个能守法的继任,以人治,亦以法治,治人受治于法,治法运用于治人,由治法而有治人,由治人而励行法治,人治论者和法治论者到此合流了,历史上的争辩告一解决了。

就历史而论,具有现代意义的治法的成文法,加于全国国民的有各朝的法典,法意因时代而不同,其尤著者有唐律和明律。加于治国者虽无明文规定,却有习俗相沿的两句话:"国以民为本,民以食为天。"现代的宪法是被治者加于治国者的约束,这两句话也正是过去国民加于治国者的约束。用这两句话来做尺度,衡量历史上的治国者,凡是遵守约束的一定是治人,是治世,反之是敌人,是乱世。这两句话是治法,能守治法的是治人。治人以这治法为原则,一切施政,以民为本,裕民以足食为本,治民以安民为本,事业以国民的利害定取舍从违,因民之欲而欲之,因民之恶而恶之,这政府自然为人民所拥戴爱护,国运也自然炽盛隆昌。

历史上的治人试举四人做例子说明,第一个是汉文帝,第二是魏太武帝,第三是唐太宗,第四是宋太祖。

汉文帝之所以为治人,是在他能守法和爱民。薄昭是薄太后弟,文帝亲舅,封侯为将军,犯法当死,文帝绝不以至亲曲宥,流涕赐死,虽然在理论上他是有特赦权的。邓通是文帝的弄臣,极为宠幸,丞相申屠嘉以通小臣戏殿上大不敬,召通诘责,通叩头流血不解,文帝至遣使谢丞相,并不因幸臣被屈辱而有所偏护。至于对人民的爱护,更是无微不至,劝农桑,敦孝弟,恭俭节用,与民休息,达到了海内殷富、刑罚不用的境界。

魏太武帝信任古弼,古弼为人忠慎质直,有一次为了国事见太武帝面奏,太武帝正和一贵官围棋,没有理会,古弼等得不耐烦,大怒起捽贵官头,揳下床,搏其耳,殴其背,数说朝廷不治,都是你的罪过,太武帝失容赶紧说,都是我的过错,和他无干。忙谈正事,古弼请求把太宽的苑囿,分大半给贫民耕种,也满口答应。几月后太武帝出去打猎,古弼留守,奉命把肥马做猎骑,古弼给的全是瘦马,太武帝大怒说:笔头奴敢克扣我,回去先杀他(古弼头尖,太武帝形容为笔头）。古弼却对官属说，打猎不是正经事，我不能谏止，罪小。军国有危险，没有准备，罪大。敌人近在塞外，南朝的实力也很强，好马应该供军，弱马供猎，这是为国家打算，死了也值得。太武帝听了，叹息说："有臣如此，国之宝也。"过了几日，又去打猎，得了几千头麋鹿，兴高采烈，派人叫古弼征发五百乘民车来运，使人走后，太武帝想了想，吩咐左右曰，算了吧，笔公一定不肯，还是自己用马运吧。回到半路，古弼的信也来了，说正在收获，农忙，迟一天收，野兽鸟雀风雨侵耗，损失很大。太武帝说，果不出我所料，笔公真是社稷之臣。他不但为民守法，也为国执法，以为法是应该上下共守，不可变易，明于刑赏，赏不遗贱，刑不避亲。大臣犯法，无所宽假，节俭清素，不私亲戚，替国家奠定下富强的基础。

唐太宗以武勇定天下，治国却用文治。内举不避亲，外举不避仇，长孙无忌是后兄，王珪、魏徵都是仇敌，却全是人才，一例登用，无所偏徇顾忌，忧国爱民，至公守法。《唐史》记："上以选人多诈冒资荫，敕令自首，不首者死。未几，有诈冒事觉者，上却杀之，大理少卿戴胄奏据法应流，上怒曰，卿欲守法而使朕失信？对曰，敕者出于一时喜怒，法者国家所以布大信于天下也。陛下忿选人之多诈，故欲杀之，而即知其不可，复断之以法，此乃忍小忿而全大信也。上曰，卿能执法，朕复何忧。"又："安州都督吴王恪数出畋猎，颇损居人，侍御史柳范奏弹之，恪坐免官，削户三百。上曰，长史权万纪事吾儿，不能匡正，罪当死，柳范曰，房玄龄事陛下，犹不能止畋猎，岂得独罪万纪。上大怒，拂衣而入。久之，独引范谓曰：何面折我！对曰，陛下仁明，臣敢不尽愚直。上悦。"前一事他能捐一时之喜怒，听法官执法。后一事爱子犯法，也依法削户免官，且能容忍侍臣的当面折辱。法平国治，贞观之盛的基础就建筑在守法这一点上。

宋太祖出身于军伍，也崇尚法治，《宋史》记："有群臣当迁官，太祖素恶其人不与，宰相赵普坚以为请，太祖怒曰，朕固不为迁官，卿若如何？普曰：刑以惩恶，赏以酬功，古今通道也。且刑赏天下之刑赏，非陛下之刑赏，岂得以喜怒专之！太祖怒甚起，普亦随之，太祖入宫，普立于宫门口，久之不去，太祖卒从之。"皇后弟杀人犯法，依法处刑，绝不宽贷，群臣犯赃，诛杀无赦。

从上引四个伟大的治人的例子，说明了治人之所以使国治，是遵绳于以民为本的治法，治法之所以为治，是在治人之尊重与力行。治人无常而治法有常。治人或不能守法，即有治法的代表者执法以使其就范，贵为帝王，亲为帝子，元舅后弟，宠幸近习，在尊严的治法之下，都必须奉法守法，行法从上始，风行草偃，在下的国民自然兢兢业业，政简刑清，移风易俗，臻于至治了。

就历史的教训以论今日，我们不但要有治法，尤其要有治人。治人在历史上固不世出，在民主政治的选择下，却可以世出继出。治人之养成，选出罢免诸权之如何运用，是求治的先决条件。使有治法而无治人，等于无法，有治人而无治法，无适应时宜的治法，也是缘木求鱼，国终不治。

治人与治法的合一，一言以蔽之，曰实行民主政治。

说　士
/ 吴　晗 /

现代词汇中的军人一名词，在古代叫作士，士原来是又文又武的，文士和武士的分立，是唐以后的事。

在春秋时代，金字塔形的统治阶级，王诸侯大夫以下的阶层就是士，士和以上的阶层比较，人数最多，势力也最大。其下是庶民和奴隶，是劳动者，是小人，应该供养和侍候上层的君子。王诸侯大夫都是不亲庶务的，士介在上下层两阶级之间，受特殊的教育，在平时是治民的官吏，在战时是战争的主力。就上层的贵族阶级说，是维持治权的唯一动力，王诸侯大夫如不能得到士的支持，不但政权立刻崩溃，身家也不能保全。就下层的民众说，士又是庶政的推动和执行人，他们当邑宰，管理租赋，审判案件（以此，士这名词又含有司法官的意义，有的时候也叫作士师），维持治安，当司马管理军队，当贾正管理商人，当工正管理工人，和民众的关系最为密切，因之又惯常和民众联在一起。就职业的区分，士为四民之首，其下是农工商。再就教育的程度和地位说，士和大夫最为接近，因之士大夫也就成为代表相同的教育程度和社会地位的一个专门名词。

士在政治上社会上负有特殊任务，在四民中，独享教育的特权。为着适应士所负荷的业务，课程分作六种，称为六艺：礼、乐、射、御、书、数。内中射、御是必修科，其他四种次之。射是射箭和战争技术的训练。御是驾车，在车战时代，这一门功课也是非常重要的。礼是人生生活的轨范，做人的方法，礼不下庶人，在贵族社会中，是最实际的处世之学。乐是音乐，是调剂生活和节制情感的工具，士无故不辍琴瑟。孔子在齐闻韶，三月不知肉味的故事，正可以代表古代士大夫对于音乐的爱好和欣赏的能力。奏乐时所唱的歌词是诗，在外交或私人交际场合，甚至男女求爱时，都可用歌词来表达自己的意思，这些诗被记录下来，保存到现在的叫《诗经》。书是写字，数是算数，要当一个政府或地方官吏，这两门功课也是非学不可的。

士不但受特殊的教育训练，也受特殊的精神训练。过去先民奋战的史迹，临难不屈，见危授命，牺牲小我以保全邦国的可歌可泣的史诗，和食人之禄忠人之事的理论，深深印入脑中。在这两种训练下，养成了他们的道德观念！——忠，忠的意义是应该把责任看得重于生命，荣誉重于安全，在两者发生冲突时，毫不犹豫牺牲生命或安全，去完成责任，保持荣誉。

在封建时代，各国并立，士的生活由他的主人诸侯或大夫所赐的田土维持，由于这种经济关系，士只能效忠于主人。到了秦汉的统一的大帝国成立以后，诸侯大夫这一阶层完全消灭，士便直属于君主于国家，忠的对象自然也转移到对君主对国家了。士分为文武以后，道德观念依然不变，几千年以来的文士和武士，轰轰烈烈，为国家为民族而战争，而流血，而牺牲，不屈不挠，前仆后继，悲壮勇决的事迹，史不绝书。甚至布衣白丁，匹妇老妪，补锅匠，卖菜佣，乞丐，妓女，一些未受教育的平民百姓，在国家危急时，也宁愿破家杀生，不肯为敌人所凌辱，这种从上到下，几千年来的一贯信念，是我国的立国精神，是我中华民族始终昂然永存，历经无数次外患而永不屈服，终能独立自主的真精神。

士原来受文事武事两种训练，平时治民，战时治军，都是本分。春秋时代列国的卿大夫，一到战时便统率军队作战，前方后方都归一体（晋名将郤縠以敦诗书礼乐见称，是个著例）。到战国时代，军事渐趋专业化，军事学的著作日益增多，军事学家战术家战略家辈出，文官和军人渐渐开始分别，可是像孟尝君、廉颇、吴起等人，也还是出将入相，既武且文。汉代的大将军、车骑将军、前将军、后将军都是内廷重臣，遇有征伐时，将军固然应该奉命出征，外廷的大臣如御史大夫和九卿也时常以将军号统军征伐，而且文武互用，将军出为外廷文官，外廷文臣改为将军，不分畛域，末年如曹操、孙权都曾举孝廉，曹操横槊赋诗，英武盖世，诸葛亮相蜀，行军时则为元帅，虽然有纯粹的职业军人如吕布、许褚之流，纯粹的文人如华歆、许靖之流，在大体上仍是文武一体。一直到唐代李林甫当国以前，还是边帅入为宰相，宰相出任边帅，内外互用，文武互调。

李林甫做宰相以后，要擅位固宠，边疆将帅多用胡人，胡人不识汉字，虽然立功，也只能从军阶爵邑上升迁，不能入主中枢大政，从此文武就判为两途。安史乱后的郭子仪，奉天功臣李晟，虽然名义上都是宰相，都是汉人，都通文义，却并不与闻政事，和前期李靖、李勣出将入相的情形完全不同了。经过晚唐五代藩镇割据之乱，宋太祖用全力集权中央，罢诸将军权，地方守令都以文士充任，直隶中枢，文士治国，武士作战，成为国家用人的金科玉律，由之文士地位日高，武士地位日低，一味重文轻武的结果，使宋朝成为历史上最不重武的时代。仁宗时名将狄青南北立功，做了枢密使，一些文士便群起攻击，逼使失意而死；南宋初年的岳飞致力恢复失地，也为宰相秦桧所诬杀。文武不但分途，而且成为对立的局面。明代文武的区分更是明显，文士任内阁部院大臣，武士任官都督府卫所，遇着征伐，必以文士督师，武士统军陷阵，武士即使官为将军总兵，到兵部辞见时，对兵部尚书必须长跪。能弯八石弓，不如识一丁字，一般青年除非科举无望，岂肯弃文就武。致武士成为只有技勇膂力而无智识教养的人，在社会上被目为粗人，品质日低，声誉日降，偶尔有一两个武士能通文翰吟咏，便群相惊诧，以为儒将。偶尔有一两个武士发表对当前国事的意见，便群起攻击，以为干政。结果武士自安于军阵，本来无教养学识的，以为军人的职责只是作战，不必求学识，这种心理的普遍化，使上至朝廷，下至闾巷，都以武士不文为当然，为天经地义。武士这一名词省去了下一半，武而不士，只好称为武人了。

近百年来的外患，当国的文士应该负责，作战的武士，亦应该负责。七年来的艰苦作战[1]，文士不应独居其功，大功当属于前线流血授命的武士。就史实所昭示，汉唐之盛之强，宋明之衰之弱，士的文武合一和分立，殆可解释其所以然。古代对士的教育和训练，应加以重视，尤其应该着重道德观念——对国家对民族尽责的精神的养成。提高政治水准，为什么而战和有所不为，彻头彻脑明白战争的意义。要提高士的社会地位，必须文事和武事并重，必须政治水准和社会地位提高，这是今后全国所应全力以赴的课题。

---

[1] 指1937年开始的全国性抗日战争。——编者注

论史实之选择与综合

/ 张荫麟 /

一、史实的选择标准

历史研究有两种。在一种的历史研究里，我们可以把研究范围以内的史实，细大不捐，应有尽有地收入叙述里；我们自患所知之少，不患所知之多。这种研究也许是范围狭窄，本来所容的史实不多，也许是范围虽广，而见存史料贫乏。在这种研究里，没有史实选择的问题。但在另一种的历史研究里，我们的对象是一个广大的史实的库藏，也许穷个人一生之力亦不能把它的内容完全登记。即使它的内容完全被登记，也没人愿意把这记录一读。即便有人愿意把这记录一读，也苦于目迷五色，茫无头绪。在这种情形之下，史家在叙述里必须把所知道的史实大加省略。他所省略的，也许要比他所采取的多几百千倍。从过去史家的著作看来，这种去取似乎没有什么客观的标准。没有两个史家对于同一历史范围之选择的叙述在题材上会有大致的符合。所谓"笔则笔，削则削，游夏不能赞一词"；所谓"成一家之言"；至少有一部分是表示这事实。无怪弗劳德（Freude，19世纪英国史家）把历史比于西文的缀字片，可以任随人意，拼成他所喜欢的字了。但我们不能以这样情形为满足。我们无法可以使两个以上史家，对于同一历史范围的选择的叙述去取全同，如自一模铸出，除是他们互相抄袭。但我们似乎应当有一种标准，可以判断两种对象相同而去取不同的历史叙述，孰为合当，孰为高下。这标准是什么呢？

读者对于此也许会想到一个现成的答案。韩愈不早就说过"记事者必提其要"吗？最能提要的历史叙述，最能按照史事的重要程度以为详略的历史叙述，就是选材最合当。"笔削"的标准就在史事的重要性。但这答案只把问题藏在习熟的字眼里，并没有真正解决问题。什么是史事的重要性？这问题殊不见得比前一问题更为浅易。须知一事物的重要性或不重要性，并不是一种绝对的情实，摆在该事物的面上，或蕴在该事物的内中，可以仅就该事物的本身检察或分析而知的。一事物的重要性或不重要性，乃相对于一特定的标准而言。什么是判别重要程度的标准呢？

"重要"这一概念，本来不只应用于史事上，但我们现在只谈史事的重要性，只探究判别史事的重要程度的标准。"重要"一词，无论应用于日常生活上，或史事的比较上，都不是"意义单纯"的，有时作一种意义，有时作别一种意义。因为无论在日常生活上，或史事的比较上，我们判别重要程度的标准都不是唯一无二的。我们有时用这标准，有时用那标准，而标准的转换我们并不一定自觉。唯其如此，所以"重要"的意义甚为模糊不清。在史事的比较上，我们用以判别重要程度的，可以有六种不同的标准。这六种标准并不是作者新创出来的，乃是过去一切历史家部分地、不加批判地，甚至不自觉地，却从没有严格地、系统地采用的。现在要把它们列举出来，加以考验。

第一种标准可以叫作"新异性的标准"。每一件历史的事情，都在时间和空间里占一特殊的位置。这可以叫作"时空位置的特殊性"。此外它容有若干品质，或所具若干品质的程度，为其他任何事情所无。这可以叫作"内容的特殊性"。假如一切历史的事情，只有时空位置的特殊性，而无内容的特殊性，或其内容的特殊性微少到可忽略的程度，那么，社会里根本没有"新闻"，历史只是一种或若干种量状的永远持续或循环，我们从任何历史的"横剖面"可以推知其他任何历史的"横剖面"。一个社会的历史假若是如此，则它只能有孔德所谓"社会静力学"，而不能有他所谓"社会动力学"；那么，它根本不需要有写的历史，它的"社会静力学"就可以代替写的历史。现存许多原始民族的历史虽不是完全如此，也近于如此，所以它们的历史没有多少可记。我们之所以需有写的历史，正因为我们的历史绝不是如此，正因为我们的史事富于"内容的特殊性"，换言之，即富于"新异性"。众史事所具"内容的特殊性"的程度不一，换言之，即所具"新异性"的程度不一。我们判断史事的重要性的标准之一即是史事的"新异性"。按照这标准，史事愈新异，则愈重要。这无疑地是我们有时自觉地或不自觉地所采用的标准之一。关于这标准有五点须注意。第一，有些史事在当时是富于新异性的，但后来甚相类似的事接迭而生，那么，在后来，这类事便减去新异性，但这类事的始例并不因此就减去新异性。第二，一类的事情若为例甚稀，它的后例仍不失其新异性，虽然后例的新异性程度不及始例。第三，新异性乃是相对于一特殊的历史范围而定。同一事情对于一民族或一地域的历史而言，或对于全人类的历史而言，其新异的程度可以不同。例如14世纪欧洲人之应用罗盘针于航海，此事对于人类史而言的新异程度，远不如其对于欧洲而言的新异程度。因为在12世纪中国人早已应用罗盘针于航海了。第四，新异性乃是相对我们的历史智识而言。也许有的史事本来新异的程度很低，但它的先例的存在为我们所不知，因而在我们看来，它的新异程度是很高的。所以我们对于史事之新异性的见解，随着我们的历史智识的进步而改变。第五，历史不是一盘散沙，众史事不是分立无连的；我们不仅要注意单件的史事，并且要注意众史事所构成的全体；我们不仅要注意社会之局部的新异，并且要注意社会之全部的新异；我们不仅要注意新异程度的高下，并且要注意新异范围的大小。新异性不仅有"深浓的度量"，并且有"广袤的度量"。设如有两项历史的实在，其新异性之"深浓的度量"可相颉颃，而其"广袤的度量"相悬殊，则"广袤的度量"大者，比小者更为重要。

第二种标准可以叫作"决定性的标准"。我们得承认历史里有因果的关系，有甲事决定乙事、丙事、丁事……的事实；姑不论所谓"因果"、所谓"决定"的正确解释如何，按照这标准，史事的决定性愈大，换言之，即其所决定的别些史事所占的时空范围愈大，则愈重要。决定性的大小，也是相对于一特定的历史范围而言，对于某一历史范围是决定性最大的,对于另一更广的历史范围,也许不是决定性最大的。

假如我们的历史兴趣完全是基于对过去的好奇心,那么,"新异性的标准"和"决定性的标准"也就够了。但事实上我们的历史兴趣不仅发自对过去的好奇心,所以我们还有别的标准。

第三种标准可以叫作"实效(Practical Effect)的标准"。这个名词不很妥当,姑暂用之。史事所直接牵涉和间接影响于人群的苦乐者,有大小之不同。按照这标准,史事之直接牵涉和间接影响于人群的苦乐愈大,则愈重要。我们之所以有这标准,因为我们的天性,使得我们不仅关切于现在人群的苦乐,并且关怀于过去人群的苦乐。我们不能设想今后史家会放弃这种标准。

第四种标准可以叫作"文化价值的标准"。所谓文化价值即是真与美的价值。按照这种标准,文化价值愈高的事物愈重要。我们写思想史、文学史或美术史的时候,详于灼见的思想而略于妄诞的思想,详于精粹的作品而略于恶劣的作品(除了用作形式的例示外),至少有大部分理由是依据这标准。假如只用"新异性的标准",则灼见的思想和妄诞的思想,精粹的作品和恶劣的作品,可以有同等的新异性,也即可以有同等的重要性,而史家无理由为之轩轾。但事实并不如此。文化价值的观念,每随时代而改变,故此这标准也每随时代而改变。有些关于文化价值的比较判断(如有些哲学见解的真妄,有些艺术作品的高下),至今还不能有定论,史家于此可有见仁见智之异。

第五种标准可以叫作"训诲功用的标准"。所谓训诲功用有两种意义:一是完善的模范;二是成败得失的鉴戒。按照这标准,训诲功用愈大的史事愈重要。旧日史家大抵以此标准为主要的标准。近代史家的趋势，是在理论上要把这标准放弃。虽然在事实上未必能彻底做到。依作者的意见，这标准在史学里是要被放弃的。所以要放弃它，不是因为历史不能有训诲的功用，也不是因为历史的训诲功用无注意的价值，而是因为学术分工的需要。例如历史中的战事对于战略与战术的教训，可属于军事学的范围。历史人物之成功与失败的教训，可属于应用社会学中的"领袖学"的范围。

第六种标准可以叫作"现状渊源的标准"。我们的历史兴趣之一，是要了解现状，是要追溯现状的由来。众史事和现状之"发生学的关系"有深浅之不同，至少就我们所知是如此。按照这标准，史事和现状的"发生学的关系"愈深，愈有助于现状的解释，则愈重要。大概地说，愈近的历史和现状的"发生学的关系"愈深，故近今史家每以详近略远为旨。然此事亦未可一概而论。历史的线索有沉而复浮的，历史的潮流有隐而复显的，随着社会当前的使命、问题和困难的改变，远古而久被遗忘的史迹，每复活于人们的心中。

以上的六种标准，除了第五种外，皆是今后作选择的历史叙述的人所当自觉地、严格地、系统地采用的。不过它们的应用，远不若它们的列举的容易。五面俱顾的轻重的比较，已是一样繁难的事。而且这五种尺度都不是有明显的分寸可以机械地辨别的。再者，要轻重的权衡臻于至当，必须熟习整个历史范围的事实。而就有些历史范围而论，这一点会不是个人一生的力量所能做得到的。所以对于有些历史范围，没一种选择的叙述能说最后的话，所以有些选择的历史叙述的工作，永远是一种冒险。

二、史实的综合

以上论通史之去取详略的标准竟。

其次，我们对于任何通史的对象的知识都是一片段一片段地积累起来的。怎样把先后所得的许多片段构成一个秩序，这是通史家所碰到的第二个大问题。自然这里所谓秩序，不能是我们随意想出的秩序，而必须是历史里本有的秩序。那么历史里本有些什么秩序呢？

最原始的历史秩序乃是时间的秩序。所谓时间的秩序就是史事发生的先后。采用这秩序就是把史事按发生的先后来排列。最原始之综合的历史记载，都是单纯地采用这秩序的，都是编年排月的，都是所谓"春秋"。自然，以时间秩序为纲领的历史记载，不一定要编年排月。第一，因为有些史实的年月日，已不可考。第二，因为有些史实的年月，我们不感兴趣。第三，有些史实的时间位置是不能以年月日来定的，例如典章制度。这种秩序的要素在时间的先后而不在时间的细密的度数。

时间的秩序可分为两种：一、单纯的；二、复合的。复合的时间秩序又可分为两种。第一是以时间为经而以史事之地域的分布为纬的，这可称为分区的时间秩序。第二是以时间为经而以史事的类别为纬的，这可称为分类的时间秩序。采用单纯的时间秩序的历史叙述，可称为纯粹的编年体，例如《春秋》是也。采用分区的时间秩序的历史著述，可称为分区的编年体，例如《三国纪年》是也。采用分类的时间秩序的历史叙述，可称为分类的编年体，例如《通典》《文献通考》及种种"会要"是也。过去的"正史"大体上可说是纯粹编年体和分类编年体的组合,或纯粹编年体、分区编年体和分类编年体的组合。

现在凡作综合的历史叙述的人,都会轻视这些"编年"的体裁而不屑采用了。但编年的体裁虽然是最粗浅的,却是比较最客观的,因为原始的秩序的认识是最少问题的。初作综合的历史研究的人,对于历史的本质还没有深刻的认识的人,最聪明的办法还是谨守"编年"的体裁,因为这样,他的结果虽不是 final 却可以是 conclusive,别人还可以利用他的结果作更进一步的综合。否则会"画虎不成",工夫白费。即使就艺术的观点论,编年体亦未可厚非。第一流的小说也有用日记体裁写成的。

但是我们毕竟不能以原始的秩序为满足。因为史实不仅有原始的秩序。只认识它们的时间秩序并不能完全了解它们。要完全了解一件事实就是要知道它和别的事实间的一切关系。这也许是不可能的。但我们对于一件事实和别的事实间的关系所知愈多,则对它的了解愈深。

那么除了上说原始的秩序外,历史还有什么秩序呢?

第一是因果的秩序。每逢我们可以说甲件特殊的事致到乙件特殊的事,或甲件特殊的事决定乙件特殊事时,我们也就可以说甲乙之间有因果的关系。我认为因果的关系是简单不可分析的,因此也是不能下定义的;说甲乙两事有因果的关系,逻辑上并不涵蕴着有一条定律,按照它,我们可以从甲的存在而推定乙的存在,或从乙的存在而推断甲的存在,虽然事实上有时也许如此。史事间之有因果的关系是谁也不能否认的。因果的秩序理论上可以有两种方式。一是简单的,即自始至终、一线相承的。二是复杂的,即是无数的因果线索参伍综错而构成的"因果网"。在因果的秩序里,并不是没有偶然的事。就单纯的因果秩序而论,这单纯的因果线索不能是无始的,它的开端就必定是不受决定的,就必定是偶然的。它的开端若受决定,便不是真正的开端,而决定这开端的事才是真正的开端。它若有真正的开端,则必有不受决定的事,即必有偶然的事。就复杂的因果而论,那些始相平行而终纠结的许多因果线索,各有其偶然的开端。有那么多由分而合的因果线索,就有那么多偶然的事。历史里的因果秩序不是简单的,而是复杂的,故历史里可以有许多偶然的事。

任何历史范围不仅包含有"因果网",并且它的全部的史实都在"因果网"之内。不仅它的全部史实都在"因果网"之内,并且它的全部史实构成一整个的"因果网"。这三句话意义上大有差别。说一历史范围包含有"因果网",并不否认它的史实可以有些落在"因果网"之外;而说它的全部史实都在"因果网"之内,则否认之。说它的全部史实都在"因果网"之内,并不否认它可以包含有众多各自独立的"因果网";说它的全部史实构成一整个的"因果网",则否认之。若"历史范围的全部史实都在因果网之内",则我们说它的因果秩序是完全的,否则说它的因果秩序是不完全的。若一历史范围的全部史实构成一整个的"因果网",则我们说它的因果秩序是一元的,否则说它的因果秩序是多元的。下文凡说某一种秩序是完全的或不完全的,一元的或多元的,其义准此。

因果的秩序是建筑在单纯的时间秩序之上的,它逻辑上预断(Presupposes)单纯的时间秩序,它可称为历史的第二层秩序。同样可以建筑在单纯的时间秩序之上，逻辑上预断了时间秩序的第二层秩序还有四种：一曰循环的秩序，二曰演化的秩序，三曰矛盾发展的秩序，四曰定向发展的秩序。这四者和因果秩序是并行不悖的。但它们和因果的秩序有这一点重要的不同。因果的秩序是任何历史范围所必具的，并且在任何历史范围里是完全的，并且在任何的历史范围里是一元的。但这四种第二层的秩序则不然。它们中的任何一种不是任何历史范围所必具的；即使为某一历史范围所具，它所具这种秩序也不一定是完全的；即使它所具这种秩序是完全的，也不一定是一元的。

以下分释这四种第二层秩序。

（1）循环的秩序。——说历史里有循环的秩序，就是说，我们可以把历史分为若干段落，这些段落都是有一方面或数方面相类似的历程。譬如说："天下之生久矣，一治一乱。"这就是说历史里有治乱的循环，也就是说我们可以把历史分为若干段落，每一段落都是由治而乱，或由乱而治的历程。这一切段落有一方面相似，即由治而乱，或由乱而治。这种循环，历史里是可以有的。但若说历史里有循环的秩序，就是说我们可以把历史分为若干段落，而这些段落都是完全相似的，这种循环却是历史里所无的。再者历史循环的周期是没有一定的，如像"五百年必有王者兴"，或"江山代有才人出，管领风骚二百年"[1]等类的话，严格说来，必定是妄的。

（2）定向发展的秩序。——所谓定向的发展，是一种变化的历

---

[1] 作者在此处引用有误，应是"江山代有才人出，各领风骚数百年"，出自清代学者赵翼的《论诗五首》（其二）。"管领风骚二百年"源自谭献《箧中词》。——编者注

程，其诸阶段互相适应，每一阶段为其后继的阶段的准备，而诸阶段是循一定的方向，趋一定鹄的者。这鹄的不必是预先存想的目标，也许是被趋赴于不知不觉中的；这鹄的也许不是单纯的，而是复杂的。

（3）演化的秩序。——所谓演化，乃是一串连续的变化，其间每次变化所归结的景状或物体中有新异的成分出现，唯这景状或物体仍保存它的前立（谓变化所从起的景状或物体）的主要形构，所以在一演化的历程里，任何变化所从起和所归结的景状或物体，必大体上相类似，吾人总可认出其一为其他的"祖先"。唯一演化历程所从始，与所归结（此始与终皆我们思想所随意界划的）的景状或物体，则可以剧异，我们若不是从历史上追溯，绝不能认识它们间的"祖孙"的关系。

（4）矛盾发展的（Dialectical）秩序。——所谓矛盾的发展是一变化的历程肇于一不稳定的组织体，其内部包含矛盾的各个元素；随着组织体的生长，它们间的矛盾深显，最后内部的冲突把这组织体绽破，它转变成一新的组织体，旧时的矛盾的元素消失而被容纳于新的组织体中。

这四种秩序和因果的秩序是任何通史所当兼顾并容的。

对此我们可以解说历史中所谓偶然的意义。凡带有时间性的秩序（包括因果、循环、演化、定向发展和矛盾发展），都不能无所托始，至少就我们知识的限制和叙述的需要而论是如此。它们之所托始，都可以说是偶然的。这是偶然的第一义（一个"因果网"也许包含许多因果的线索，各有所始。它们的所始不同时，而皆可说是偶然的。此所谓偶然，亦属第一义）。一个历史范围里的史事，若在某一种带时间的秩序（前说五种之任何一种）里没有地位，即为这种秩序所不受支配，则这件史事，就这范围而论，对于这种秩序而言，是偶然的。这是偶然的第二义。对于因果的秩序而言，第一义的偶然是没有的，因为没有一历史范围不是完全为因果的秩序所支配的。

无论就第一义或第二义而言，凡本来是偶然的事，谓之本体上的偶然。凡本未必为偶然而因为我们的智识不足觉其为偶然者，谓之认识上的偶然。历史家的任务之一是要把历史中认识上的偶然尽量减少。

/第三章/
闻一多、罗庸讲人文精神

什么是儒家——中国士大夫研究之一

/ 闻 一 多 /

"无论在任何国家",伊里奇在他的《国家论》[1]里说,"数千年间全人类社会的发展,把这发展的一般的合法则性,规则性,继起性,这样地指示给我们了,即是,最初是无阶级社会——贵族不存在的太古的,家长制的,原始的社会;其次是以奴隶制为基础的社会,奴隶占有者的社会。……奴隶占有者和奴隶是最初的阶级分裂。前一集团不仅占有生产手段——土地,工具(虽然工具在那时是幼稚的),而且还占有了人类。这一集团称为奴隶占有者,而提供劳动于他人的那些劳苦的人们便称为奴隶。"中国社会自文明初发出曙光。即约当商盘庚时起,便进入了奴隶制度的阶段,这个制度渐次发展,在西周达到它的全盛期,到春秋中叶便成强弩之末了,所以我们可以概括地说,从盘庚到孔子,是我们历史上的奴隶社会期。但就在孔子

---

[1] 即列宁的《论国家》。——编者注

面前，历史已经在剧烈地变革着，转向到另一个时代，孔子一派人大声急呼，企图阻止这一变革，然而无效。历史仍旧进行着，直到秦汉统一，变革的过程亮毕了，这才需要暂时休息一下。趁着这个当儿，孔子的后学们，董仲舒为代表，便将孔子的理想，略加修正，居然给实现了。在长时期变革过程的疲惫后，这是一帖理想的安眠药，因为这安眠药的魔力，中国社会便一觉睡了两千年，直到孙中山先生才醒转一次。孔子的理想既是恢复奴隶社会的秩序，而董仲舒是将这理想略加修正后，正式实现了，那么，中国社会，从董仲舒到中山先生这段悠长的期间，便无妨称为一个变相的奴隶社会。

董仲舒的安眠药何以有这大的魔力呢？要回答这问题，还得从头说起。相传殷周的兴亡是仁暴之差的结果，这所谓仁与暴分明代表着两种不同的奴隶管理政策。大概殷人对于奴隶榨取过度，以至奴隶们"离心离德"而造成"前途倒戈"的后果；反之，周人的榨取比较温和，所以能一方面赢得自己奴隶的"同心同德"，一方面又能给太公以施行"阴谋"的机会，教对方的奴隶叛变他们自己的主人。仁与暴漂亮的名词，实际只是管理奴隶的方法有的高明点，有的笨点罢了。周人还有个高明的地方，那便是让胜国的贵族管理胜国的奴隶。《左传》定公四年说："周公相王室，分鲁公以……殷民六族……使帅其宗氏，辑其分族，将其类丑；使之职事于鲁，……分之土田陪敦（附庸，即仆庸），祝宗卜史，备物典策，官司彝器。……分康叔以……殷民七族。……"这些殷民六族与七族便是胜国投降的贵族，那些"备物典策，官司彝器"的"祝宗卜史"便是后来所谓"儒"——寄食于贵族的智识分子。让贵族和智识分子分掌政教，共同管理自己的奴隶（附庸），这对奴隶们和奴隶占有者（周人）双方都有利的，因为以居间的方式他们可以缓和主奴间的矛盾，他们实在做了当时社会机构中的一种缓冲阶层。后来胜国贵族们渐趋没落，而儒士们因有特殊智识和技能，日渐发展成一种宗教文化的行帮企业，兼理着下级行政干部的事务，于是缓冲阶层便为儒士们所独占了。当然也有一部分没落胜国贵族，改业为儒，加入行帮的。

明白这种历史背景，我们就可以明白儒家的中心思想。因为儒家是一个居于矛盾的两极之间的缓冲阶层的后备军，所以他们最忌矛盾的统一，矛盾统一了，没有主奴之分，便没有缓冲阶层存在的余地。他们也不能偏袒某一方面，偏袒了一方，使一方太强，有压倒对方的能力，缓冲者也无事可做。所谓"君子和而不同"，便是要使上下在势均力敌的局面中和平相处，而切忌"同"于某一方面，以致动摇均势，因为动摇了均势，便动摇自己的地位啊！儒家之所以不能不讲中庸之道，正因他是站在中间的一种人。中庸之道，对上说，爱惜奴隶，便是爱惜自己的生产工具，也便是爱惜自己，所以是有利的；对下说，反正奴隶是做定了，苦也就吃定，只要能吃点苦就是幸福，所以也是有利的。然而中庸之道，最有利的，恐怕还是那站在中间，两边玩弄，两边镇压，两边劝谕，做人又做鬼的人吧！孔子之所以宪章文武，尤其梦想周公，无非是初期统治阶级的奴隶管理政策，符合了缓冲阶层的利益，所谓道统者，还是有其社会经济意义的。

可是切莫误会，中庸绝不是公平。公平是从是非观点出发的，而中庸只是在利害中打算盘。主奴之间还讲什么是非呢？如果是要追究是非，势必牵涉到奴隶制度的本身，如果这制度本身发生了问题，哪里还有什么缓冲阶层呢？显然的，是非问题是和儒家的社会地位根本相抵触的。他只能一面主张"成事不说，遂事不谏，既往不咎"，

面用正名（君君臣臣，父父子子）的理论，维持现有的秩序（既成事实），然后再苦口婆心地劝两面息事宁人，马马虎虎，得过且过。我疑心"中庸"之庸字也就是"附庸"之庸字，换言之，"中庸"便是中层或中间之佣。自身既也是一种佣役（奴隶），天下哪有奴隶支配主人的道理，所以缓冲阶层的真正任务，也不过是恳求主子刀下留情，劝令奴才忍重负辱，"执中无权，犹执一也"，天平上的码子老是向重的一头移动着，其结果，"中庸"恰恰是"不中庸"。可不是吗？"爵禄可辞也，白刃可蹈也，中庸不可能也"！果然你辞了爵禄，蹈了白刃，那于主人更方便（因为把劝架的人解决了，奴才失去了掩蔽，主人可以更自由地下毒手），何况爵禄并不容易辞，白刃更不容易蹈呢？实际上缓冲阶层还是做了帮凶，"季氏富于周公，而求也为之聚敛而附益之"，冉求的作风实在是缓冲阶层的唯一出路。孔子喝令"小子鸣鼓而攻之！"是冤枉了冉求，因为孔子自己也是"三月无君则皇皇如也"的，冉求又怎能饿着肚子不吃饭呢！

但是，有了一个建筑在奴隶生产关系上的社会，季氏便必然要富于周公，冉求也必然要为之聚敛，这是历史发展的一定的法则。这法则的意义是什么呢？恰恰是奴隶社会的发展促成了奴隶社会的崩溃。缓冲阶层既依存于奴隶社会，那么冉求之辈的替主人聚敛，也就等于替缓冲阶层自掘坟墓。所以毕竟是孔子有远见，"留得青山在，不怕没柴烧"，冉求是自己给自己毁坏青山啊！然而即令是孔子的远见也没有挽回历史。这是命运的作剧，做了缓冲阶层，其势不能不帮助上头聚

敛，不聚敛，阶层的地位便无法保持，但是聚敛得来使整个奴隶社会的机构都要垮台，还谈得到什么缓冲阶层呢？所以孔子的呼吁如果有效，青山不过是晚坏一天，自己便多烧一天的柴，如果无效，青山便坏得更早点，自己烧柴的日子也就有限了，孔子的见地还是远点，但比起冉求，也不过是"以五十步笑百步"而已。结果，历史大概是沿着冉求的路线走的，连比较远见的路线都不会蒙它采纳，于是春秋便以高速度的发展转入了战国，儒家的理想，非等到董仲舒不能死灰复燃的。

话又说回来了，儒家思想虽然必须等到另一时代，客观条件成熟，才能复活，但它本身也得有其可能复活的主观条件，才能真正复活，否则便有千百个董仲舒，恐怕也是枉然。儒家思想，正如上文所说，是奴隶社会的产物，而它本身又是拥护奴隶社会的。我们都知道，奴隶社会是历史必须通过的阶级，它本身是社会进步的果，也是促使社会进步的因。既然必须通过，当然最好是能过得平稳点，舒服点。文武周公所安排的，孔子所发表的奴隶社会，因为有了那样缓和的榨取政策，和为执行这政策而设的缓冲阶层，它确乎是一比较舒服的社会，因为舒服，所以自从董仲舒把它恢复了，二千年的历史在它的怀抱中睡着了。

诚然，董仲舒的儒家不是孔子的儒家，而董仲舒以后的儒家也不是董仲舒的儒家，但其为儒家则一，换言之，他们的中心思想是一贯的。二千年来士大夫没有不读儒家经典的，在思想上，他们多多少少都是儒家，因此，我们了解了儒家，便了解了中国士大夫的意识观念。如上文所说，儒家思想是奴隶社会的产物，然则中国士大夫的意识观念是什么，也就值得深长思之了！

论为己之学
/ 罗 庸 /

《论语·宪问》篇:"子曰:古之学者为己,今之学者为人。"朱子《集注》引用程子的话道:"为己,欲得之于己也;为人,欲见知于人也。"又说:"程子曰:古之学者为己,其终至于成物;今之学者为人,其终至于丧己。愚案圣贤论学者用心得失之际,其说多矣;然未有如此言之切而要者。于此明辨而日省之,则庶乎其不昧于所从矣。"

一部《论语》,论其宗趣所归,一仁字足以尽之;论其致力之方,一学字足以尽之。子夏曰:"博学而笃志,切问而近思,仁在其中矣。"是仁亦涵摄于学。孔子曰:"吾十有五而志于学。"《论语》的记者,也拿"学而时习之"一章冠首。这真是原始要终,彻上彻下,明白了为学之道,便已本末兼赅了。

人之大病,莫过于昏惰无耻,孔子只有对于"饱食终日,无所用心"和"群居终日,言不及义,好行小惠"的两种人,说他们"难矣哉"!又说:"困而不学,民斯为下矣。"孟子也说:"自暴者不可与有言也,自弃者不可与有为也。言非礼义,谓之自暴也;吾身不能居仁由义,谓之自弃也。"因为为仁是由己的,如果你志趣凡下,不耻卑汙,那么,人都不奈你何。孔子说:"不愤不启,不悱不发;举一隅不以三隅反,则不复也。"又说:"不曰如之何如之何者,吾未如之何也已矣。"孟子也说:"不耻不若人,何若人有?"朱子也说过:"不带性气的人,为僧不成,为道不了。"所以"尚志"是学者第一件大事。

尚志便是自强,鞭辟近里,与他人全无干涉。所以《孟子·答王子垫问尚志》说:"仁义而已矣。"如不善会此意,便有以忮求为尚志的,有以妄想寻伺为尚志的,行险侥幸,病目空花,而自以为有志,这正是孔子所谓"患得患失"的鄙夫。学者如能于此处体认明白,则其一段高明俊迈之精神,必有自发而不容己者,这样为学,才是为己之学了。

《荀子·劝学》篇有两句话说:"君子之学也,以美其身,小人之学也,以为禽犊。"真说到为己之学,不但不为禽犊而已,凡逐外徇物,皆是为人。学者且各自问:我今日为学,果真为谋道,不为谋食吗?果真不为名利恭敬吗?果真有一段不容己之精神,坦然奔赴,宁以穷饿无闷,死生不变其操吗?如其未然,那便是实在未尝有志于学,入手便错,何问前途?且教洗髓伐毛,将自欺欺人之习,打扫净尽,实见得人之所以异于禽兽,实见得己之所以异于圣贤,如恶恶臭,如好好色,不怙己过,不恋旧习,才可与说为己之学。

孔子答子路问志，只说个"老者安之，朋友信之，少者怀之"。而自述则曰："吾十有五而志于学。"此言最为无病。学者虽不骛外，但是空悬鹄的，模画圣贤，也便是捕风捉影。如文王之"望道而未之见"，颜渊的"如有所立卓尔"，都是实有所见，才说这话。不然，误会了孟子"舜何人也，予何人也，有为者亦若是"的话，或且预立目标，以与古人铢量寸较，反转变为功利炽然，仁义充塞，其流弊有不可胜言者。只一句"好学"，便是万病尽袪，万行具足，才真是为己之学了。

为己之学只是自知不足，而未尝预拟其止境，这便是下学工夫，至于上达，是不暇计及的。孔子自己是"发愤忘食，乐以忘忧，不知老之将至"的，称赞颜回，说："吾见其进，未见其止。"这都不过真是"日知其所亡"而已。真能日知所亡，必能月无忘其所能，所以颜回是"退而省其私，亦足以发"的。

不足之感还是由好学而来，所谓"学然后知不足"者是。知不足然后能自反，知困然后能自强，都是切实向内的工夫。所谓"反身而诚""尽己之谓忠"，实在皆是好学之事。自知不足则其心愈虚，反身而诚则其心愈实，程子尝说："学者心要实，又要虚。"其意在此。"知之为知之，不知为不知"，是实到极处；"有鄙夫问于我，空空如也，我叩其两端而竭焉"，是虚到极处。致实致虚，才真是为己之学了。

真能虚的人必不骄，真能实的人必不吝。真能虚的人必不忮，真能实的人必不求。真能虚则学不厌，真能实则教不倦。而其实则皆是诚之发现处。诚则明，是虚之用；诚则动，是实之用；诚之全，即仁之体。孔子说:"仁远乎哉?我欲仁,斯仁至矣。"又曰:"为仁由己,而由人乎哉?"能触处反求诸己,即是"无终食之间违仁",能造次颠沛不违于仁,才真是为己之学了。

至诚无息便是自强不息,天行健即是仁者必有勇,所以,真能为为己之学者必是宏毅坚刚,光明俊伟,洒然无累,凝然不滞,夙夜黾勉,而未尝有累于心,无非求有以自得而已。

"自得之则资之深,资之深则居之安,居之安则取之左右逢其源。"所以真能为为己之学者必有及物之功,程子所谓"其终至于成物"者是。因为宇宙内事皆自己分内事,所以仁者与物同体,成物实即尽己之事,仁者并不自知其有及物之功的。舜禹之有天下而不与,孔子叹其巍巍,舜禹并不自知其巍巍也。反之,视天下有一物未康即亏吾性倒是真的。所以成己成物原无二致,其义在此。

否则,竭情利禄,弊力声名,正是《乐记》所谓"物至而人化物"的。己之既丧,成物何由?人生可哀,无过于是!是不可不痛自反省的。

诗 人

/ 罗 庸 /

这是一个很陈旧的题目,已经有许多人讲演过或作过文章。我所以还要讲这个题目,只不过想述说自己的一点看法。我根本不懂外国诗,也不大懂中国的新诗,这里所谈,大半是根据中国旧诗而说的。

诗人一名,大概在战国时就有了。《楚辞·九辩》:"窃慕诗人之遗风兮,愿托志乎素餐。"从此便成为两汉人习用的名词。

辞赋兴起以后,又有了"辞人"一个名词,与诗人相对待。扬子《法言·吾子》篇:"诗人之赋丽以则,辞人之赋丽以淫。"足见汉人把诗人看得很高。

六朝人尊视屈赋,以为上不类诗,下不类赋,于是又造了"骚人"一个名词。昭明太子《文选序》说:"又楚人屈原,含忠履洁,君匪从流,臣进逆耳,深思远虑,遂放湘南。耿介之意既伤,壹郁之怀靡愬，临渊有《怀沙》之赋，吟泽有憔悴之容，骚人之文，自兹而作。"后人遂以骚人之文，与变风变雅等量齐观。李白《古风》："龙虎相啖食，兵革逮狂秦。正声何微茫，哀怨起骚人。"正袭《文选序》之意而来。大致自战国至盛唐，诗人骚人，始终是很尊贵的名词。

宋代以后，忽然又有"墨客"一个名词出来，与骚人相对待。这名词不知始见何书，但彭乘的笔记就题名《墨客挥犀》。自从这名词出来以后，凡能作两句歪诗者，就都以骚人墨客自居。其名愈俚，其实愈滥，几至不可究诘。但有一件事是好的，便是从此很少有人唐突诗人这一个尊称。

近二十年来，新诗发生，由外国诗的影响，诗人一名，才又在新文坛上出现。于是，凡有一两本诗集出版者，大家便群以诗人呼之。诗人一名，几乎代替了当日的骚人墨客。

我不知道在外国是否应当如此，若在中国，诗人一名，是不应该如此滥用的。

所以，诗人这个题目，有重讲一次之必要。

记得闻一多先生在一篇文章里曾经说过，"诗"和"志"古来本是一字，志就是史志，所以诗人也便是史官。这话非常确切。《毛诗·关雎序》说："至于王道衰，礼义废，政教失，国异政，家殊俗，而变风变雅作矣。国史明乎得失之迹，伤人伦之废，哀刑政之苛，吟咏情性以风其上，达于事变，而怀其旧俗者也。"孟子也说："王者之迹熄而诗亡，诗亡然后春秋作。"可见诗之用即史之用，诗人也就等于秉笔的史官。

史官是多识前言往行的，所以诗人必须是蓄德的君子。

《易·大畜象辞》："天在山中，大畜。君子以多识前言往行以蓄其德。"《小雅·四月之卒》章："君子作歌，维以告哀。"这作歌的君子，便是诗人。

多识前言往行以蓄其德，便是博文约礼的工夫，《论语·雍也》篇："子曰：君子博学于文，约之以礼，亦可以弗畔矣夫。"颜渊赞叹孔子，也说："夫子循循然善诱人，博我以文，约我以礼。"所以诗人必须好学下问，虚己受人，内之为集义择善之资，外之为鉴往知来之助，迨其深造自得，由博反约，自然卓尔有立，笃实光辉。诗人之大本大源，全在于此，试看大小雅里那些忧时念乱的诗人，哪一个不是多识前闻，强立不反的？如《大雅·召旻》之五章："维昔之富不如时，维今之疚不如兹。"七章："昔先王受命，有如召公，日辟国百里；今也日蹙国百里。于乎哀哉，维今之人，不尚有旧！"如《小雅·小旻》之四章："哀哉为犹，匪先民是程，匪大犹是经；维迩言是听，维迩言是争。如彼筑室于道谋，是用不溃于成。"如果不是娴习史事，深明于治乱之故，如何说得出来？就是屈原，也是因为"明于治乱"，才能坚决地说"彼尧舜之耿介兮，既遵道而得路；何桀纣之猖披兮，夫唯捷径以窘步"的。后世诗人，如陶渊明，也是"历览千载书，时时见遗烈"，才能"高操非所攀，深得固穷节"的。如果德之不修，学之不讲，闻义不能徙，不善不能改，纵令终日俪白妃青，嘲风弄月，正是孔子所谓"群居终日，言不及义"者，如何算得诗人。

君子是"无终食之间违仁"的，所以诗人必须纯是一片民胞物与之怀。因为仁者是"己欲立而立人，己欲达而达人"的，视天下一物未康，即亏吾性，才能够同天下之忧乐，忘一己之得失，此非真能克己复礼者不知也。三百篇之伟大不可及，正在此处。如《大雅·民劳》："民亦劳止，汔可小康。惠此中国，以绥四方。无纵诡随，以谨无良。式遏寇虐，憯不畏明。柔远能迩，以定我王。"如《小雅·节南山》之五章："昊天不佣，降此鞠汹。昊天不惠，降此大戾。君子如届，俾民心阕。君子如夷，恶怒是违。"以及《大雅》的《板》《荡》，《小雅》的《正月》《十月之交》《雨无正》《小旻》各篇，莫不恫诚恻怛，字字血泪，而绝与作者个人之得失荣辱无关。自诗教废坏，作者之心量日狭，蔼然仁者之言，日以少见，除了《离骚》的"长太息以掩涕兮，哀民生之多艰"，杜子美的"穷年忧黎元，叹息肠内热"，颇得诗人之旨外，如阮籍《咏怀》，陈子昂《感遇》，元白《新乐府》，只算得"其余则日月至焉而已矣"。此外硁硁自守，归洁其身者流，都只算得自了汉，不得称为诗人的。如终日孜孜，只在自身利害上打妄想，便是不仁之甚，所谓哀莫大于心死者，此正诗人之所悲愍，又如何算得诗人！

多识前言往行便能彰往察来，所谓因革损益，百世可知，才能于其所学，确然不惑，所以诗人必须是事烛几先的知者。因为真能克己复礼者，必能寡欲养心，此心不为物蔽，则深静虚明，无微不照，所谓至诚之道，可以前知也。如《小雅·正月》之四章："瞻彼中林，侯薪侯蒸。民今方殆，视天梦梦。既克有定，靡人弗胜。有皇上帝，伊谁云憎。"如《魏风·园有桃》："园有桃，其实之殽。心之忧矣，我歌且谣。不知我者谓我士也骄。彼人是哉，子曰何其。心之忧矣，其谁知之？其谁知之，盖亦勿思。"所谓"视天梦梦""其谁知之"，皆众人皆醉，诗人独醒之境。以一醒处众醉，虽大声疾呼，终无救于沦胥，此千古人类之悲剧也。屈原最能不疑于其所行，所以《离骚》里一再地说："瞻前而顾后兮，相观民之计极，夫孰非义而可用兮，孰非善而可服？""惟夫党人之偷乐兮，路幽昧以险隘，岂余身之惮殃兮，恐皇舆之败绩。"真可谓掬出肝胆。此后如杜子美的《自京赴奉先县咏怀》《悲陈陶》《悲青坂》《留花门》，白乐天《新乐府》里《立部伎》《时世妆》各篇，都有见微知著的意思，去风雅未远。诗人之即为哲人，正在此处。若乃奋然媚世，随波逐流，甚至长君之恶，文过饰非，则是侧媚小人，曾俳优之不若者，又如何算得诗人！

知者必不惑，仁者必有勇，所以诗人必能以天下为己任。孔子的"吾岂匏瓜也哉，焉能系而不食"，孟子的"如欲平治天下，当今之世，舍我其谁"，最能见此精神。屈原的"乘骐骥以驰骋兮，来吾道夫先路""忽奔走以先后兮，及前王之踵武""怀朕情而不发兮，余焉能忍与此终古"，更纯是一片迈往之怀。盖有猷有守则必欲有为也。但必须真是能知能仁，才不是欺人之谈，否则徒作大言而已。如杜子美的"许身一何愚，窃比稷与契""致君尧舜上，再使风俗淳"，大概还有几分把握；像李太白的"我志在删述，垂辉映千春。希圣如有立，绝笔于获麟"，恐怕便是无验之谈了。后之作者，或离群绝世，甘自隐沦，或猖狂妄行，大言欺世，都是不得中行，有违敦厚温柔之旨，都算不得诗人的。

唯仁者能好人，能恶人，所以诗人对于并世的小人，十分痛恶。如《小雅·巷伯》之六章："彼谮人者，谁适与谋？取彼谮人,投畀豺虎;豺虎不食,投畀有北;有北不受,投畀有昊!"如《鄘风·相鼠》之卒章:"相鼠有体,人而无礼;人而无礼,胡不遄死!"表面看来,似乎疾恶太严,实则正是诗人的好仁之验。孔子说:"我未见好仁者,恶不仁者。好仁者无以尚之,恶不仁者其为仁矣,不使不仁者加诸其身。"屈原是疾恶如仇的,但比《巷伯》《相鼠》的诗人就敦厚多了,《离骚》只不过说"众皆竞进以贪婪兮,凭不厌乎求索,羌内恕己以量人兮,各兴心而嫉妒"而已。后世诗人之刺时,或隐晦其词,或间杂比兴,终莫敢直谏,然犹不免以文字取祸。风谏之义,遂不得不与日俱衰了。

好善恶恶便是"直道而事人",那结果是"焉往而不三绌",所以诗人往往不谐于时,不是放逐迁流,便是穷而在下。诗人怀了一腔忠悃,所遇到的是冷水浇头,悲愤怨诽是当然的事。但诗人是温柔敦厚的,哀乐不过其中,所谓"国风好色而不淫,小雅怨诽而不乱"。所以孔子说:"小子何莫学夫诗,诗可以兴,可以观,可以群,可以怨。"在文学上讲,这不乱的怨诽,感人更深。如《邶风》的《北门》:"出自北门,忧心殷殷,终窭且贫,莫知我艰。"可算得怨了,但他下面却说:"已焉哉,天实为之,谓之何哉!"如《鄘风·柏舟》的"母也天只,不谅人只",《卫风·氓》的"反是不思,亦已焉哉",都是忠厚之至的。因为诗人是躬行忠恕的,绝不怨天尤人,但责之于己者却是十分鞭辟入里,所谓反身而诚也。大概诗人于行有不得处,则必自反,这便是克己工夫。自反而仁,而有礼,而忠,则俯仰无惭,益坚自信,其发于诗者,必是峻峭堑绝,不磷不淄。三百篇里忠臣烈女的作品,没有一篇不是至大至刚的,如《邶风·柏舟》之三章:"我心匪石,不可转也。我心匪席,不可卷也。威仪棣棣,不可选也。"《小雅·十月之交》之卒章:"悠悠我里,亦孔之痗。四方有羡,我独居忧。民莫不逸,我独不敢休。天命不彻,我不敢效我友自逸。"无一不足以廉顽立懦。屈原的《离骚》,这态度尤其鲜明,如说:"忳郁邑余侘傺兮,吾独穷困乎此时也。宁溘死以流亡兮,余不忍为此态也!"又说:"民生名有所乐兮,余独好修以为常。虽体解吾犹未变兮,岂余心之可惩!"千载之下读之,犹为神往。后世的诗人,只有渊明的"且共欢此饮,吾驾不可回",子美的"居然成濩落,白首甘契阔。盖棺事则已,此志常觊豁",犹有诗骚遗意。盖克己复礼便是无欲则刚,而刚毅木讷,亦即仁之发露。自学与文离,能躬行者未必能诗,能诗者未必有行,风人日少,诗教日衰,一切都说不上了。

诗人到了宁溘死以流亡,不但亢龙有悔,简直剥床及肤了,这时旁观者本其爱护之心,必然替他想法开些门路。最简单的办法是贬节,如陈代劝孟子枉尺应辱,女媭戒屈原婞直亡身,田父劝渊明"一世皆尚同,愿君汩其泥",都是这一类。诗人之究为苏武抑为李陵,都在此一念之间。我们不能如渊明的"贫富常交战,道胜无戚颜",则一失足成千古恨,也不是很难的事。其次的办法是隐沦,如楚狂接舆、长沮、桀溺之讽孔子。再次的办法是去而之他,如灵氛告屈原的吉占。大概战国的游士都是走灵氛的路,自好的诗人,都是走长沮、桀溺的路,《卫风·考槃》便是这一类。这一类在中国文学史上为数独多,所谓穷则独善其身者是。如王维《终南别业》诸诗,清则清矣,恐怕去仁日远了。

《礼记·经解》篇说："诗之失愚。"孔子又说："好仁不好学，其蔽也愚。"在歧路上的诗人，如果不能以好学的知来调理力行的仁，则眼前只有杀身成仁之一途，屈原便是走的这一条路。在他自己是求仁得仁，一切圆满；但投之以仁者不忧之几，屈原又只能称为骚人了。

　　仁者何以能不忧呢？孔子曰："乐天知命故不忧。"自经沟渎的匹夫，大半是硁硁自守的狷者。若说到无入而不自得的境界，则自杀犹为苟免于时也。直是自强不息、与天合德，才得超凡入圣。古今诗人，只一渊明到此境界，但看"栖迟固多娱，淹留岂无成"，是何等自知？"脂我名车，策我名骥，千里虽遥，孰收不至"，是何等自勉？"此中有真意，欲辩已忘言"，又是何等自得？以视子美的"自断此尘休问天，杜曲幸有桑麻田""问法看诗妄，观身向酒慵"，何啻霄壤！到此境界，诗人亦即是哲人了。

　　本来，整个的宇宙人生即是艺术，圣贤豪杰、忠臣孝子，诗歌、戏曲、音乐、国画、建筑、雕刻，不过是表现的方法不同而已。诗人所用的工具便是有韵律的文字语言。有些人一生的历史便是可歌可泣的一篇诗，但我们不称他为诗人，就因为他不是用诗的文字表现自己的。所以诗人对于自己所使用的语言文字，必须令其技术精熟，得心应手。这也便是多识前言往行的自然收获，所谓"别裁伪体亲风雅，转益多师是汝师"也。能仁便能与物同体，杜子美的"黄莺并坐交愁湿，白鹭群飞太剧乩"[1]，姜白石的"数峰清苦，商略黄昏

---

[1] 应为"黄鹂并坐交愁湿，白鹭群飞大剧干"。——编者注

雨",皆是此境。识此则莺飞鱼跃,无物不活矣。此心能虚静则能体物入微,杜子美的"仰蜂粘落絮,行蚁上枯梨""细雨鱼儿出,微风燕子斜",绝不同于纤巧小家,即在其能静观自得,非刻意求之也。能写静态者必能写动态,杜子美的《茅屋为秋风所破歌》,"茅飞渡江洒江郊,高者挂罥长林梢,下者飘转沉塘坳",三句中用了八个动词;李太白的《战城南》,"乌鸢啄人肠,衔飞上挂枯树枝",两句中用了四个动词,在他人罕能有此,实在都由静观而来,杜子美所谓"静者心多妙"也。能写物态者必能写事态,如子美的《新安吏》《石壕吏》《兵车行》,亦不过是写茅屋秋风的一副眼光。能写事境者必能写情境,子美的《无家别》《垂老别》,和《梦李白》比较,初无亲疏彼我之分,爱人如己故也。能写情境者必能写理境,子美的"水流心不竞,云在意俱迟",何遽不若"三夜频梦君,情亲见君意"也。

所以,一切学问的入手处,如能从根本中来,则振本而末从,知一而万毕。学诗若先从词华技巧上着手,便是已落二乘,况下于此,其何以自致于高明?

上来所讲,似乎陈义太高,使人不可企及;然取法乎上,仅得乎中,在此诗教废坠之秋,介绍一点先民典型,也是分内之事。所谓"中道而立,能者从之",当仁不让,是在达者。

思无邪

/ 罗　庸 /

几年前，在杭州，偶然和友人戴静山先生谈《诗经》，说起《论语·为政》篇"诗三百，一言以蔽之，曰：思无邪"这一章，觉得不容易用浅喻一语道破。古今善说此章者无如程子，那是再简要没有了；却被朱子引作旁参，集注里还是说使人得性情之正一类的话。清代汉学家说《鲁颂》，更多新解，但和《论语》此章大义，全无关涉；也许《鲁颂》的思无邪另有本义，但至少孔子引用时，已非旧义了。集注立意要圆成美刺法戒之说，却无意中已落到"道着用便不是"的地步。我以为最好还是程子的话："思无邪者诚也。"这真是一语破的之论。以质静山先生，颇以为然。

越年夏，住在北平的香山，记起数年前和友人谢似颜先生说过的一段戏谈，正不妨翻转来说明此义；当时便想把这一段意思写出来，却始终没有动笔。

其后卧病西湖蓬庐家中，随手翻阅《朱子语类》，发现说此章的十几条中，先后颇不一致。如有一条是：

> 问：思无邪，子细思之，只是要读诗者思无邪。曰：旧人说似不通，中间如许多淫乱之风，如何要思无邪得？如止乎礼义，中间许多不正诗，如何会止乎礼义？怕当时大约说许多中格诗，却不止许淫乱底说。

照此解释，如何还是"诗三百一言以蔽之"呢？但后来说法就变了，如另一条说：

> 思无邪乃是要使读诗人思无邪耳。读三百篇诗，善为可法，恶为可戒，故使人思无邪也。若以为作诗者思无邪，则《桑中》《溱洧》之诗，果无邪耶？某诗传去小序，以为此汉儒所作，如《桑中》《溱洧》之类，皆是淫奔之人所作，非诗人作此以讥刺其人也。圣人存之，以见风俗如此不好，至于作出此诗来，使读者有所愧耻而以为戒耳。

此外如说"淫奔之诗固邪矣；然反之则非邪也。故某说其善者可以感发人之善心，恶者可以惩创人之逸夫"。如说"集注说要使人得情性之正，情性是贴思，正是贴无邪，此如作时文相似，只恁地贴方分晓"。都是要维持那一贯的法戒之说，实在和三百篇当谏书相去无几。集注虽不废程子之说，但语类[1]里对于问程子之说的，却不免支离其词，泛然答应。如说：

> 思无邪不必说是诗人之思及读诗之思，大凡人思皆当无

---

[1] 即上文《朱子语类》。——编者注

>邪。如毋不敬不必说是说礼者及看《礼记》者当如此，大凡人皆当毋不敬。

便几乎与本题无关了。只有一条似略近程子之意，但嫌用力太过，然法戒之说没有了却是好的：

>问：《诗》说思无邪，与《曲礼》说毋不敬意同否？曰：毋不敬是用功处，所谓正心诚意也。思无邪思至此自然无邪，功深力到处，所谓心正意识也。

这便比以前的许多话直接平易得多了。尤其是自然无邪四个字，当颇有所见。可惜为三百的作者未必都是功深力到者，则此段所说，还是贴读者一面为多，集注既成显学，连这些话都少人注意了，致令法戒之说，一脉独传，历数百年而无异论。

说古书只要少存些春秋为汉制法的意思，葛藤便会剪除不少；况且《论语》本文只说"诗三百，一言以蔽之，曰：思无邪"，并未说"其义使读者归于无邪"，则美刺法戒之说，于何安立？

所以思无邪最好就是思无邪，不须旁征博引，更不须增字解经，若必须下一转语的话，那么，"思无邪者，诚也"。

记得几年前有一位学体育而嗜好文学的朋友谢似颜先生和我谈文学，他说：读一篇好的文章，确有如珠走盘之感；坏的文章便只觉得直率呆板，没一点灵活。我道：我从前有一种说法，我戏称它为"几何文学论"：那有句无章的文字，譬如许多点，勉强联起来也不成贯串，《文心雕龙·附会》篇所谓"尺接寸附"者是也。有章无篇的文字譬如线，《文心·章句》[1]篇所谓"跗寻相衔，首尾一体"，只是不脱节而已。成篇的文章譬如面，《文心·熔裁》篇所谓"三准既定"的文字便是。等到横看成岭侧成峰，那便是立体的文字了。工夫再深些，笔势圆转到成了球体，那就如珠走盘了。

这原是一段笑谈，但不妨借来说明文学外形的工拙；至于思无邪，诚，却是文学内在的境界，其方向与此恰相背驰。

我们读一篇好的作品，常常拍案叫绝，说是"如获我心"，或"如我心中之所欲言"，那便是作者与读者间心灵合一的现象，正如几何学上两点同在一个位置等于一点一般。扩而充之，凡旷怀无营，而于当境有所契合，便达到一种物我相忘的境界，所谓"此中有真意，欲辩已忘言"，这便是文学内在的最高之境，此即诚也。诚则能动，所以文境愈高，感人愈深。

思无邪便是达此之途，那是一种因感求通而纯直无枉的境界。正如几何学上的直线是两点之间最短的距离一般。凡相感则必求通，此即思也，无邪就是不绕弯子。思之思之，便会立刻消灭那距离而成为一点。孔子说："仁远乎哉？我欲仁，斯仁至矣。"孟子说："思则得之，不思则不得也。"思得仁至，必须两点之间没有障碍不绕弯子才行。

"古之愚也直"，所以愚人是不会绕弯子的；"诗之失愚"，所以不绕弯子也便是好诗。绕弯子就是有邪，有邪就是未尝真思。

"唐棣之华，翩其反而，岂不尔思？室是远而。"孔子曰：

---

[1] 《文心》指《文心雕龙》。后不再一一注释。——编者注

"未之思也，夫何远之有！"其病就在绕了一个弯子。假如孔子有删诗的一回事，则此诗之逸，必是为了有邪无疑。

所以文字的标准只须问真不真，不必问善不善，以真无有不善故。天下事唯伪与曲为最丑，此外只要是中诚之所发抒，都非邪思，一句"修辞立其诚"而善美异矣。

性情的界域到直线为止，文学内容的界域也到直线为止，一入于面便是推理的境界，举一反三，告往知来，便都是推理之境，非复性情之所涵摄了。

理智到成了立体便是过胜，俗语说"八面玲珑"，即言其人之巧黠。成了球体便是小人之尤，元次山之所以"恶圆"，恶其滑也。

故文学内在之境以点为极则，文学外形之标准却要成球体，看似相反而实相成。盖文笔不能如珠走盘只是无力，而无力之故，由于内境之不诚，倘使一片真诚，未有不达者，达则如珠走盘矣。

所以思无邪不只就内容说，外形之能达实亦包括在内，此所以"一言以蔽之"也。

诗的境界

/ 罗　庸 /

各位，今晚的讲题是"诗的境界"。

什么是诗的境界呢？我们平常游览一处名山胜迹，或是看到一所园林的布置，遇到赏心悦意的时候，常常赞美着说：这地方颇有诗意。苏东坡称赞王维，说："观摩诘之诗，诗中有画；味摩诘之画，画中有诗。"这"有诗意""画中有诗"，即言其园林或绘画中含有诗的境界。

境界就是意象构成的一组联系。意象是一切艺术的根源，没有意象就没有艺术。照相馆里普通的摄影，虽然毫发毕肖，但我们不把它算作艺术品，就因为它缺乏意象。凡艺术必本于现实，而一切现实不得称为艺术者，就因为艺术是在现实上加了一番删汰练绎的工夫，又加了一番组织配合的想象。鉴赏艺术的人，所得的快慰，是在那一段表现的手法，而不在具体事物的本身。艺术家本领之高下，也就是手法的高下，这手法即是意象。意象构成一组的联系，浑全不可分地表现出来，便是境界。

现实有具体的存在，而境界则存于艺术家的想象中，所以它可以神变无方，不拘一格。尽管有美的现实，倘无艺术家的创造，便可以转神奇为臭腐；反之，尽管很平凡的事物，经过艺术家的创造，也可以化臭腐为神奇。所以，在一初的艺术中，现实的地位不过占十分之一，艺术家的手法却占十分之九。因此，我们可以说，境界是一切艺术生命的核心。

广义地说，文学也是艺术的一部门，只不过表现的工具不同而已。造型艺术所利用的材料是颜料或石膏，文学所利用的是语言文字，工具虽异，其所表现的境界则同。但是一切造型艺术非有具体的意境就无法表现出来，而语言文字则可以在不够具体或超过具体的程度中有所表现。所以，文学不离语言文字，而语言文字不就是文学。诗是最纯粹的文学，所以诗的境界也就是最纯粹的艺术境界。照此而论，诗就是艺术，应该没有问题的了，却不料问题更多。

原来诗除了意象以外，还有音律、格式，许多原素。意象的创造很难，而音律、格式则学会甚易，许多没有境界的语言文字，也可以假借诗的形式表现出来。最明显的如《马医歌括》之类不用说了；便是略有境界而不够诗的程度的作品，也可以用诗的形式出现。因此，诗境的问题，也就头绪纷繁。

大概没有艺术修养的人，眼中所见，唯有物境。这和初有知识的小孩差不多，只会看见个别的具体事物，而不会说明物与物之间的关系。《声律启蒙》里的"云对雨，雪对风，大陆对长空"，便是一类。在坏一方面说，只会堆砌事物的绝不能叫作诗；在好一方面说，文人的本领有时也偏爱在此处出奇制胜。王褒的《僮约》，韩愈的《画记》，其所根据的只是一些具体的事物，但他们用一种巧妙的手法，把这些事物联络起来，便成为有组织的文章。然而毕竟无意味之可言。

比物境略高一筹的是事境，那是较为注意到物与物之间的关系而说明其联系者。笑话中说的："檐前飞四百，楼上补万草。墙高猫跳'咚'，篱密狗钻'吭'。"便是这一类。大致长篇的赋往往利用这些字句铺陈篇幅，但在诗中便不容许了。有些作家在没有办法的时候，便用一些华丽字句遮掩事境，如秦少游的"小楼连苑横空，下窥绣毂雕鞍骤"。东坡讥笑他说："十三个字不过说有车马从楼前过。"便是这一类。事境虽非诗境，但在语言文字上已经要费安排。相传欧阳修在史馆，和宋郊、宋祁同记马踏犬的事。或说："适有奔马，一犬遇之而毙。"或说："有犬死于奔马之下。"最后还是欧阳修说："适有奔马，踏死一犬。"这故事正说明散文所需要的是事相的说明，而不是意境的创造。也就是说：只到语言的组织，而不到艺术的构成。

写景的句子，本也属于事境，但能入诗的写景语必须兼有感情，至少也要能在景中表出作者的感觉，或是事物的动态。唐人咏瀑布有句云："一条界破青山色。"大为宋人所讥，就因为它既无感觉，又非动态。像王维的"山中一夜雨，树杪百重泉"，便被称为体物甚工，就因为写得出动态来。到了"曲终人不见，江上数峰青"，已经入于情景交融之境了；至若"数峰清苦，商路黄昏雨"，便是以情语为景语，超出事境的范围了。

比事境再高一筹的是情境，原来一切的感情必有所托才能表现，所谓"其歌也有思，其哭也有怀"，单纯的歌哭是不容易表现的，此所以情语必须兼是景语。彼此分数的多少，便有刻露与含蓄之分，而在艺术的原则上说，含蓄高于刻露。也就是说，寄托越深远，便是表情越深远。"何不策高足，先据要路津。无为守穷贱，坎坷常苦辛"，固然有一段率真之致；但比"苦恨年年压金线，为他人作嫁衣裳"，便觉后者婉约多了。北朝乐府的"驱羊入谷，白羊在前，老女不嫁，蹋地唤天"，固然质朴可喜；但比白居易《上阳人》的"惟向深宫望明月，东西四五百回圆"，便觉《上阳人》的格调高多了。文学本来以表情为主，情不虚设，所以情景交融，便是最高之境，再加以寄托深远，便是诗境的极则了。

驾于情境之上，而求超出，便是理境，文学的界域与哲学的界域就在这里分途。守住文学界域而参入理境，可以使意境更高；但太高了，也可以使文学的温情变为枯冷，使人读了有高处不胜寒之感。若舍弃情境而单纯说理，那就脱离文学的范围了。陶渊明的"日暮天无云，春风扇微和"，王船山说有灵台无滓之意，但仍旧是诗，不是说教的口号。像王维的"独坐幽篁里，弹琴复长啸。深林人不知，明月来相照"，虽然有"白石清泉万古心"之意，但已近于幽寂了。至于像邵康节的《击壤集》有"初分大道非常道，才有先天未后天"一类的话，那简直不是诗了。唐朝的王梵志喜用白话作诗说教，看了只令人有标语口号之感，如说："城外土馒头，馅草在城里。一人吃一个，莫嫌没滋味。"可谓情景俱无。

诗境的最后是无言之境，非但情景交融，兼且物我两忘，所以渊明的"采菊东篱下，悠然见南山"，传为千古名句。后世唯李白的"众鸟高飞尽，孤云独去闲。相看两不厌，惟有敬亭山"，约略似之。而说理诗反倒无法到此境界，就因为说理诗完全在那里运用理智，而真诗所需要的是感情。感情期于合，理智期于分，情景交融，物我两忘之境，由理智出发是无法达到的。理事无碍，仍须经过感情也。

综合上面所说，诗的境界，下不落于单纯的事境，上不及于单纯的理境，其本身必须是情景不二的中和。而一切物态、事相，都必须透过感情而为表现；一切理境，亦必须不脱离感情，所以感情是文学的根本。"诗以理性情"，其意在此，音律格式，不过是诗的皮毛而已。

《礼记·孔子闲居》篇，孔子谓"夙夜基命宥密"为无声之乐，懂得了无声之乐，便懂得了诗的境界；懂得了诗的境界，才算懂得文学。

欣　遇

/ 罗　庸 /

王羲之在《兰亭集叙》[1]里有这样的几句话：

> 夫人之相与俯仰一世，或取诸怀抱，晤言一室之内；或因寄所托，放浪形骸之外。虽取舍万殊，静躁不同，当其欣于所遇，暂得于己，快然自足，曾不知老之将至。及其所之既倦，情随事迁，感慨系之矣。

这"欣于所遇，暂得于己"八个字，括尽了东晋人的生活风度，更括尽了一部陶诗。

宇宙人生本来是纯美的，一沙一石，皆得天全，随其所遇，无不可以欣然自足。但假如你不会领略，你便当面错过，所谓"视而不见，听而不闻，食而不知其味"，或是看朱成碧，随处失真。整个的

---

[1] 即《兰亭集序》。——编者注

宇宙在你的境界里，是支离破碎，毫无是处。你方愁眉苦脸之不暇，还谈得到什么欣然？

或许你不甘心于这破碎支离，而要在你的宇宙中追求一个全美的所在。于是，你有许多听来的或想出来的原则和理论，帮助你构造成一个理想的天国，你便终日神游于其中。这样，也许你不十分苦脸愁眉了，但又变成整天做梦，做梦的结局，也一定不怎样欣然。

不能欣然便是无所得，虚度此生，枉自愁苦，人生可哀，无过于是！此其故说来太长，简单地说，就为了众生的习心不能"无住"。一有所住，便有所蔽，把一个周流六虚无所不在的心弄成有所不在，重者使天地为之变色，轻者也是东面立而不见西墙。

记得《韩非子》里有一段故事：说有一个人丢掉一把斧子，疑心是邻家的孩子偷去了，出来进去越看越觉得邻家之子像偷了斧子的人。过后自己把斧子找着了，再看邻家之子，怎么看怎么不像偷斧子的人了。这个人当其失掉斧子的时候，他的心住在斧子上，斧子便是他的宇宙。说也难怪，大概他的所有也只是一把斧子。孔子是三四十岁便已超凡入圣的了，他老人家在齐闻韶，还三月不知肉味呢，何况一般具缚凡夫！

人心所住，千差万别，所谓人心不同，各如其面，于是各人眼中的世界，也便万有不齐。高一点说是一花一世界，一叶一如来；说坏了便是公说公有理，婆说婆有理。同然之不得，物论之不齐，矛盾纷争，都由此起，所谓"辩也者有不见也"。最可悲的是那么一个真实纯美的宇宙，法尔现前，反倒熟视无睹，古今哲人所最痛心的，无过于此！因为宇宙人生之实相即是自性，不见宇宙人生便是不见自性。糊里糊涂活了几十年，竟和自己的本来面目见面不相识，未免太辜负此生了。

世尊当日在舍卫国只树给孤独园，与大比丘众千二百五十人俱，长老须菩提殷勤请问："善男子，善女人，发阿耨多罗三藐三菩提心，云何应住？云何降伏其心？"世尊于是为说一部《般若》，归纳起来，不过是一句话："应无所住而生其心。"善哉善哉！若心有住，即为非住，若见诸相非相，即见如来。

诸佛出世唯此一大事因缘，但是"或有人闻，心即狂乱，狐疑不信"。不得已而求其次，则在中土有孔老二家。

孔子那一副"发愤忘食，乐以忘忧，不知老之将至"的精神，凌厉无前，万夫莫御，直是一鞭一条痕，一掴一掌血。当其一旦豁然贯通之际，才真是一了百了，一全一切全。乃知"朝闻道，夕死可矣"，绝非一句空洞的话。但在未达巅顶，直不容你有息肩喘息之余暇，更何况驻足中途，玩弄光景？以颜渊之贤，犹有喟然之叹，无怪宰我、子贡要半道告劳了。

不能在先难后获中体味那一段"与点"之怀，便有老子那一套虚静观复之说。那是藏身于沌沌闷闷而把整个的宇宙看得个原始要终。长处是静观而有所得，短处呢，这静观自得也是一个"所住"。并且执着转深，过分吹求的结果，把一个纯全的宇宙追求得疵病百出。本来只在有为法上着眼便没有完全无病的，你越吹求，疵病自然越多，结果反使自己陷于不退不遂。因为，你到底是口说方外，身在环中的呀！

一切法都是致远恐泥，过犹不及，中和虽似平庸，乃真有其可贵者在。东晋人物的生活风度，于佛、于孔、于老，哪一家都不够；而卒其所就，乃为他人之所不及，则在他们有那一点中和。

那就是说：他们能在入世的生活中，保有一段出世的心情，便时时在超悟中体会到一些人生真意。东晋人的生活风度其可爱在此。

东晋的世族本来都是些阀阅高门，但过江后却都努力接近自然，这便是儒道交融的现象。这里所谓接近自然不徒是纵情山水，乃是指的他们能虚心会理，调理性情。泛应是儒家态度，而虚静是道家态度。东晋人所有的乃是于泛应万事当中常常保有那一段虚静，使此心时时有一点无住的意味，迨其旷怀无营，刹那虚寂，便会有一段真意，油然现前。这在晋人叫作"遇"，或叫作"会意""会心"。如渊明说："五六月中，北窗下卧，遇凉风暂至，自谓是羲皇上人。"又如："好读书，不求甚解，每有会意，便欣然忘食。"《世说》[1]记简文入华林园，谓："会心处不在远，翳然林木，便尔有濠濮间想。"都是此境。遇者非出营求；无前后际，会心者心与物化，内外两忘，这都是真意之所在。这一种态度很近于道家，但能没有道家的毛病，就在是暂非常，事过即舍，不至于执持不释，转成客尘。如上文所引的"凉风暂至""暂得于己"，都是此意。此得于己者虽为时很"暂"，但毕竟是"得于己"，故能"欣然"。盖在不得之时，虽历亿劫终究是黑漆皮灯笼，一旦遇而有得，则虽一弹指顷亦三大阿僧只劫也。以是之故，其乐初与孔颜不殊。所谓"不知老之将至""欣然忘食"，绝非唐大无验之谈，盖可知矣。

---

[1] 即《世说新语》。——编者注

暂得于己之境绝非难得之境，所谓"俯拾即是，不取诸邻"者也，道在矢溺，奚待复求？若不现成在前，即不足证明法尔如是。而见与不见，显晦有时，又非人力之所能为。南山飞鸟，振古如斯，而必待东篱采菊乃始悠然见之，则以此时之心无所住也。心无所住则鱼跃鸢飞，活泼泼地，虽属臭腐，亦是神奇。到此乃体会到全妄即真，不遗一法，全体大用，一旦现前，安得不欣然快然？

跟着欣然快然而来的便是那事过境迁的一段惋惜之情，这便是感慨系之的"慨"，渊明所谓"欣慨交集"者是也。忘言之后，首先感到的是那鏖舟迁流的逝者如斯，转顾芸芸，弥复可悯。这一段心情，有惋惜，有慨叹，有低回吟味，有讽咏流连，此乃正是出入天人，蹀躞圣凡之会。欣者乐其天，慨者悲其人，存乎己者恒有余，而存乎人者常不足，此圣哲所为欣慨也。

由欣拓开去便是至乐，由慨拓开去便是大悲，但东晋人却只到欣慨而止，其可爱在此，其不究竟也在此。

渊明喜说闲静，闲静是欣遇之根。而此闲静必仍寓于劳生，始不沉空住寂，转成坐驰。渊明所谓"勤靡余劳，心有常闲"者，实是一番居敬工夫，此又属儒生家业，盖以提掇息妄，与任运放倒又不同也。

呜呼！行也布袋，坐也布袋，放下布袋，何等自在。山静似太古，日长如小年，唯息心者知之。

略谈哲学的用处

/ 冯 友 兰 /

现在清华及中英庚款董事会所举办的留学考试，真可以算是国家的"抡才大典"。其中科目的规定，也要经过很繁重的手续。就清华说，每届考试举行以前，先由清华校务会议拟定本届应考科目，及每科目录取名额。然后提交评议会通过，评议会通过以后，再由校呈请教育部核准。教育部将清华所拟科目修正以后，又提出行政院会议。行政院会议将教育部提案交有关部会组织委员会核议，核议以后再提交行政院会议正式通过。正式通过后，再由院令达教育部。教育部奉令后，再令饬清华遵办。这是见于公文的手续。所以每次考试所规定的科目，都要经过这许多关口，方能决定。在每一个关口中，主张要考每一个科目的人，都要准备"舌战群儒"。

自从清华改为入学举行留学考试，十四年来，只有一次有哲学一科，名额一名，一次有逻辑一科，名额一名。近几年来，每次留学考试，所规定的科目，大概都是工程方面的。下届留学考试，在校中经过许多争辩，才算是为文科方面争到了四名名额，其中有一名规定为专攻西洋哲学史。历年哲学系毕业的学生，都欣喜相告，以为可有个出国的机会。谁知公事送到重庆，不知于过哪一个关口时，哲学一科目，又被删去了。

西洋中世纪的僧院中的僧侣们，"吃饱饭，没事干。尝讨论'一个针尖上能站几个天使'等一类的问题"。有些人或以为哲学中所讨论的，大概也都是这一类的问题。这些问题，有什么用处？况且这一类不吃紧的问题，尽可在国内讨论，何必花外汇出国？以为留学考试不必要哲学科目的人，其想法大概是如此。我们愿意乘此机会，说一说哲学的用处。

哲学能叫人了解事情，或某种事情，是怎样一回事。例如人生哲学、社会哲学、政治哲学、文化哲学等都是所以叫人了解人生、社会、政治、文化等是怎样一回事者。人了解事情或某种事情是怎样一回事之后，事情或某种事情，当然还是那么一回事。不过人若了解事情或某种事情是怎样一回事，他对付事情或某种事情的态度与办法，自然亦有不同。中国近百年来，所遇的困难，在中国历史上是空前的。早在清末，曾胡左李诸公，都已感觉到中国遇到一个空前的变局。但是这个变局是怎样一回事，他们已弄不清楚。他们四位之中有一位，我记不清是哪一位，遇有人谈洋务，辄变色摇头说："此非吾辈所敢言。"他虽不敢谈洋务，而他对于事变日亟的认识，实是比高谈洋务者还深刻得多。近百年里，中国流了许多冤枉血，走了许多冤枉路。吃亏的原因固然很多。但在清末民初之际，对于当前的变局以及西洋文化有整个的了解的人，实在太少。这不能说不是一个原因。当时在思想方面，做领导的人，如梁任公、严几道等，都不过对于当时在西洋流行的思想，略有所知。其余的人，对于西洋文化，更说不上有知识。他们只就其见闻所及，遇有中西习俗制度有不同之处，不求所以致此之故及其所以然之理，便就其主观的偏见，枝枝节节随便发言或随便改动。这不能不说是近百年来中国走冤枉路的一个原因。我不敢说，学哲学的人都必是对于文化有深切了解的人，但对于文化有了解的人必是有哲学根底的人。一个人熟读四书五经、诸子百家，未必能对于中国文化，有完全的了解。但一个人若不读这一类的书，我敢断定他对于中国文化，绝不能有了解。

以上是就文化方面说。就学术方面说，近三百年来，中国学术，用旧日的话说，向分汉宋二派。自五四运动以来，历史学、文字学、音韵学等，都有很大的进步。这都是属于从前所谓汉学的范围。有些人说，现在中国有一种新汉学。这个名称，很能表示出来，中国学术在这一方面的有机的生长。新汉学已竟生长出来了。但中国还需要一种新宋学。近四年来，中国抗战的成绩，已竟压倒了全世界。中国以优越的精神的力量，补助物质的劣势。这种精神的力量，是从哪里来的？我敢说，都是从中国古圣先贤的道德教训来的。可是这种教训，虽仍为大多数人于无意中遵行，但很少人对之有清楚的了解。近来当局虽提倡人在这一方面做研究。但这一种研究绝不是抱残守缺，只捧出《论语》《孟子》以及程朱陆王的语录，即可成功。犹之乎新汉学的成功，绝不是清末民初《国粹学报》中的一班人所能做到的。必须对于现代哲学有很深的了解的人，再去读孔孟以及程朱陆王，然后才可以予古圣先贤的教训以新生命，然后他们所讲的才是新宋学而不只是历史上的宋学。

所以我们很希望，有许多学哲学的人，源源不绝，做上所说的"知己知彼""承先启后"的工作。

有许多人或以为研究文法科方面的学问，只需看书即可，并不需要参观实习，如学理工科方面的学问者。既只看书即可，则可不必出国，只将书买来看好了。这亦是似是而非的见解。学理工科方面的学问的人，固须参观外国的工厂实验室。学文法科方面的学问的人，亦须参观外国的社会。我们可以设想，假使中国有一某种工厂，其中设备，应有尽有，则学此种工程的人，可以不必出国，只于其中实习即可。但我们不能设想，中国可有一个美国社会，可以供中国研究文法科方面的学问的人参观。固然有许多在外国社会中住几十年而毫无所得的人。但我们不能因噎废食，以为学文法科方面的学问的人，都不必要参观。就我个人的经验，我第二次出国，在欧洲走了一趟，实在于我很大的益处。有这一次游历参观，有许多文物制度我才能心知其所以如此之故，及其所以然之理。假使没有这一次游历参观，我绝不能写如《新事论》之书。如果《新事论》对于解决国家民族的问题，不是没有贡献，则可见学文法科方面的学问的人，到外国留学参观，对于国家社会，亦不是没有益处的。

论哲学方法

/ 冯 友 兰 /

哲学方法，必不是归纳的。这就是说，哲学不能与普通所谓归纳法作为他的方法。我们说"必不是"，又说"不能"，因为哲学的目的，是要使他自己成为一个确切的学问。这就是说，其中的命题之是真的，必须是不容使人怀疑的。以归纳法为方法的学问，都是不确切的学问。因为以归纳法为方法的学问，其中的命题之是真的，是靠经验证明的。经验所可能证明为真的命题，经验亦可能证明其为假。已往的经验皆证明为真的命题，我们不能保证将来的经验亦必证明其为真。普通讲归纳法的人以所谓自然齐一律来做这种保证，但所谓自然齐一律本身就是一个靠经验证明的命题，已经的经验，都证明自然是齐一的。但是有什么方法，可以保证将来的经验，不证明自然不是齐一？所以用归纳法得来的命题，在理论上说，都不是不容人怀疑的。如果经验证明一命题是假的，它一定是假的。但是如果经验证明一个命题是真的，它不一定就是真的。我们说，在理论上说，因为这只是在理论上说。在事实方面说，我们对于有些经验所证明为真的命题，很可以不必有所怀疑。你坐在飞机里，对于物理学中的命题，为制造飞机所根据者，你尽可以不必有所怀疑。因此你尽可以不必恐怕你的飞机会掉下来。你去吃饭，对于过去的经验所证明是无毒的东西是不是真正无毒，你尽可以不必有所怀疑，因此你尽可以不必恐怕你吃了饭会中毒。这些都是所谓关于实用的问题，我们现在所讨论的，不是这一类的关于实用的问题，我们所讨论的，只是些关于理论的问题。就理论方面说，靠经验所证明的命题，其是真总是可以怀疑的。

哲学中的命题，不是这一种命题。这并不是说，我们可以不靠经验，而即可以知道或了解哲学中的命题。就我们得到知识的程序说，不容怀疑其为真的命题，亦往往须借经验以为说明。例如我们教小孩子，三加二等于五，用三个指头加两个指头，等于五个指头说明。学几何的人，往往须画图以帮助了解。不过这都是以经验说明，并不是以经验证明。我们借助于某一三角形以了解关于三角形的某一定理，既了解之后，我们即见此定理确是如此，说此定理的命题确是真的。它确是真的，并不是我们见某一三角形是如此，又一三角形又是如此，如是归纳而得此某一命题。这就是靠经验说明与靠经验证明的不同。

有些人可以说，科学中的命题，也不一定都是靠经验证明的。例如金鸡纳树皮可以治疟疾。人若是只根据经验，见今日一个患疟疾的人吃金鸡纳树皮好了。于是他根据经验，金鸡纳树皮可以治疟疾。日人对于金鸡纳的知识若只在此阶段，他只知其然而不知其所以然，他说的命题，只是靠经验证明的命题。但医学家对于金鸡纳，不但知其然而并且知其所以然。他知道疟疾是由于一种病菌作祟，金鸡纳中有一种原质，恰能杀死大种病菌。根据此种知识，他说：金鸡纳能治疟疾。经他这么一说，金鸡纳能治药疾[1]这一个命题就不是靠经验证明的命题了。

经他这么一说，这个命题固然不是靠经验证明的命题，但同时也不是用归纳法得来的命题了。他说：疟疾病菌遇见某种原质即死。金鸡纳中有这种原质，所以吃金鸡纳可以治疟疾。他于此所用的是演绎。一门科学，既然成了系统以后，其中的命题，有许多是依靠别法的命题的，就依靠的命题说，他不靠经验证明，但也不是用归纳法得来。但那些所依靠的命题总有是靠经验证明的。所以讲科学不能离开经验以为证明，讲哲学则至多只要经验以为说明。

有些人说：哲学虽高自期许，以为自己是确切的学问，但在实际上哲学是最不确切的学问。他自以为他的命题是不容怀疑的，但在实际上这个哲学家所以为是不可怀疑的命题另一个哲学家以为是很可以怀疑的。每一个哲学家都以他自己所认为是不可怀疑的命题，建立系统。于是哲学中有许多系统，许多派别。于是我们在事实上只看见有许多哲学的派别，不见有哲学。哲学自以为他的确切的程度，高过于科学，但在事实上远不及科学。如果科学是不确切的学问，哲学只能是更不确切的学问。

---

[1] 应为"疟疾"，疟疾是由疟原虫引起的寄生虫病。疟原虫不属于"病菌"。——编者注

于此我们说，在事实上哲学虽没有达到最确切的程度，在事实上哲学中的命题，虽很少有是所有哲学家都公认为是不容怀疑的，但此并不妨碍哲学以求确切、以求不容怀疑的命题为其理想。某种事物，虽在事实上或未能达到某一标准，但仍不妨以某一标准为其标准。

哲学的知识，不是靠归纳法所能得来的。人欲得哲学的知识，只能靠思辨或直觉（此所谓知识，是广义的，若就狭义的知识说，直觉所得，不是知识的）。人靠思辨或直觉所得来哲学知识，又以言语说出之。此所说出者即是哲学。不过用直觉所得到的哲学知识，严格地说，是不能说的。所以有直觉的人，只能说：他所直觉的不可说。说他所直觉的不可说，就是对于他所直觉的有所说。譬如我们说："妙不可言。"说"妙不可言"就于对于妙有所说，就是透露了不可言之妙的一点消息。一个人若靠直觉得到哲学的知识，而又以说他所直觉的不可说，透露出他所直觉的一点消息。这个人所用的哲学方法，我们称之为否的方法[1]。一个人若靠思辨得到哲学的知识，而又以论证说出他的哲学的知识，这个人所用的方法，我们称之为正的方法。

所谓正的方法或负的方法的分别，是就讲哲学的方法不同说的。就一个人所得到的哲学知识说，由直觉所得与由思辨所得，最后是一致的。此于我们以下的讨论中可见。

就哲学之为一门学问，及就学哲学的人的方便说，用负的方法以讲哲学，学哲学的人非有与讲者相类似的直觉不能领会讲者所讲的

---

[1] 应为"负的方法"。——编者注

是什么。用正的方法讲哲学者，学哲学的人，即没有与讲者类似的了解，亦可以循序渐进。所以就此方面说，用正的方法讲哲学，胜于用负的方法讲哲学。

在西洋哲学的传统中，哲学家用正的方法讲哲学者居多。在中国哲学的传统中，哲学家用负的方法讲哲学者居多。在西洋哲学的传统中，古代的哲学家，如柏拉图，近代的哲学家，如笛卡儿及斯宾诺莎，皆以哲学中的命题应该是不容怀疑的命题。柏拉图以为学几何学为学哲学的预备训练。相传他的学院门口，有标语云："未学几何学者，莫入此门。"笛卡儿及斯宾诺莎以为几何学的推理及证明方法，是哲学方法的模范。他们直接以几何学的方法为哲学方法。他们以为哲学里的命题，应该是不容怀疑的命题，这是对的。他们以为哲学与算学相类似，这亦是对的。但如笛卡儿及斯宾诺莎的哲学中的命题，虽在形式上用几何学的方法证明，但是并不是不容怀疑的。

康德的贡献，即在于指出，这一点，他指出以前人所谓形上学的命题与算学的命题，虽相似而实不同。算学的命题，是综合必然命题。以前人所谓形上学的命题，是综合而不必然命题。综合而不必然命题，如果不能为经验所证明，只是理性自己的创造，以满足他自己的要求。这些命题，并不是真的。照此方面说，形上学是不可能的。

现代的维也纳学派，正是继承康德的这个意思，又加上新逻辑学的工具，以取消形上学。康德及维也纳学派，对于西洋哲学史中的形上学，有一廓清的功用。在康德及维也纳派的批评之下，形上学可以说是"山穷水尽疑无路"了。将来是不是可以"柳暗花明又一村"，这就看我们是不是有新方法可应用了。

孔子以前之哲学
/ 雷 海 宗 /

序

普通研究中国哲学的，都看孔、老为最早的哲学家，前此毫无哲学思想可言。然而凡稍明哲学进化的人都可看出孔、老的思想是哲学已到成熟时代的思想，在他们背后一定还有悠久的历史，并且绝不止是宗教信仰史，乃是真正的思想发达史。很多人以为把殷周间的宗教信仰作为前题，就可解释孔、老思想的构成。岂知这只能解释孔、老思想的一部分，且是不重要的一小部分；其大部分则与宗教信仰并无直接的关系。

孔、老以前哲学史料的缺乏是无可讳言的事实。但侥幸还有《尚书》与《周易》两部书能帮助我们寻出西周与春秋时代思想进化的线索。因材料过少，进化的步骤虽不十分清楚，然而大致的前后关系还可看出。所以本文的取材几乎完全是出于《书》《易》两经的。

最早用此法研究中国古代思想的就是法国支那学者，现任法兰西学院教授的马斯伯劳 Henri Maspero。他1927年出版的《中国古代史》(*La Chine Antique*)是一本空前的杰作，连中国人自己也没有作过这样一本书。本文得此书暗示的帮助很多，特此声明志谢。

一、宗教背景

在殷周之际还无所谓哲学。当时的思想都带宗教色彩，完全是信仰与崇拜。宇宙人生各方面都受神的支配。群神之首为上帝，主宰一切，如《诗经》所云：

皇矣上帝，临下有赫；监观四方，求民之莫。（《大雅·皇矣》）

昊天有成命，二后受之。（《周颂·昊天有成命》）

除上帝外，神祇尚多。当时的记录虽已不传，然而后日关于平民的信仰多有记载。后日的平民信仰就是文化初开时的普遍信仰。如《山海经》《墨子》《淮南子》《国语》《左传》《风俗通》《楚辞》《吕氏春秋》等书中所记神名甚多，宇宙间各种现象都有专神掌理，例如司风之神为风伯，司雨者为雨师，司黄河者为河伯。宇宙间无一事物不有具体专神专为负责。除种种神祇外，上自天子下至士人又都各崇拜他们自己的祖先。人的魂死后升天也有神明的地位，对子孙也可与神祇同样的施福降祸。

祭祀祷告各种鬼神时，有许多很繁复的礼节，各种礼节又有专司其事的宗教官。《周礼》虽为后世作品，不能认为是西周时代的射影，然而由其中所描写的，我们仍可想见古代宗教官的繁多。

在这许多宗教官中，与后世哲学发展有密切关系的只有两种，就是史官与筮人。史官专司国家各种的诏令策命，一切诏命都由史官撰定。撰定后，一方面按宗教礼节报告天子或诸侯的祖先，一方面（发布）出去，又一方面把复本存起来以待将来参考。这最后一点就是中国历史上档案制度的起源。后来中国哲学的一支就是由史官的档案中产生的。

筮人专司以八卦占卜吉凶，是王侯所必需的宗教官。后来又有一支的哲学就是由这些占卜之官和他们尽他们的责任时所必需的八卦中产生的。

二、西周时代与哲学之初兴

（一）材料

西周时代的哲学材料仍存至今日的，只有《尚书》中《周书》的一部分与《周易》中的《彖传》《象传》。《周书》传统说法以为是周初的史料，此说吾人今日恐怕不能绝对证实或绝对推翻。但《周书》中大多篇都富于哲学思想，不似周初政治方定时所宜有。且大多篇体裁一致，文体一致，思想一致，极似是出于一人或一组人之手。

吾人皆知西周末叶宣王（前827—前782）、幽王（前781—前771）时诗歌曾大放光辉，《小雅》中所存名篇甚多。这是中国历史上文艺初次大盛。恐怕此时或此时前后散文文学也发达起来，真正的哲学思想也在此时萌芽起来。

一般史官就把他们历代所保存的史料加以系统化与哲学化而做

成今日《周书》中多篇。其中事实或大半皆有历史根据，至于一切对答词恐怕都是史官借题发挥。所以《周书》是半历史半哲学的著作，一方面可作西周初年的政治史料，一方面又可作西周末年的哲学史料。

《周书》中的思想不见得是西周末所突然发生的。它的历史恐怕已经很长，殷周之际神权政治下或者就已有这种思想。但到西周末这种思想才被史官所系统化。

至于《彖传》《象传》，旧说定为孔子所作，今日已无人置信。近来一般急进的古史学家喜欢把《易传》全部定为战国末年甚至秦汉间的作品〔见《古史辨》卷三（朴社）〕。处于古籍湮没的今日，对任何古书的时代都很难断定，因为我们没有一个参考比较的标准。

然而由两点我们可知《彖》《象》为很早的著作：（一）《彖》《象》中尚不以阴阳为主，足以证明其出世甚早。《系辞》中阴阳占重要地位，老庄亦特论阴阳，此外《文言》以下之《易传》中亦特标阴阳。然而《彖》《象》中除泰否二卦之《彖辞》与乾坤二卦之《象辞》外，则绝未提及阴阳；且于此四处阴阳亦只为附带名词，处附属地位，并无特别的重要。所以《彖传》《象传》最晚亦在《系辞》与老庄之前。（二）《左传》昭公二年（公元前540年）记韩宣子至鲁"观书于太史氏，见《易象》与《鲁春秋》，曰，周礼尽在鲁矣！吾今乃知周公之德与周之所以王也"。近人对此颇多怀疑。如日本学者本田成之著作《易年代考》〔见江侠庵编《先秦经籍考》卷上（商务印书馆）〕，疑其为《左传》作者所伪托，未免过于牵强。此事极为自然，并无若何可疑处。韩宣子到旧文化中心的鲁国而去参观国家图书馆，参观后又加以外交口吻的赞美，亦何可怪？并且所谓"周礼尽在鲁矣"的"周礼"是"周文化"的意思。"礼"字在古代包括的范围甚广，一切法制义物都可称为"礼"。

《易》为周初历代传下的著作，《鲁春秋》为鲁国的官史，都是"礼"，铺张起来，就可说"周礼尽在鲁矣"。鲁既为周公之后，《鲁春秋》的前段描写周公处必甚多，因而韩宣子得知"周公之德与周之所以王也"。至于"易象"一词作何解释，作者以为即指今日的《象传》，或者也包括《彖传》，因为两传文笔一致，思想连贯，必为先后同时的作品。这都是先代流传的哲学作品，也可称为"礼"。韩宣子不见得真正看得明白；但越不明白，当然越容易赞叹不置了。所以《彖》《象》最晚于公元前6世纪中期时已经存在。况且韩宣子既把它与周公连在一起，可见当时人最少相信这是很早的著作。周易《卦辞》《爻辞》是周初的作品，可认为已成定谳（见《燕京学报》第六期，顾颉刚《周易卦爻辞中的故事》。又见《古史辨》卷三）。《彖》《象》文字较《卦爻辞》通顺，思想较为深刻，同时又为解释《卦爻辞》的文字，所以必在西周初年之后，十有八九也是西周末年文艺初次兴盛的宣王幽王时代的作品。

（二）《彖》《象》思想

所谓《周易》，当初除六十四卦外，只有西周初年产生的《卦辞》与《爻辞》。八卦或六十四卦的来源及其最初的意义，今日已无从考定。将来若无先史时代相关的地下发现，八卦问题恐怕永无解决的希望。我们若欲猜想，或者可说这六十四个符号是先史社会结绳时代结绳文字的变相。真正的文字产生后，当初的结绳符号遂变为宗教文字。宗教性好保守，古今一切宗教的倾向都是采用古代的文字。所以这六十四个符号或者是周初筮人把古代结绳文字加以系统化之后所产生的筮人阶级专利之神秘的机械象征。在神权社会之下，一切文字皆带神秘性，先代文字尤为可畏的神秘象征。六十四个象征符号定出之后，筮人又造出解释符号的文字来，就是《卦辞》《爻辞》。这是根据龟卜的方法与六十四卦的格式，并附会时事与流行史话所作出的，用以为占卜吉凶的词句（见《燕京学报》第六期，顾颉刚《周易卦爻辞中的故事》。又见《古史辨》卷三）。当时的人相信六十四卦包括天事人事的全部，所以由卦中可以寻出万事的吉凶。

《卦辞》《爻辞》文字古奥，今日十之八九已完全不可了解；恐怕至西周末年时许多词句已难解释。所以当时的筮人阶级中的哲士就又做出《彖传》《象传》来解释《卦辞》《爻辞》，一方面是把当初不易了解的变为易于了解的，一方面又可借题发挥去发表他们自己的新思想。西周末叶是中国古代文化的一个大过渡时代：一方面伟大的封建帝国渐趋破裂，列国日见盛强；一方面文学界又有新的发展。在这种时期，思想方面也不会完全寂寞，《彖》《象》二传大概就是这种新思潮之下的产品。

《彖》《象》中的思想尚甚简单。它的中心点我们可称为"乾坤哲学"，就是乾坤二卦的《彖辞》所提出的。在当初的六十四卦中，乾坤就是具体的天地，只是六十四卦中的两卦；除居首位及代表对象的体积较大外，并不比其他六十二卦特别重要。到了《彖》

《象》中情形大变。乾坤已非具体的天地，乃是普遍天地万物产生天地万物的两种原理。这是中国思想史上最早的二元论。乾坤二元是宇宙的基础，连当初超乎一切的鬼神现在也降到附属的地位：

  天地盈虚，与时消息；而况于人乎，况于鬼神乎？（《丰彖》）
所以乾坤之理不只支配人类，连鬼神也要同受支配。

乾元是天的原理（乃统天），是动的原理，是万有的根源——"万物资始"。

  乾道变化，各正性命……首出庶物，万国咸宁。

坤元是地的原理（乃顺承天），是静的原理，是万有所自生——"万物资生"。

  坤厚载物，德合无疆，含弘光大，品物咸亨。

乾坤二元包括宇宙间一切象物。两元相对而不相抗，相感化相激荡而产生宇宙万象。乾坤二元若不合作，则宇宙万有皆将停滞。万有流通，全靠乾坤二元的合作。《彖传》中此种思想甚多，可略举数例如下：

  泰，小往大来，吉亨；则是天地交而万物通也。
  否……大往小来；则是天地不交而万物不通也。
  天地以顺动，故日月不过而四时不忒。
  天地养万物。
  咸，感也。柔上而刚下，二气感应……天地感而万物化生。
  天地革而四时成。

并且乾坤二元之理不只包括自然现象。人世既然也是乾坤所生，也必逃不出乾坤的范围。所以宇宙的理就是人世的理：人明天理而小心遵循，则万事亨通；不然，则必遭祸。人君治国，尤其须明此理。这是最早的天人合一的思想：

天地交而万物通也，上下交而其志同也。

天地不交而万物不通也，上下不交而天下无邦也。

天地以顺动，故日月不过而四时不忒；圣人以顺动，则刑罚清而民服。

观天之神道而四时不忒，圣人以神道设教而天下服矣。

天地养万物，圣人养贤以及万民。

天险不可升也，地险山川丘陵也；王公设险以守其国。

天地感而万物化生，圣人感人心而天下和平。

日月得天而能久照，四时变化而能久成；圣人久于其道而天下化成。

天地革而四时成，汤武革命顺乎天而应乎人。

观乎天文以察时变，观乎人文以化成天下。

以上举例，专注人君——理想的人君或圣人——顺天理以治人世的道理。普通一般与人君无特别关系的人事也要合乎乾坤之理，方能成功：

家人，女正位乎内，男正位乎外。男女正，天地之大义也。家人有严君焉，父母之谓也。父父子子，兄兄弟弟，夫夫妇妇，而家道正；正家而天下定矣。

男女睽而其志通也，万物睽而其事类也。

归妹，天地之大义也。天地不交而万物不兴。归妹，人之始终也。

日中则昃，月盈则食。天地盈虚，与时消息，而况于人乎？

此外，《彖》《象》中还有纯粹的政治思想，在《象传》中尤其明显。人君治国之道，也以乾坤为根据，分析言之，共有二端：

天行健，君子以自强不息。（《乾象》）

地势坤，君子以厚德载物。（《坤象》）

所以君子以乾坤之理治国，一须自强不息，一须修德。"德"是一种神秘的能力，人君有德，则天下自治。修德的方法要效法先代圣人：

多识前言往行，以畜其德。

人君有德之后，治国方针甚多，举要言之如下：

建万国亲诸侯。

容民畜众。

保民无疆。

观民设教。

明罚敕法。——此点又包括三项：

赦过宥罪。

折狱致刑。

明慎用刑而不留狱。

治历明时。

享于上帝立庙。

（三）《周书》思想

自古流传的策命与大事记录，到西周末年古代文化大起骚动时，由当时史官中的哲士加以润色而发挥他们的哲学思想与政治理想。他们把他们自己的新理想都托口于古代的君臣伟人，其中周公的地位尤为重要。诸篇中虽皆有思想成分，《洪范》一篇则几乎毫无纪事而全部都是有系统的一篇政治哲学的著作，可说是集当时政治思想之大成的一篇杰作。

《周书》的基础原理也是天人合一的思想。上帝为天下主宰，有德者则受命为天子，代天行道，治理天下。人君不积德修德，则丧天命而失天下。夏商的交替与殷周的交替都是因为这个道理。《多士》《无逸》《君奭》《多方》数篇对于这个道理解释得尤为清楚详尽。《多士》一篇翻来覆去的差不多完全是讨论这个问题。

《彖》《象》中鬼神已失去重要地位。作者虽仍承认他们的存在，然而把他们当初支配者的地位移与乾坤二元。《周书》作者不谈玄理，而于政治思想上又仍承认上帝的最高地位，这是史筮思想的两个大不同点。

人君欲治理天下，永保天命，必须采用天赐神示的大法——《洪范》，共分九种大事。这就是天人关系治理天下所必需的洪范九畴（《洪范》解释见马斯伯劳《中国古代史》页四三九至四四二）：

一、五行——水、火、木、金、土。这是物质世界的五种原料，代表天道或物质世界。人君必须明白五行之理，善用五行，以治天下。五行为人生所必需之五材，"天生五材，民并用之，废一不可"（《左传·襄公二十七年》）。所以人君必须知道如何支配五行（战国后期阴阳五行说发生后，"五行"变成宇宙间的五种神秘原理，与当初的"五材"几乎完全无关。战国秦汉间的人多附会《洪范》而发挥他们的新的五行思想。所以近来有人颇疑《洪范》为战国末期阴阳五行家的作品。殊不知战国末期的五行家绝不会写出这篇与"五行说"完全无关的《洪范》来。——见《东方杂志》卷二十第十期，卷二十五第二期）。

二、五事——貌、言、视、听、思。这是天子五种行为的表现，代表人道或伦理世界。天子"貌恭生肃""言从生义""视明生晢""听聪生谋""思睿生圣"。

三、八政——食、货、祀、司空、司徒、司寇、宾、师。这是天子按人道（五事）以理天道（五行）所行的八种国家大事，代表天人（物质与伦理）合一之王道。这八政我们又可分析为三类：（1）三政——"食"就是农业，"货"就是工商业，"祀"是神人关系，并且是求"食"求"货"或谢"食"谢"货"时所必需的礼节。这三政可说是国家的根本，是天子下对人民（食货）上对鬼神（祀）所必须履行的责任。前二者是人生所必需的经济条件或物质条件，后者是人生所必需的宗教条件或精神条件。（2）三官——这是三政以外三种次要的国家大事。司空专司一切公共事业，如开河治水之类。司徒总司一切养民教民之事。司寇专司刑事。这三官的职司天子也须监督。（3）二国际——这是两种不可避免的国际关系，就是天子与诸侯的关系。"宾"是迎客出使的事务，是国家和平时的外交关系。"师"是行军征伐，是国家冲突时的战争关系。这两方面天子皆须注意，才能维持他的地位。

四、五纪——岁、月、日、星辰、历数。这是五种普通的天象，可用以观察八政是否完全实行。八政若行,则五纪皆不出常轨;不然,则天象必乱。

五、皇极——皇极是上天授与天子之王权,使王能作"民之父母以为天下王"。王行八政皆靠天赐之皇极。

六、三德——正直,刚克,柔克。这是天子参合天人的三种方法,是实行皇极时所须随机应变采用的政术。天下太平,天子则采用"正直"手段。天下变乱,天子则采用决断的"刚克"手段。天下乱而复治,天子则采用怀柔的"柔克"手段。

七、稽疑——卜、筮。天子治国,往往遇见疑难不能解决的问题。于此种情形下,可用卜筮二法敬问神明决疑题。

八、庶征——雨、旸、燠、寒、风、时。这是王道行否之自然界的最后征兆。五纪只代表一般的天象,只能指示大体。至于王道各部完全成功与否,须详细观察四时变化天地气候之邪正,然后方能决定。若一切自然界的变化都按照常轨进行,那就是王道亨通的征兆。反是,那就证明王道不行,天子须重新修德努力。

九、五福六极——这是王道行否之人事界的最后征兆,也可说是王道的总结果。王道若行,天必降五福为酬报——寿、富、康宁、攸好德、考命终。王道若不行,天必降六极为惩戒——凶短折、疾、忧、贫、恶、弱。假设降六极,天子仍不悔悟,天就必要夺回天命而另命他人为天子。

总括言之,《洪范》以及《周书》各篇的思想可说是天人合一的政治理想。人事若治,则天事必行,自然变化必可不失常轨。同时天子若欲治人事,必须先明天事,先明一切自然之理。天子之人事行，则受福而长保天命。反是，则受祸，甚至失天命而丧天下。

三、春秋时代哲学

（一）材料

春秋时代的哲学乃是承袭西周时代史筮两派的思想继续发展。当时的著作传至今日的，筮派有《周易》中的《系辞传》，史派有《尚书》中的《虞书》。

《系辞》上下篇的时代问题最难考定，因为这篇著作恐怕早已失去当初的状态。当初筮人的著作，后来（大概是战国后半期）经过儒人附会窜乱，以致它的文字非常杂乱，时代性非常不清楚。近人总喜欢说《系辞》是战国末或秦汉间的产品（见《古史辨》卷三）。这篇也与《彖》《象》一样，我们同样的没有参考比较的标准。所以我们只能从思想的发展上来断定它大概的时代。从消极方面我们可断定《系辞》不是战国末或秦汉之间的著作。战国中期阴阳学大盛。《周易》本来就讲"阴阳"，所以阴阳学与易学不久就发生了极密切的关系。但我们若看《系辞》，就可见出它的思想只能说是与老庄同系，而绝对不能说它有阴阳家的口吻。所以它不会是战国末期或秦汉间的产品。况且战国最后一百年已到古代哲学破产的时代。除实际政治的法家出了一个韩非子及实质法家名义儒家的一个荀子外，没有一个大思想家出来。那时代的代表作品就是《礼记》里那许多烦琐论文，与《吕氏春秋》一类的杂家百科全书，以及所谓《周易十翼》中毫无哲学价值的儒家作品——《文言》《说卦》《序卦》《杂卦》。在这种时代绝产不出《系辞》一类整个的有系统的哲学作品来。至于秦汉时代的人，可说完全不知哲学为何物，只知把古代哲学著作来附会或误解，伟大的创作更谈不到了。

从积极方面看，我们可以断定《系辞》是《彖》《象》与《老子》之间的作品。《系辞》是根据《彖》《象》而发挥光大的，非常明显。《彖》《象》中的思想，它都包括，同时又把范围扩大，把内容充实，名词的定义比较清楚，名词的种类比较繁多，凡此都足证明《系辞》作者是在扩充《彖》《象》的思想。

《老子》一方面把《系辞》中的宇宙观吸收进去，却放弃那筮人阶级所专需的八卦思想（太极、二仪、四象、八卦的进化观），一方面又添加上以阴阳变化为根据而攻击春秋、战国交替期间政治社会的论调。《老子》作者为谁，作于何时，至今仍为未决的问题。因史料过于缺乏，这个问题恐怕永远也不能完全解决。《老子》中并没有提到一个人名或一件确定的政治事实，所以我们若要从内证来断定它的时代是很困难的。但庄子时常引证《老子》，同时《论语·宪问》中一段：

> 或曰："以德报怨，何如？"子曰："何以报德？以直报怨，以德报德。"

很是像孔子驳老子或《老子》作者的话。所以老子或《老子》作者最早当为孔子先后同时的人，最晚当是庄子以前的人。由其中的政治思想看，定它为孔子时代的作品，最为自然。因为春秋末叶礼教发达至于极点而将到破裂的时代；在这种情形下出一个攻击礼教的革命家与维持礼教的孔子并立，是很可能的事。在历史上凡一种制度快要破裂的时候，总有打倒与拥护的两种潮流互相激荡。（疑古过度而定《老子》

为战国晚期作品的,有崔东璧《洙泗考信录》及梁启超《评胡适之中国哲学史大纲》。此外同一论调的文字甚多,无须列举。近代一般的风气是把一本古书在可能的范围内定到最晚的时期,以示批评力之精锐。这在崔东璧时代是革命的举动,到现在已成了天经地义。这在古籍湮没的今日本是非常容易的事。古籍湮没,参考比较的标准缺乏;我们若不顾一本书整个的系统与地位而专事于枝节的吹求,恐怕把先秦遗籍都断为汉人所伪托,也非难事。)

至于《系辞》与《老子》先后关系的问题,我们也可由几方面观察。《老子》中"道""阴阳""象"等专门名词不会是由一个人凭空造出来的。一个哲学家的思想除时代背景外,都有它的渊源;这渊源不外两种——前代的哲学家,与当时或前代传下的宗教。最早的哲学,无论东西,都是由宗教信仰宗教术语演化出来的。

我们上面说过《周书》《彖》《象》都是宗教官根据他们自己的宗教职守下的材料来作出的。《系辞》也很明显地是根据《彖》《象》作出的。并且作《系辞》的,一定仍是筮人,因为它内中把筮法讲得非常详尽。例如"大衍之数五十……"一段完全是告诉我们用筮法占卜须如何地进行,太极八卦的思想仍是筮人的阶级思想;诸如此类,都可看出筮人的墨痕。所以《系辞》仍是半占卜半哲学的著作,与《老子》纯哲学的著作不同。《老子》作者不是筮人,所以把《系辞》中与筮人职业有关的思想完全摒弃,而只采用它的纯玄学思想。故此筮派思想进化的过程是:

纯占卜(八卦及卦爻辞)—占卜与哲学(彖象系辞)—纯哲学(老子)。所以《系辞》的时代虽很难确定,但它是《老子》之先的作品我们是可以肯定的。《老子》若为春秋、战国之际的作品,《系辞》当为春秋中期或末期筮人中哲士的作品。但这不见得是一人或一时期作出的，恐怕是经过春秋时代历代筮人所修改增删而成的。"道""阴阳""象""形""器"等名称是筮人阶级于长期中所造出的术语。后来老子承袭引用，加上新意义与新思想，而作《老子》。

《虞书》是史官中哲士的作品。它的时代也是一样地难以确定，但它比《周书》出世较晚，是无疑义的：一、因为它的文字比较《周书》为通顺；二、因为它显然是封建制度将要破裂或方才破裂时期的作品。一个制度极盛时代，并不用人替它辩护，到它将衰或已衰时才需要辩护。西周时代全天下封建主上的周天子用不着许多理论家来拥护他，只有《周书》一类的思想来解释他的地位就可以了。但到东周初年列国并起天子无权而仍欲恢复旧权的时代，辩护宣传家的时机就到了。《虞书》中所描写的显然是一个理想的"协和万邦"的大封建帝国，《尧典》一篇中把这种理想尤其形容得淋漓尽致。

并且除这个平泛的目的外，《虞书》作者恐怕还有一个很重要的具体目的，就是叫周天子最少在名义上仍能保持他那天下共主的地位。春秋前期（公元前7世纪）的齐桓、晋文与春秋后期（公元前6世纪）的楚庄、楚灵一般的霸主都有废周室而王天下的野心，就是《老子》中所谓的"取天下"；这由《国语》《左传》中很易看出。《虞书》作者提倡"让德"的论调，意思是说周虽无力，尚有积德，诸霸虽有实力，而未修德；所以周仍宜为天子，而诸霸仍须为臣下。楚庄王问鼎，王孙满答以"在德不在鼎"的论调（《左传·宣公三年》），与《虞书》的论调几乎完全相同。晋文、楚灵二霸篡位的野心尤其明显。其中只有第一个霸主的齐桓公野心或者比较还小些。而王室诸臣对此种野心唯一的应付方法就是提倡自古流传的德治主义，我们由王孙满的答语可见出这是王臣的唯一武器；《虞书》作者是王室的史官，也只能用这个武器。所以《虞书》作者一方面根据《周书》来发表他们的政治理想，一方面又借题发挥来拥护周天子。

所以《虞书》为春秋时代作品，可无疑义。但春秋前后二三百年，到底是哪一年或哪几十年或哪一百年间的作品？《虞书·尧典》篇中有很多讲天文现象的文字，还算为可用的内证。但这些内证的解释，时至今日，已难完全确定。有人由其中的天文现象定《尧典》为春秋前半期或稍前（即公元前8世纪、公元前7世纪间）的作品（见《燕京学报》第七期，刘朝阳《从天文历法推测尧典之编成年代》）。这虽不能算为定谳，但可引为一种旁证。《尧典》与《虞书》其他各篇文字一致，思感连贯，必是先后同时的作品。

（二）《系辞》思想

我们若称《彖》《象》思想为"乾坤哲学"，就可称《系辞》思想为"阴阳哲学"，并且后者是直接由作者演化而出——"知者观其《彖辞》则思过半矣"（《系辞》下）。

"阴阳"在《彖》《象》中已经出现，但尚无特殊的意义。到《系辞》中阴阳就取代当初"乾坤"的地位。大概作者感觉"乾坤"终有"天地"的具体狭义，所以另采用意义较泛的"阴阳"二字。

同时《系辞》作者又采用一个"道"字为阴阳二理的总名与渊源——"一阴一阳谓之道"。《系辞》的基础原理是要在调和理想（八卦）界与实际（自然）界。宇宙的存在有两方面，一面是自然具体界，就是人类万物——据说实数为一万一千五百二十种；又一面是超然理想界，就是八卦六十四卦。两界是同样的重要，两界皆为实在，并且由卜筮定吉凶之理看来，我们可知两界完全相合；因为若不相合，我们万不能由八卦的转移而推知自然的变化（见马斯伯劳《中国古代史》页四七九至四八五）。

我们现在可分述自然界与理想界的变化原理。在自然界阴阳二理相感相生曰"易"——"生生之谓易"。"易"就是阴阳变化而生万物的活动。宇宙万象无不包括在"易"或阴阳二理变化活动的范围内：

夫易广矣大矣！以言乎远则不御。以言乎迩，则静而正。以言乎天地之间，则备矣。……广大配天地，变通配四时，阴阳之义配日月，易简之善配至德。

《易》之为书也，广大悉备。有天道焉，有人道焉，有地道焉。

这种阴阳的变化并且是无穷的，永久不息，这个永不停息的变化称为"通"——"往来不穷谓之通"。

阴阳的变化（易）与无穷的活动（通）其实是一事，不过是一事由两面看。由变化本身方面看称为"易"，由变化无穷方面看称为"通"。易与通都是看不见的。但后来渐渐有一种能见之"象"由变化中产生出来。"象"就是宇宙万有的模型、模范、畴范，万有之所以然。人之所以为人，因为冥冥中有人的"象"；木之所以为木，因为变通的易中产生了木的"象"。每物各有它的象，象就是每物所以发生出现之理。

但象虽可"见"，尚无定"形"。我们只能想象它，在想象中可以见它，但因它尚无定形，我们还不能真正地观察它。"象"具体化之后，才产生出有"形"的万物——"形乃谓之器"。"器"就是所谓万物，我们用五官所能具体观察的万物。象是可能性，器是具体化。象具体化之后才有物。每物种都含有那个物类的特象或特殊可能性。一根草之所以为草，就是因为它含有那种草的象，因为那种草象——那种草的可能性——在那根草中实现出来：

> 形而上者谓之道，形而下者谓之器。

"道"就是未成形的阴阳之理，"器"就是已按象而成形的器物。由道至器就是宇宙万有发展的全部经过。

但人为万物之灵，他能于此外助天工而另为创造——"制而用之谓之法"。"法"就是人效仿"象"理或"形"理而造新器物。只有阴阳二理能真正创造，人虽最灵，也无创造的能力；但人能模仿阴阳所产生的象或形或加以新配合而造出全新的器物来。这一类的制作（法），古代的圣人功绩最为伟大；伏羲、神农、黄帝、尧、舜一般神话中的英雄现在都变成古代的圣人，都曾仿照象理卦理制造过有功于人类的器物。

理想界变化之理与自然界正正相对。自然界的绝对称为"道"，由道而生阴阳。理想界的绝对称为"太极"，由太极生出"二仪"——"是故易有太极，是生两仪"。两仪就是柔与刚。刚用

"━"代表，柔用"╍"代表。太极二仪都是不可见的。二仪生"四象"，就是☰、☱、☲、☳。这是可见而无形的，与自然界的"象"一样。四象生八卦，就是乾☰、兑☱、离☲、震☳、巽☴、坎☵、艮☶、坤☷，八卦又自演为六十四卦。八卦六十四卦可见并有形，与自然界的"器"一样。两界的相对可列表如下：

自然界	道	阴阳	象	器
……	……	……	可见而无形	可见并有形
理想界	太极	二仪	四象	八卦

以上所讲的变化之理"易"是不可须臾离的。宇宙时时刻刻在变化之中，宇宙可说就是无时停息的变化：

乾坤成列，而易立乎其中矣。

八卦成列，象在其中矣……刚柔相推，变在其中矣。

变化是天地万物的根本——"天地之大德曰生"，时刻变化，方有宇宙万象：

日往则月来，月往则日来；日月相推，而明生焉。寒往则暑来，暑往则寒来；寒暑相推，而岁成焉。

《系辞》虽主体为形而上学的抽象思想，但也与《彖》《象》

一样的脱离不了政治思想的结论。圣人（即圣明的天子）须明易理，方能治平天下，因为易包括一切重要的知识：

> 《易》之为书也，广大悉备。有天道焉，有人道焉，有地道焉。

> 易与天地准，故能弥纶天地之道。仰以观于天文，俯以察于地理，是故知幽明之故。原始反终，故知死生之说。

圣人能明易理，就明白天地间一切最神秘奥妙的道理：有了这种神秘知识，就是有"德"。这与《彖》《象》作者称"多识前言往行"为德是一样的以知识为德。"穷神知化，德之盛也。"有神秘之德，则能支配宇宙，治理人类，平定天下：

> 天生神物（蓍龟），圣人则之。天地变化，圣人效之。天垂象，见吉凶，圣人象之。

圣人如此，则一方面可治三材，一方面可定王业，圣人能治三材，因为易中包括天地人三材的道理。圣人用易能定王业，因为——

> 夫易开物成务，冒天下之道，如斯而已者也。是故圣人以通天下之志，以定天下之业，以断天下之疑（筮法）。

王道事业，就是把易理中所指示的道理推行于天下：

> 推而行之（易理），谓之道；举而错之天下之民，谓之事业。[1]

但具体来讲，王道事业果为何事？约略言之，王道可分为三条。第一就是治鬼神：

---

[1] 应为"推而行之（易理），谓之通；举而措之天下之民，谓之事业"。——编者注

> 精气为物,游魂为变。是故知鬼神之情状与天地相似,故不违。

天子不只为最高的政治元首(王),他也是最高的宗教元首(天子);他是人类与鬼神之间的最高媒介,负有代人类应付鬼神的重责,所以他必须知道鬼神的性质。鬼神的真正性质,不是如平民信仰所描写,而是由易理中所能真正寻出。明易理,则明天地之理。鬼神并不出天地之范围,所以明天地即明鬼神。明鬼神之理,则知对鬼神如何应付。

第二,天子要统治万物:

> 知周乎万物,而道济天下,故不过。

天子代天行道,不只治理人民,并且也治理万物。欲治万物,须先明万物之理。这也只有由易[1]中能寻出。

第三种王业就是治万民。治万民,须以仁爱为基础:

> 安土敦乎仁,故能爱。

分析言之,天子的仁德又有三种表现:

> 天地之大德曰生,圣人之大宝曰位。何以守位?曰,仁。何以聚人?曰,财。理财正辞,禁民为非,曰义。

所谓仁、财、义三者乃是"仁"的表现;天子因仁爱万民,才行此三政。同时天子必须行此三政,方能保全天命,方能"守位"。"仁"是基础,天子先有仁心,方能爱抚治理万民。爱抚治理万民,又有两种具体的方法,就是养(财)与教(义),一个是必需的物质条

---

[1] 指易理。——编者注

件，一个是必需的精神条件。

关于"义"或教育一方面，《系辞》中除"禁民为非"一句笼统说法外，并没有其他具体的解释。但于"财"方面，其中有为民造福兴利的具体建议，就是"法"象"法"形而制器为天下用：

备物致用，立成器以为天下利，莫大乎圣人。

变用（易理）出入，民咸用之（法器），谓之神。

所以科学发明是圣人一种最大的责任。

（三）《虞书》思想

《虞书》思想是根据《周书》中天人合一的政治哲学推演出来的。唯它的方法非常新颖：它假托根据人事化的神话与历史哲学来发挥政治理想。在荒藐的夏代之先显出一个王道大行的太古黄金时代。西周的人看夏代之先为鬼神当权的时代，并无所谓黄金。其时有各种天神（帝）和其他小神占据天地间的舞台。人类的地位仍非常卑微。现在史官中的哲士把这些神化人物人性化，变成古代的圣王与贤臣。天神的"帝"变成王天下的圣"帝"。"帝"字无形中就添了一个新的意义。许多别的神都变成圣帝的辅佐人物或"贤臣"。所以圣人观念至此才完全具体化。从前《周书》以及《易传》中都有"圣人"或有德天子的观念，但是只是抽象的理想，到《虞书》中圣人观念才具体地人格化与历史化。从前圣人只是思想家要周天子所达到的理想标准，现在圣人变成实际存在可以效法的榜样。一些超时间的神话人物现在都变成确定的时间内之圣贤。《系辞》中列举古圣制作器物以利万民与《虞书》是同样地把神话历史化。但《系辞》大盖比《虞书》

较为晚出，最早采用这个方法的还是《虞书》。

主要的人物就是尧舜。这本是两个地位很不清楚的天神，关于他们的神话我们知道的很少。只因如此，所以更容易被用为假托的对象，因为没有许多的神话故事做障碍物。所以尧、舜就变成第一等的圣人，空前绝后而王天下的圣人。

尧舜的辅佐人物甚多。四岳本为泰山神，又称太岳，现在变成尧、舜的卿士。禹本为治水的神，死后成为太社或后土；因为治水在周代是司空的职责，所以禹现在变成舜的司空。皋陶当初在神话中地位不明，现在成为士或司寇。垂在神话中地位也不清楚，现在变为共工。契为殷商的神祖，现在成为司徒。益当初或为山川之神，现在变成掌山泽的虞。弃本为农神，周人尊为"皇祖后稷"，现在变为稷或后稷之官，就是农官。伯夷当初神话中地位也不清楚，现在成为秩宗或宗伯。夔本为音乐神，现在成为典乐或乐正。龙当初或为神龙，现在成为纳言之官。这些都是辅佐尧舜实现王道的贤臣。

《虞书》中的思想可称为德治主义——天子平治天下，必须修德。德有两方面，神秘的德和人事的德，所谓神秘的德是天子一种特殊而不可直解的人格；有此人格，天下自然就感化而治平，无须多事自扰：

> 帝光天之下，至于海隅。（《皋陶谟》，今本《益稷》）

> 钦明文思，安安，允恭克让，光被四表，格于上下。克明俊德，以亲九族；九族既睦，平章百姓；百姓昭明，协和万邦，黎民于变时雍。（《尧典》）

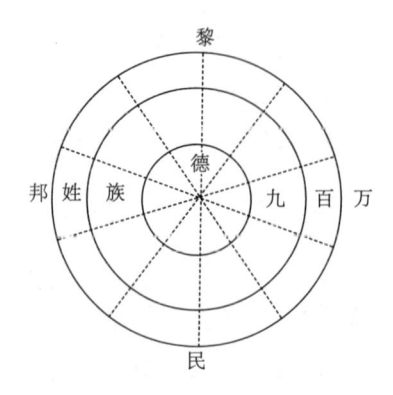

[图：中心"德"字，内圈分"九""百""万"等，外圈分"黎""邦""姓""族""民"等]

  这种神德的观念可以图表法解明：德是天子人格中一种神秘的能力，射出去就可"光被四表"，"光天之下，至于海隅"，一层一层地由九族以至万邦黎民都受这种神秘空气的感动，自然而然就天下大治了。

  神德是圣王的必需条件，无神德的人不能王天下；所以"舜让于德"，是因为他自己的儿子没有王天下的资格。

  除这种神秘的德之外，天子还要修人事之德，就是通常所谓"道德"。天子的道德人格可分析为三点：第一是孝弟。舜就是孝弟的最高表率，虽然"父顽母嚚象傲"而他仍"克谐以孝"（《尧典》中关于舜的孝弟人格只有这一句记载。已佚的《舜典》恐怕有一大部分是讲舜的孝弟故事的。《孟子·万章上》还保存了这个故事的主体）。

  天子的第二种人德就是信任贤人，如尧舜的信任禹稷诸贤一样。圣王自己完全无为，只以神德光被天下，并不积极去做具体的事务。《论语》中：

    修己以安百姓。（《宪问》）

无为而治者，其舜也与！夫何为哉？恭己正南面而已矣。（《卫灵公》）

两段或者都是引述或引申《舜典》。这都是讲圣王无为而治的道理，圣王的责任"在知人在安民"。"知人"就是见解明哲，能用贤人为"股肱耳目"。贤人就积极地代替天子去从事于五典五礼五刑以平治天下。"安民则惠，黎民怀之。""安民"就是一面时刻不忘人民，一面用贤人去治理他们。如此则天下必能大治，天子可永保天命。《皋陶谟》有总括这种"知人安民"思想的一首短歌：

元首明哉！股肱良哉！庶事康哉！（今本《益稷》）

天子第三种人德就是不私天位，让德不让亲。不据天位而禅让于有神德的人就是圣王最高的道德。尧、舜禅让就是这种道德实施的显例。

结　论

以上所论，恐怕不是西周春秋之际思想的全部。古代哲学作品一定亡失的很多。由《国语》《左传》中可见春秋时代文化大盛，当时必有许多哲学作品出现，恐怕与王官完全无关的独立思想家（春秋末年与孔子同时之邓析一般人除外）一定也有。但存至今日的只有王官（史筮）所传留的一点材料；这是原有材料的百分之几，我们完全无从推考。至于私人的作品就完全丧失了，我们今日连一个哲学家的姓名都不知道。

虽然如此，由《易传》与《尚书》所存留的一点遗迹，我们已能看出后日思想发展的线索。孔老并非突然出现的，古今并没有一个毫无思想渊源的大哲学家。当然每个思想家都有他的特殊的时代背景，但一个大思想家的哲学绝不能完全以时代背景来解释，这是向来研究孔老的人所未曾注意的。一个开化的民族最早的幼稚简单思想大半是由宗教信仰中演化出来的。但这种简单的哲学一经产生，此后的哲学家就没有一个不是积极地或消极地承袭以前的思想而进展发挥的。孔老的思想绝不是文化初开时代的幼稚思想，必有思想渊源。孔子是史官思想的承继者，所以他言必称尧舜（《虞书》）、周公（《周书》）。他是专注意治国之道的，与《尚书》的作者一样。老子或《老子》作者是筮人思想的承继者，他是偏重玄学的（诸子出于王官说，以全体论，本为穿凿附会。但谓儒、道出于王官，并非全误。唯儒家并不出于司徒之官，而出于史官；道家并不出于史官，而出于筮人。此外所谓某家出于某官，全为无稽之谈。——见《汉书·艺文志》）。后日中国哲学界最占势力的儒道两家是直接由孔子与老子传下来的，间接由无数无名的史官与筮人传下来的。

先秦儒家哲学述评
（节选）

/ 冯 友 兰 /

先秦儒家的代表是孔孟，孔孟对于自然境界及其余境界之区别，认识清楚。《中庸》所说："人莫不饮食也，鲜能知味也。"人没有不吃饭的，但很少能知道味道。这是说人的自然境界。《易》曰："百姓日用而不知。"也正是这个意思。《论语》说："民可使由之，不可使知之。"这是和"百姓日用而不知"的意思一样。孟子说："行之而不著焉，习矣而不察焉，终身由之，而不知其道者众也。"这是自然境界中的人。孔孟看自然境界及其余境界的分别很清楚，所以他们都注重"智"。这个"智"不是普通所谓知识，是"了解"之意。所以"智"与"仁""义""礼"并称，更见得其重要。如果对于"仁"没有了解，其行为虽合乎"仁"，严格说，不算是"仁"。对于"义"没有了解，其行为虽合乎"义"，严格说，亦不算是"义"。"礼"亦然。必须对它有了解，才是道德行为，才是道德境界。否则，终身由之，不知其道者，只是自然境界了。

儒家对于功利境界及道德境界的分别，认识亦清楚，所以义利之辨，成了儒家的主题。孔子说："君子喻于义，小人喻于利。"儒家又注重王霸的分别，王道政治虽亦为利，但是为国家民族的利，为的是公利，是义的行为。霸道政治是君王个人的利，为的是私利，故是利的行为。王道与霸道之分，就是道德境界与功利境界之别。

先秦儒家对于自然境界及功利境界和道德境界的分别，认识很清楚，已如上述。但对于道德境界和天地境界的分别，认识不能算十分清楚。因此，引起了道家的批评。老子和庄子，认自己是天地境界，视孔孟不过道德境界。说孔孟简直没有讲到天地境界，这批评未免过甚。孔孟对于道德境界与天地境界的分别，认识不甚清楚则有之，说是没有谈到天地境界则非也。由孔子"吾十有五而志于学"一章和孟子"浩然之气"一章，可以知道他们的境界到什么程度。

孔子说："吾十有五而志于学，三十而立，四十而不惑，五十而知天命，六十而耳顺，七十而从心所欲，不逾矩。"十五岁志于学，这不是多念一点书，多识几个字，增加若干知识之意，而是志于学道。何以见得？仍可用孔子的话来证明。孔子说："朝闻道夕死可矣。"又说："士志于道，而耻恶衣恶食者，未足与议也。"足见他很注意"道"。那么志于学必是志于学道，学道的目的，即在提高人的境界。境界分四种，前两种，自然境界和功利境界，不必用工夫的，人都可以自然得到。后两种，道德境界和天地境界，那非用一番工夫是不能得到了。所以普通人只到功利境界，如果要提高，非学道不可。孔子又说："后生可畏，焉知来者之不如今也？四十五十而无闻焉，斯亦不足畏也已。"照普通解释：四十五十还没有成功，那就完事了。我看这种解释是不对，这样岂不是孔子讲名利了么？大概是说到了四十五十岁还没有闻到"道"，那就不行了。有了"道"，就有了"了解"，了解宇宙人生。

"三十而立"，这个"立"字是怎么讲呢？从前有一个人进考，题为"三十而立"，他做一篇八股，破题说："夫当两个十五之年，虽有椅子板凳而不敢坐也。"以为"立"字是站的意思，这个当然是笑话。"立"字何解，也可以从《论语》找到根据。孔子说："立于礼。"又说："不知礼无以立也。"由此可知"立"是就"礼"而言。但也不是磕头作揖之谓，大概照《礼记》的说法很对。《礼记》云："礼所以制中也。"以俗语言，就是做事要恰到好处。《论语》说："克己复礼谓仁。"何谓克己复礼？就要非礼勿视，非礼勿听，非礼勿言，非礼勿动。能如是，才可以"立"。

"四十而不惑"的意义很明显，"不惑"就是有"智"了。"智"即"了解"之意，对于仁义礼有了了解，才算是不惑。孔子三十岁时候的行为，大概都合乎礼。可是未必对于礼有充分了解。到了四十而不惑，当然对于礼有充分了解了。孔子说："可与共学，未可与适道；可与适道，未可与立；可以立，未可与权。"这几段意思，可以和三十而立、四十而不惑相互发明。为什么"可以立，未可与权"？因为对于礼没有了解的人，不知道礼随时可以变通，所以"未可与权"。像孟子说男女授受不亲，淳于髡问道：嫂子掉到水里，可以用手去拉她么？孟子说："嫂溺不援，是豺狼也。男女授受不亲，礼也。嫂溺援之以手者，权也。"所以对于礼没有了解，还未到不惑程度，也就不能有权。孔子四十岁已到不惑程度，对于礼就有了充分了解，其行为就是行义，也就是到了道德境界。

"五十而知天命"，这个境界是由道德境界进步到了天地境界。此所谓命，与世俗所谓命不同，乃是人所遭遇之宇宙间的事变，在人力权限之外，为人所无可奈何者乃是天命。有人把命运和环境混淆不清，常听人说：我要战胜天命，这大概是战胜环境之误，因为天命是人力所无可奈何的，何能战胜？要是人力没有尽到，这不是天命了。孟子所谓"知命者不立于危墙之下"。如果你以为自己的命好，去站在危墙之下，不会压死的，结果墙倒终于压死了，这个与天命的命无关，因为人力还没有尽到。知命者，了解人力总有限度，在人力所及之外，余下来的一点才是天命。

"六十而耳顺"，这个耳字很难解，从前大家说："这个耳大概就是我们头上的耳。"这样仿佛和境界没有关系了。近来有一个新解释，"耳"大概就是"而已"的急读。像"之于"的急读是"诸"一样。这样讲来，这一句话就是六十而已顺的意思。顺者，是接着上面的天命，五十知天命，六十而顺天命。因为人力之外，无可奈何的一点，只有付诸天命了。到顺天命的时候，当然是乐天之命了。乐天之命故不忧，到了七十岁可以从心所欲，随便一举一动，统统合乎道了。孔子的修养到此是最高点。

不过我们所讲的天地境界，内可以分四个阶段，一是知天，二是事天，三是乐天，四是同天。孔子四十而不惑，达到了道德境界。五十而知天命，进到了天地境界，入于知天阶段。六十而耳顺，入于事天阶段。七十而从心所欲，入于乐天阶段。但是孔子有没有到同天阶段，还不很清楚。

"七十而从心所欲，不逾矩"，也可以看出道德境界和天地境界的不同。在道德境界的人，所做的道德事情，出于有意的选择，并需要一种努力才可以得到。像孟子说："生我所欲，义我所欲，二者不可得兼，舍生而取义者也。"不但出于选择，而且舍生取义还得要有一种努力。在天地境界的人，所做的事情也是道德事情，不过不必出于选择，也不必需要努力。可以由于自然。不过，这个自然，并非没有自觉，而是可以从心所欲。譬如：此地有糖一块，小孩见了想吃，虽也知道糖不是他的，不能吃，但总想去吃。可是成年人见了，知道糖非己有，不能吃就不吃，也没有什么。这是成年人的了解程度比小孩为高的关系。再如：功名富贵，如果道德境界中的人觉得这是不应该得的，绝不去要的，也是出于有意的选择。天地境界的人觉得不应该要的就不要，并不要什么努力，此所谓从心所欲不逾矩。

孟子的"浩然之气"是怎样？为什么他要讲"浩然之气"？因公孙丑问孟子："夫子加齐之卿相得行道焉，虽由此霸王不异矣。如此，则动心否乎？"孟子答："否，我四十不动心。"公孙丑说："若是夫子过孟贲远矣。"孟子答："是不难，告子先我不动心。"公孙丑又问："不动心有道乎？"孟子说："有。"并且告诉他北宫黝、孟施舍、曾子三人养勇的方法。为什么要讲养勇？盖由此可以得到浩然之气。如果不讲养勇一段，浩然之气，很难得其解。这样看来，可以知道浩然之气就是勇气。明显一点说，就是士气，一鼓作气的气，也就是孟施舍的守气。浩然之气与守气，同为勇气，故性质无甚差别。所异者，浩然之气，是大勇。孟施舍等的勇是就人与人的社会关系说。浩然之气，是就人与宇宙的关系说。可以说：有了孟施舍等勇，可以堂堂地在社会中间做一个人而无所惧。有了浩然之气，可以堂堂地在宇宙中间做一个人而无所惧。所以说，浩然之气至大至刚，以直养而无害，则塞于天地之间。塞于天地之间，无疑是天地境界了。

"浩然之气"是怎样养呢？孟子说："配义与道，无是，馁也。"中间少了一点，就没有勇了。此所谓"道"和"朝闻道""志于道"的道一样，也就是对于宇宙人生的了解。"义"即道德行为。所以浩然之气，一方面要有对于宇宙人生的了解，一方面要力行对于宇宙社会所有的义务——道德义务。而且要常行此义。故孟子说："是集义所生，非义袭而取之。"于此可知浩然之气，是许多道德行为相集合自然生出来的。这种养气的方法，和曾子的守义有点相似。他怎样守义？所谓"自反而缩，虽千万人吾往矣"。所不同者，曾子的守义，是就一件一件的事而言。孟子的集义，是就一种心理状态一种境界而说。照曾子说，事情来了，看是不是我有理，如果我无理，我必退避三舍，如我有理，那么虽千万人我往矣。孟子集义的方法，乃是今天做一点道德行为，明天做一点道德行为，集许多道德行为，自然生出的心理状态，就是大勇，也就是浩然之气。再有一点，曾子讲的大勇，还是就人与人的关系而说，孟子的浩然之气，乃是就人与宇宙的关系而言。所以集义与守义虽有点相似，而成就有高低之不同。一个是道德境界，一个是天地境界。孔子说："知者不惑，仁者不忧，勇者不惧。"不惑不忧不惧，就是不动心。不过孔子此言，是就人与人之间的关系而说。孟子的勇者不惧，则配义与道，比较要高了一点。所以孟子说：能上下与天地同流，这个和"同天"的意思一样了。

有浩然之气的人，精神上可以塞于天地之间，这点还可引用孟子的另一段，以证明道德境界和天地境界的不同。孟子说："居天下之广居，立天下之正位，行天下之大道。得志与民由之，不得志独行其道。富贵不能淫，贫贱不能移，威武不能屈，此之谓大丈夫。"照这段意思，所谓"居天下之广居，立天下之正位，行天下之大道"，不能说不大，"富贵不能淫，贫贱不能移，威武不能屈"，不能说不刚，但不过是道德境界的大和刚，而不是至大至刚。浩然之气，是就人与宇宙的关系说。有浩然之气的人，当然也是"居天下之广居，立天下之正位，行天下之大道"，"富贵不能淫，贫贱不能移，威武不能屈"，可是其意义就不同了。他的精神是塞于天地之间，上下与天地同流。

由上所述，可知先秦儒家亦说到天地境界，道家的批评是错误的。不过其所用得到天地境界的方法，是由于集义，由于实行道德的行为来的，所以他们对于道德境界和天地境界的分际不很清楚。可以说：他们的高明还差了一点，不能算是极高明。

论人生中的境界

/ 冯 友 兰 /

我今天所要讲的题目叫作人生中的境界。大概的意思就是说我们每个人所处的世界都是一个世界，可是各人的境界都不同，这个说法是介乎佛家跟我们常识的两种说法的中间。佛家的说法，就是每个人都有他自己的世界，每个人的世界都不相同：你有你的世界，我有我的世界。在表面上看来似乎我们共同有一个世界。山河大地就是这一个山河大地，我们都看见房子，都看见山河大地，可是你看见房子是你的，我看见房子是我的。我看见这个山是我的，你看见这个山是你的。佛家说：如众明灯各个似一。这好比房子里面有很多灯，每盏灯都放出来它自己的光，每盏灯放出来的光都射在这个房子之内，于是这个房子之内就似乎只有一个光：实际上并不是这一个光，那一盏灯放出来的光就是那一盏灯的。这是照佛家的说法。照平常人的说法——常识说法，这个世界就是这个世界了。你看见的世界亦是这个世界，我看见的世界亦是这个世界。照我现在所要讲的呢，就是说是有一个公共的世界；但是我们对于那个世界的了解不同，所以公共的世界对于每个人的意义都不相同。拿这很多不同的意义就构成我们的人生境界。

进而言之，虽然这个世界是一个公共的世界，可是每个的境界都不相同。这个境界是不同的意义所构成的。详举一例就可明白：譬如有两个人去游一个山。两个人当中有一个系地质学家，他一到这个山上所见的是什么呢？所见的这个山是什么岩石所构成，地质上的构成是怎样一个情况。另外一个人系一个历史学家，他一到这个山上所看见的是这个地方有什么古迹，从前发生过什么事情。这个山只是一个山，但是因为这两个人对于这个山的了解的不同，所以这个山对于这两个人就有不同的意义。再举一个例，譬如放警报，大家都乱跑，在表面上情况都是一样，都是在那里跑。但是各人对于放警报的了解都不同。有些知道为什么要放警报，为的是中国跟日本打仗。中国跟日本为什么打仗，他有很充分的了解。有些人只知道敌机要来，可是为什么有敌机来他并不懂得。放警报对于这种人的意义与前面的人就不同了。一只狗亦在街上乱跑，你能说它不是躲警报吗？可是它对于警报的了解又差得多了。所以警报虽然是同一警报，但因为各人对于这个东西的了解不同，所以对于他们的意义亦就不同。因此我们的说法是介乎佛家说法与常识说法的中间：就是世界是一个公共的世界，可是这个世界对于各个人意义不必相同。俗语所谓："仁者见仁，智者见智。"仁者见之谓之仁，智者见之谓之智。

有人或谓：你的所谓境界是从主观方面来讲的。其实这亦不尽然。我们不能说境界完全是由主观，不能说事物对于各人的意义的不同纯粹是由于各人的主观。譬如刚才我说有一个地质学家游山，他看见山上有些什么岩石，这并不是主观；山上是有岩石，不过他了解这些为别人所不了解的而已。一个历史家游山，他看见古迹，并不是主观；因为这个山上的确是有古迹，不过有些人不解而已。当然这其中并有主观的成分。可是一种知识都有主观的成分。所以境界并不是完全由于主观。

我们可以拿一个标准把境界分成几类，就好像我们这些人都不相同，但可以按照高低或年龄来分成几类。今天我所要讲的，就是人生里面可能有的境界，可以分成四类。拿我们现在所用的名词来表白，就是自然境界、功利境界、道德境界和天地境界。现在先把每一种境界的特别之点讲讲。

自然境界是什么呢？它的特别的地方就是在这一种境界里面的人，他的行为都是循着他的天资或者是循着习惯——他自己的习惯或社会上的习惯去行的。有些人生来有一种天资，就照着这个天资去行。至于为什么这样行，他并不一定了解。比如他要学文学，你问他为什么要学文学，他说我的兴趣在此。有些人的行为是循着习惯——他自己的习惯或社会上的习惯去走的。比如我常常看见有很多青年上大学，你问他为什么要来上大学，他说别人都来上大学，我亦来上大学。这种就是我所说的循习。这种人同上面所说的那种人虽然做了那些事情，可是为什么要去做这些事情，他不很清楚。这种境界就叫作自然境界。从前有首古诗描写农民的生活状况就说："凿井而饮，耕田而食。不识不知，顺帝之则。"他不晓得那个法则是什么回事，但他不知不觉中照着那个法则去行。又说:"日出而作,日入而息。"这种人的这种境界就叫作自然境界。中国从前的老庄对于这种境界非常赞美。原始社会中的人的生活他很赞美,小孩子的生活他们亦很赞美,看见愚人的生活亦赞美。他们为什么赞美这些人呢?就是因为这些人的境界是自然的境界。我刚才虽然说原始社会里面的人,他们的境界大概都是这种境界,但是有这种境界的人并不限于都是在原始社会里面的人。虽然说是小孩子同愚人,他们的境界大概都是自然境界,可是有这样境界的人并不限于小孩子与愚人。即使在工业最发达的社会里面的人,有这种自然境界的亦是很多很多:比如刚才我们说逃警报,有些人听见警报,跑就是了。为什么有警报,为什么打仗,他们不大清楚。这种境界是自然境界,可是现在这种社会并不是原始社会。在美国或英国工业发达的社会里面有自然境界的人很多:比如我们到美国去看见有些普通工人,他们照例上工就上工,照例发薪水就领薪水,到了星期六下午人家去看电影他亦照例去看电影。这些人的境界都是自然境界。

凡是在自然境界的人所做的事,亦不就是价值很低。他亦可以做一种价值很高的事情。虽然他亦可以做一种价值很高的事情,可是他对于这件事情并不了解,所以他所做的事情虽然价值很高,他的境界仍然是自然境界。在明朝亡的时候,满清的兵来了,叫百姓把头剃光。有一个人不肯剃光,清朝的兵就把他抓去,他还是不肯剃光。明朝的人头上戴着一个头发网子,他还是戴着网子。清朝的兵把他的头发网剪掉,他没有办法,在额上画一个网巾。还亦不晓得他叫什么名字,清朝的兵就叫他网巾先生。到了要杀他的时候,问他叫什么名字。他说，我不愿意做照例殉节的人，所以我不说我的名字。可见有些人是照例殉节。虽说是照例殉节，但不能说那件事情没有价值；事情虽然有价值，但境界是自然境界。我们在民间听的歌谣亦有很好的：比如《诗经》三百篇大部分都是民间的歌谣，可以说有文学的价值。虽然有文学的价值，可是作歌谣的人不一定就知道有文学的价值，所以他的境界就是自然境界。总而言之，在原始社会里面的人，虽然他们的境界大概都是自然境界，可是有自然境界的人不一定都是原始社会里面的人。就是我们现在社会里面的人有自然境界的亦很多。这些人亦不一定做价值很低的事，他亦可以做出很大的事。

第二种境界我们叫作功利境界。它的特别地方就是在这种境界里面的人，他们的行为都是为利。这种人跟自然境界的人不同。怎样不同？就是自然境界里面的人，虽说做了很多事情，可是他为什么做这个事情，他心里面不很清楚，没有很深的了解。在功利境界里面的人就不同了：他自己做些什么事情，他都有很清楚的目的，很清楚的了解。他的目的就是为了他自己的利益。所谓利字，它的范围很广。无论是为了增加财产或发展他自己的事情、增进他自己的名誉，都可以说是为利。这种人的境界是功利境界。这种人并不一定都是坏人，亦并不一定都是像中国杨朱一类人，都是为他们自己，不肯牺牲自己。他亦可以去牺牲，亦可以去牺牲他的财产，甚至于牺牲他自己的生命。他亦不一定专要做坏事，他亦可以做好事，做有益别人的事。可是无论做什么事，你要是追究他最后的动机，无非都是为了他自己的利益。他可以牺牲生命，这是很好的了。可是你问他为什么要牺牲呢，就是因为要博得名誉。他可以做有利别人的事，这固然是好了。可是他为什么要做有益别人的事呢？或者是为了要得到名誉，或者是为了得到社会国家的奖励。最后动机还是为他自己的利益。不问他所做的事情是多大的事情，不问他所做的事情是有益别人的事情，他的境界都是功利境界。比如秦始皇、汉武帝所做的事情都是对于民族有利益的，但是追究他们的动机，都是为了自己的利益，所以虽然做了很多大事情，他们的境界仍然是功利境界。

第三种境界叫作道德境界。它的特别地方就是在这种境界里面的人，他的行为都是行义。上面说过在功利境界里面的人，他的行为都是为利。义与利这两个字系相反而又相成的。试举一例就可以看得出来。《孟子》这部书头一章就是"孟子见梁惠王，曰：叟不远千里而来，亦将有以利于我国乎？"于是孟子就说道："王何必曰利？亦有仁义而已矣。"意思就是说你不可以讲利，只可讲仁义。可是孟子接着发表他自己一套大政方针说道："五亩之宅，树之以桑，五十者可以衣帛矣。"又说："鸡豚狗彘之畜，无失其时，七十者可以食肉矣。"于是乎就有人批评孟子说：孟子这个人真是岂有此理，你不叫梁惠王讲利，可是你自己所讲的不是利吗？为什么许你自己讲，不叫梁惠王讲呢？其实这个批评是错误了：因为孟子所讲的自不是他自己的利，是人民的利。他并不是把帛子来自己穿，养鸡养鱼自己吃。在从前，国就是王，王就是国，梁惠王问"何以利吾国"，是不啻等于问"何以利吾自己"。如果现在的人问何以利吾国，相信孟子一定不会给钉碰：因为现在的"国"是大家的，不是某人私有的。

照这样看起来,利与义一方面是相反的,一方面又是相成的。如果专为自己的利,当然与义正是相反。可是义亦不能离开利。什么叫作义呢?义就是道德行为。道德行为最后目的都是为社会国家求利的。所以义亦不能离开利。如果离开利,义就成了空洞的东西。但是亦与利相反。就是说你求别人的利就是义,如果求自己的利就不是义。一个人的行为都是求自己的利,那么他的境界就是功利境界。这在上面已经说过了。如果一个的行为都是求国家百姓人民之利,那么他的行为就是行义,他的境界就是道德境界。

说到这个地方我们就要问:一个人为什么要行义?为什么要行道德?这个问题有种种的说。在我们现在的讲法就是说,在道德境界里面的人,他了解人之所以人,了解人的性。什么叫作桌子?桌子之所以为桌子有它的性。它的性不同于椅子,绝不能拿桌子当椅子坐。人是一个动物,猫亦是一个动物,狗亦是一个动物,为什么人不是一只狗呢?必定是人与狗有不同的地方,亦即是人有人的性。但我们不能说人会吃饭就是人的性,因为猫狗亦会吃饭。亦不能说人会睡觉就是人的性,因为猫狗亦会睡觉。我们要找出人与禽兽不同之点在什么地方,就是人有社会而禽兽没有社会。有人说蚂蚁有社会组织,蜜蜂有社会组织,与人有什么分别?分别是有的。蚂蚁虽然有社会组织,可是它不了解社会组织。蚂蚁虽然亦列队打仗,可是它不一定了解打仗的意义。人列队打仗知道意义。这就是人与蚂蚁、蜜蜂不同的地方。在道德境界里面的人了解人的性。人的性里面包含有这个社会制度以及社会里面的一些规则,就是说政治上、道德上、法律上各种规则。这些规则在一方面看好像都是拿来压迫个人的,限制个人的,可是在另一方面看就不然。关于这点,现在讲政府哲学的人分为两派说法。一派说法,就是说:社会上的制度、道德上的规则、法律上的规则都是拿来压迫个人的,可是我们为什么要受它的压迫呢?换句话说,这些人虽然知道这些东西是压迫个人,但又知道没有它不行。好像我们穿衣服穿在身上固然累赘,但不穿又不行。这一派政治哲学系从功利境界里面的人的观点讲的。从道德境界里面的人看,就不是这样讲,所谓社会组织与道德上的规则、法律上的规则、政治上的规则不是限制个人的,而是个人必定要在社会中间才能成为一个人,如果离开社会就不是人了。比如这根柱子必定要在房子里面才是柱子,否则只是一根大木料。所谓人亦是如此,不能说离开社会还是人,必定要在社会中间才能算是人。这个社会并不是压迫个人,而是每个人必定要在社会中间才能得到完全的发展。必定要在社会中间,那么人之所以为人才能得到完全的发展。说到这个地方就想起在民国初年五四运动的时候,一般讲文化运动的人往往把社会看错了。说是社会是压迫个人的,我们人必定要奋斗,从社会里面解放出来。这种说法仔细一想就知道很不通,人怎样能够从社会里面解放出来呢?他们这种说法,好像等于我们在这里说"这根柱子受上面压迫太厉害了,把它解放出来吧"一样地不通,试问解放出来以后它还可以成为柱子吗?绝不是柱子,是大木料了。所以如果人要从社会里面解放出,就不是人。不但不能生活,并且不合乎人之所以为人的道理。照我现在的说法,个人必定要在社会中间才能生存,这是一点;第二点,他必定要在社会当中才能成为一个完全的人。

现在说到天地境界,它的特别地方是什么呢?就是在这种境里面的人了解个人必定要在一个全之中才能生存，才能发展。在道德境界里面的人，了解在个人以外还有一个全。这个全就是社会之全。可是在天地境界里面人又了解一个全。这个全就是宇宙。他了解在社会之全之外，亦可以说在社会之全之上，还有一个大全。这个大全就是天地、宇宙。人必定要在宇宙的大全里面才能发展，才能完成。如果一个人了解他不但是社会里面的一分子，并且还是天地间的一分子；不但是要替社会尽一份责任，并且还要为宇宙负责任。他了解到这地步，他的境界就是天地境界。

孟子所说浩然之气，可以做个例子。究竟什么是浩然之气呢？照我们现讲法，这个气就是士气甚旺、勇气、一鼓作气再而衰三而竭的气。浩然就是大。浩然之气就是大气。什么叫作大气呢？一个人要吹大气，这种大气不是孟子所讲的大气。孟子所讲的大气是大勇气，这个气是一个大勇气，比普通勇气大。它大在什么地方？就是大在我们普通之所谓勇气，只是在人与人间的一个勇气，而孟子所讲的浩然之气，这个大气，不是与人之间的勇气，不是社会之间的勇气，它是一个人在天地之间的勇气。人有普通勇气的时候，他可以在社会中堂堂做一个人；可是有了浩然之气的人，不但在社会中间可以堂堂做一个人，而且在宇宙中间、天地间，亦可以堂堂做一个人。所以孟子说："其为气也，至大至刚，以直养而无害，则塞于天地之间。"意思就是有这个东西的人，他不但在社会上是一个堂堂的人，并且在宇宙中间是一个堂堂的人，如所谓"顶天立地的人"是。另外孟子又说："居天下之广居，立天下之正位，行天下之大道……富贵不能淫，贫贱不能移，威武不能屈。"富贵不能淫，贫贱不能移，威武不能屈，这就是刚；居天下之广居，立天下之正位，行天下之大道，亦可以说是大。可是这不是至大至刚，必定是充塞天地之间，好像是顶天立地的人，才是至大至刚，才是浩然之气。这种人的境界就是天地境界。他的境界比较那些富贵不能淫、贫贱不能移、威武不能屈的人的境界又高了。这种人可以说是一种最高的人。这种人在这种境界之中，可以说是与天地参。虽说在物质方面只有一个七尺之躯，可是我们可以说是与天地参。他虽然只能活百年，可是我们可以说他是与日月争辉。这种人中国话叫作什么？就叫作圣人。

以上所说的四种境界，有高低的分别。这高低的分别拿什么做标准呢？就是拿有某种境界的人，所需要的了解的多寡来做标准。比如说我们讲一种境界，他所需要的了解并不要怎样高，那种境界就是低；另外有一种境界，如果我们要有它的时候，需要有很高的了解，那种境界就是高。四种境界之中比较，自然境界是最低的了。因为在自然境界里面的人都是混混沌沌，糊糊涂涂，他所需要的了解最少。功利境界就比较高一点。他了解有我，有他自己。道德境界又高一层：就是他不但要了解自己，并且要了解社会，在个人之上一个社会之全。在天地境界里面的人，所需要的了解更多。不但要了解有一个社会之全，并且要了解在社会之全上，还要有一个宇宙天地之全。所以自然境界最低，功利境界比较高一点，道德境界又高一点，天地境界最高。在天地境界里面的人，中国话叫作圣人，在道德境界里面的人称为贤人，在功利境界里面的人，亦可以为平常人，亦可以为英雄。

在低的境界里面的人，他所能享受的那一部分世界小；在高的境界里面的人，他所享受的那一部分世界大。世界都是这个世界，可是不是每个人都能全享受。我们所享受的只能有一部分。享受的这一部分就有大小的分别。境界越高的人，他能享受的那一部分世界越大。比方说在功利境界里面的人，他所享受的那一部分世界就是与他自己有关系的那一部分，与他自己没有关系的那一部分就不能为他所享受。在道德境界里面的人，凡是社会都能够享受。在天地境界里面的人，全宇宙都是他所享受的。所以境界愈高，他所能享受的这个世界就愈大。

境界有久暂。有些人得着一种境界，他可以常在此种境界之中。有些人虽然得着一种境界，可是他只能暂时在那种境[1]里面。我方才说这个世界都是一个世界，可是因为各人的了解不同，所以境界不同。那么境界就跟着了解而来。了解虽然给我们一种境界，可是它不能叫我们常在那个境界里面，因为我们人的心理是很复杂的。古语说："人心惟危，道心惟微。"心里面有别方面的欲望的冲突，往往就不能使你常在高的境界之中。比如说，一件事情来了，我们知道这件事应该这样做。在我们这样做的时候是一个道德境界。我们应该这样做就这样做，可是，忽然间想到，我这样做似乎有困难，或者对于我有什么妨碍。这样一想，就不是道德境界，而是功利境界了。所以仅有了解，只能叫我们短时期地在一个高境界之中，不能叫我们常在高的境之中。由此可知，除了解之外，要凭着一种别的修养功夫才可以。那个修养功夫是什么呢？就是道学家常常所说的"敬"。所谓

---

[1] 本段内两个"境"皆指"境界"。——编者注

"敬",就是注意。

自然与功利这两种境界可以照黑格尔的说法叫作"自然的体物"。道德境界同天地境界则系精神的创造,需要我们自己创造。自然境界与功利境界为什么称作"自然的体物"呢?就是我们不要努力自然就可以有的。道德境界与天地境界需要我们自己努力,不会自然有这种境界。

或者会有人问:"人都是宇宙的一分子,何必一定要在天地境界里面的人,才是宇宙的一分子呢?又何必一定要努力才能得到天地境界呢?"这个疑问是有的。人都是宇宙的一分子,这是不错的。不但都是宇宙的一分子,亦都是社会的一分子。不但我们是社会一分子,而且强盗亦是社会一分子。人都是循着社会的规则、道德的规则生活,就是强盗他亦不能不迎着社会的规则、道德的规则去生活。他只是在做强盗的那一两点钟或一两分钟不照着社会规则、道德规则去生活,其余的时间都是照着道德的规则生活。例如他抢了东西到街上去卖,人家给他拾块钱,他就要卖。不能说自己不卖,反又去抢人的东西。他到饭馆吃饭亦要给饭钱,住房子亦要给房钱。如果一个人,他的行为无论什么时候、什么地方都与道德相违背,这就一分钟都不能过下去。可是虽然都是这个样子,但是有些人了解,有些人不了解。分别就在这地方。人不但都是宇宙一分子,而且都是社会的一分子,并且都是这个样子,但是有些人不了解就是了。你能了解,那你的境界就可以是道德境界,不能了解,那你的境界就是自然境界或功利境界。这就是了解与不了解的分别。佛家说:"悟则为佛,迷则为凡。"就是这个道理。所以圣人与我们不同的地方,并不是于我们平常人所行事之外，另做些什么事。圣人所行的事就是平常人行的这些事。如果在平常所行人的事之外另外再找些什么事做，那就是等于佛家所常说的"骑驴觅驴"，骑在那驴上想另外找一个驴，就找不到了。所以圣人做的事情就是平常人所做的事情。

说到这个地方或者又会有人问：你说平常所做的事情是什么事情呢？平常人所做的事情，比如当兵的就是下操打仗，当学生的就是上课念书，当教授的就是教学。平常人所做的事情就是这些事情。就是你在社会上原来做什么人，你就做什么。比如说你原来是一个军人，那打仗下操就是你的事。如圣人是一个军人，事亦一样，要打仗下操。学生上课听讲，圣人亦要上课听讲。我们当教授，假使圣人处在我们这地位，他亦是讲学教书。他并不做什么特别的事情。这就是现在所谓"每个人都站在他自己的岗位而做他所要的事情"。事虽都是一样的事，可是因为人的了解不同，所以境界就不同。比如军人站在岗位上都是打仗，可是这个兵知道为什么要打仗。那个兵是被征发来的，他不知道为什么要打仗，只是糊糊涂涂地打，他的境界就是自然境界。如果这个兵认为我们如果打仗就可以升官得奖赏，或者社会上给我们一个好名誉，那他的境界就是功利境界。如果有个兵知道打仗是为民族，那他的境界就是道德境界。如果有个兵认为他打仗并不仅是为国家民族而是为宇宙世界，那么他的境界就是天地境界。

或者有人问，这些人你都要他做平常的事，那世界上岂不是一个平常世界了吗，没有什么新发明新创造了吗？这是不对的，人们应该发明的就应该发明，应该创造还是创造。我们的思想是说任何人站在他自己岗位上做他应该做的事情，并不是守着他的岗位不敢创造，不敢发明。不但不是这个意思，他站在他的岗位上应该尽他的力尽他的才能去发明去创造。比如我们当学生的平常听讲上课，并不是照例只听讲上课，而是能创造者还是创造，能发明者还是发明。所以圣人所做的事情就是平常人所做的事情，就是站在岗位上做他应做的事情，不过因为了解不同而有境界的不同耳。

论命运

/ 冯友兰 /

市上有许多所谓"大哲学家"也谈命运,不过他们所谈的命运是指"先定"。既有"先定",就有人要"先知"它,以便从中获利。例如预先知道某种物品将要涨价,就大量买进,便可赚钱;知道某种物品将要跌价,就去卖出,便不亏本。因此得大发其财,无怪"大哲学家"们都生意兴隆了。

其实"先定"是没有的,即使有,也无用先知。如果有先定的命,命中注定你将来要发财,到时自然会发财;命定你要做官,将来自然做官;命定了将来要讨饭,自然要讨饭。先知了也不能更改,不能转变,又何必要预先知道呢!

我说的"命运"和他们所说的不同。古人孔子、孟子等也谈命,如孔子说:"知天命。"庄子说:"知其不可奈何而安之若命。"孟子说:"莫之为而为者,天也。莫之致而至者,命也。"荀子说:"节遇之谓命。"我说的"命"就是他们所说的"命"。"莫之致而至"是不想他来而来;"节遇"是无意中的遭遇,这才是"命运"的真意。所以"命运"的定义就可说是一个人无意中的遭遇。遭遇只有幸和不幸,没有理由可说。譬如说现今的时代是伟大的,我"幸"而生在这时代;也有人说现今的时代是受罪的,我"不幸"而生在这时代。我们生在这时代可以说是幸或不幸,但我们为什么生在这时代,便没有理由可说。

命和运不同:运是一个人在某一时期的遭遇,命是一个人在一生中的遭遇。某人今年中了特种奖券,是他今年的"运"好,但是他的"命"好不好,还不一定,因为他将来如何尚不得而知。在一时期中幸的遭遇比不幸的遭遇多,是运好。在一生中,幸的遭遇比不幸的遭遇多,是命好。

普通所谓努力能战胜"命运",我以为这个"命运"是指环境而言。环境是努力可以战胜的,至于"命运",照定义讲,人力不能战胜,否则就不成其为"命运"。孟子说:"知命者不立于岩墙之下。"如果一座墙快要倒了,你还以为命好,立在下面,因而压死,那是活该,不能算是知命。又如逃警报,有人躲在一个不甚安全的地方,不意炸死了,这是他的"命"不好,也是他的遭遇不幸。努力而不能战胜的遭遇才是命运。

人生所能有的成就有三:学问、事功、道德,即古人所谓立言、立功、立德。而所以成功的要素亦有三:才、命、力,即天资、命运、努力。学问的成就需要才的成分大,事功的成就需要命运的成分大,道德的成就需要努力的成分大。

要成大学问家，必须要有天资，即才。俗话说："酒有别肠，诗有别才。"一个人在身体机构上有了能喝酒的底子，再加上练习，就能成为一个会喝酒的人。如果身体机构上没有喝酒的底子，一喝就吐，怎样练习得会呢？作诗也是一样，有的人未学过作诗，但是他作起诗来，形式上虽然不好，却有几个字很好，或有几句很好，那种人是可以学作诗的，因为他有作诗的才。有的人写起诗来，形式整整齐齐，平仄合韵，可是一读之后，毫无诗味，这种人就不必作诗。一个人的才的分量是一定的，有几分就只有几分，学力不能加以增减。譬如写字，你能有几笔写得好，就只能有几笔写得好。学力只不过将原来不好的稍加润饰，使可陪衬你的好的，它只能增加量不能提高质。不过诸位不要灰心，以为自己没有才，便不努力。你有才没有才，现在还不晓得，到时自能表现出来，所谓"自有仙才自不知"，或许你大器晚成呢！既有天才，再加学力，就能在学问上有成就。

至于事功的建立，则是"命运"的成分多，历史上最成功的人是历朝的太祖高皇帝，刘邦因为项羽的不行而成功。如果项羽比他更行，他绝不会成功。学问是个人之事，成功则与他人有关。康德成为大哲学家，并不因为英国没有大哲学家。而希特勒的能够横行，却是英国的纵容和法国的疏忽所致。历史上有些人实在配称英雄，可是碰到比他更厉害的人，却失败了。有的人原很不行，可是碰着比他更不行的人，反能成功，所谓"世无英雄，遂令竖子成名"，所以事功方面的成就靠命运的成分大。"卫青不败由天幸，李广无功缘数奇"，我们不应以成败论英雄。

道德方面的成就则需要努力，和天资命运的关系小，因为完成道德，不必做与众不同的事，只要就其所居之位，做自己应该做的事，尽伦尽职即可。人伦是社会中人与人之间的关系，一个人在社会上必须和别人发生关系，而且必须做事。能尽自己和别人的关系，做自己应该做的事，就是道德，和自己的地位高下、事业大小都没关系。不论何人，只要尽心竭力，对社会的价值是没有分别的。正如唱戏好的人，和所扮演的角色无关，梅兰芳登台，不一定饰皇后。地位很阔的人，不能尽伦尽职，是不道德。村夫野老能尽伦尽职，就是有道德。命运的好坏对于道德的完成，也没有关系。文天祥和史可法都兵败身死，可算不幸。但是即使他们能存宋救明，他们在道德方面的成就也不会再增加一些。他们虽然失败，道德的成就也不因之减少一些。不但如此，有的道德反要在不幸的遭遇下才能表现，如疾风劲草，乱世忠臣。孟子说"富贵不能淫，贫贱不能移"，终身富贵的人，最多能做到前者。做官发财是"求之有道，得之有命"，唯有道德是"求则得之，舍则失之"，做不做的权全在自己。

有的人常常说我立志要做大学问家，或立志要做大政治家，这种人是可以失望的。因为如果才不够，不能成为大学问家，命运欠好，不能成为大政治家。唯立志为圣贤，则只要自己努力，一定可以成功。圣贤是道德的最完成者。普通人以为圣贤需要特别的在事功、文学方面的天才，那是错误的。孔子和孟子的成为圣贤，和他们的才干没有关系。王阳明并不因为他能带兵而成贤人。所以学问的成就需要才，事功的成就需要幸运的遭遇，道德的成就只要努力。

关于真善美

/ 冯 友 兰 /

有许多人把"真""善""美"三者,认为是一事,或混为一谈。常说:真的就是善的,就是美的,善的就是真的,美的,等等。这些说法,听着很好听,因为这三字本来都是说着好听的。但仔细想起来,这种说法究竟说了些什么,实在很成问题的。

在中国原有言语里,所谓"真"有两义。例如我们说:"这个桌子是真的";我们亦说:"报上的某消息是真的。"这两个"真"的意思不同。第一句话中所谓"真",是对于一事物说;后一句话中所谓"真",是对于一句话说。普通所谓真善美之"真",是指"真理"而言,是后一句话中所谓"真"。

就普通所谓真善美说,"真"是对于一句话说的,"善"是对于一种行为说的,"美"是对于一种形象说的。

人不能凭直觉,知道某一句话是真;但知道某一个形象是美,则是专凭直觉的；人知道某一个行为是善，是不是专凭直觉，这是一个值得讨论的问题。

王阳明的"良知说"，就是主张专凭直觉，人即可以知道善知道恶。阳明说："知善知恶是良知，为善去恶是格物。"阳明亦说"致知"，但谓致知即是致良知，"知善知恶是良知"。人见一善的行为，不待思考，而即感觉其是善；见一恶的行为，不待思考而即感觉其是恶。正如人见一美的事物，不待思考而即感觉其是美；见一丑的事物，不待思考而即感觉其是丑。《大学》说："如恶恶臭，如好好色。"阳明亦常引此言，以比喻良知。人于感觉一行为是善时，不但感觉其是善，而且对之有一种敬仰。于感觉一行为是恶时，不但感觉其是恶，而且对之有一种鄙视。犹之乎人见好色即自然好之，见恶臭即自然恶之。阳明以为人本来都能如此直接分别善恶。此"能"，阳明谓之"良知"。人须先觉了他有"良知"，然后即注意于顺良知行。顺良知行即是致良知，即是致知，亦即是格物。

照这种说法，人对于道德价值的知识，是一种直接的知识，也可以说是一种直觉。有道德价值的行为，是依照某道德规律的行为。但人感觉一行为是善的，并不是因为他们先知其是依照某道德规律。他们并不必先将此行为加以分析，见其依照某道德规律，然后方感觉其是善的。法庭中，法官的判决是用此种方法得来；但人对于道德价值的感觉，则不是用此种方法得来。他们先感觉一行为是善的，依此感觉，他们即说它是善的。至于分析其行为是如何依照某道德规律，则是以后的事。人对于美的感觉，亦是如此。譬如人见一好画，而感觉其为美；他们并不是先将其加以分析，见其是依照某美学的规律，然后感觉其为美，而是一见即感觉其为美。依此感觉，他们即说，它是美的。至于分析它是如何依照某美学的规律，则是以后的事。此点若详加讨论，即到理在心外或理在心中的问题，此问题是理学心学所争论的一个根本问题。置此问题不谈，而但说，人对于道德价值的知识，是一种直接的知识，也可以说是一种直觉。人都能有此种知识，此"能"，是人的良知。若限良知于此义，则人有良知之说，是可以说的。有些人对于此点，尚有怀疑，请先释疑。

有些人以为，所谓"良知"，如上所说者，不过人于某种社会制度内，所养成的道德习惯，在知识方面的表现。在某种社会内，某事是善的。但在别种社会内，某事或不是善的。人的良知，常以其社会所以为善者为善。例如以家为本位的社会，以女子守节为善。其中的人的良知，亦以女子守节为善。以社会为本位的社会，不以女子守节为善。其中的人的良知，亦不以女子守节为善。在此两种不同的社会中，对于此等事，人的良知所见不同。于此可知，良知的"知"，是不可靠的。

于此我们说，照上文所说，良知只能知其对象，而不创造其对象。道德行为是依照道德规律的行为，道德规律，有些是某种社会的理所规定的，所以本可以不同。在某种社会内，某事本是善的。本是善的，而人的良知知之，并不是人的良知以为善，它才是善的。在某种社会内，某事本不必是善的。本不必是善的，而人的良知亦知之，并不是人的良知以为不必是善的，它才不必是善的。在以家为本位的社会中，女子守节，本是道德的行为；在以社会为本位的社会中，女子守节本不必是道德的行为。此种行为，本是如此，而人的良知知之。并不是人的良知以为此种行为是如此，而它才是如此。

有些人以为，所谓"良知"者，并不是自有人类以来，人本即有的；经过长时期"物竞天择"的演变，现在的人，才可以说是有良知。我们或可说"现在的人有良知"，而不可说"人有良知"。

此所说或是事实，但就义理说，说人有良知，则并不因有此事实而有不合。假定以前的人无良知，而现在的人有良知，也就是说，现在的人，更近于人之所以为人者，人类研究有了进步。这于说人有良知，并没什么妨碍。

照心学这一派的说法，人不但专凭直觉即可以知善知恶，而且只可以专凭直觉知善知恶；若对于直觉所知，另有考虑，则反而不能知善知恶了。对于直觉所知，另有考虑，心学一派的人，谓之用智。"用智"的弊，与"自私"同，程明道说："君子之学，莫若廓然而大公，物来而顺应。""人之情各有所蔽，故不能适道。大率患在于自私而用智，自私则不以有为为应迹；用智则不能以明觉为自然。"（《定性书》）阳明以为良知所知，就是至善，他说："至善之发现，是而是焉，非而非焉，轻重厚薄，随感随应，而亦莫不有天然之中，是乃民彝物则之极，而不容少有拟议增损于其间也。少有拟议增损于其间，则是私意小智，而非至善之谓矣。"（《大学问》）这都是说，人只可以专凭直觉，知善知恶。

这并不是说，人只可以专凭直觉做事。直觉能使人知道什么事应该做或不应该做，不能教人知道什么事怎么做。知道什么事应该做以后，就去研究怎么做，这不是直觉所能知的。但这也不是道德判断了。

至于"真",则我们不能专靠直觉而判定哪一句话是真的。有些人可以说,算学及逻辑中的最初定律,是"自明"的。所谓"自明"者,就是专靠人的直觉,就可以知道它是真的。此话也许不错,但即令此说是真的,也不过是只有这些定律是自明的而已。人还是不能专靠直觉就能算算学,演逻辑。至于关于实际事物的科学,例如化学、经济学等,更不是专靠直觉,即可以讲的。

我们可以说"真的话就是与事实相符的话",我们也可以说"善的行为就是与社会有利的行为"。但关于美,我们只能说:"美是使人有某种感觉的形象。"

不过对于一句与事实相符的话,我们须先知其是与事实相符,我们才知道它是真的,但对于一种于社会有利的行为,我们不必想到它是与社会有利,而立时对于它即有崇敬爱慕之感。善恶的判断,可以专凭直觉者,其原因即在于此。

人不能专凭直觉说一句话是真,但可以专凭直觉说一行为是善、一形象是美。不过人可以离开人的感觉说善之所以为善,但不可以离开人的感觉说美之所以为美。这就是说,感觉并不是构成善的要素,但是构成美的要素。这是真善美的一个不同之点。

万里长征,辞却了五朝宫阙,暂驻足衡山湘水,又成离别。绝徼移栽桢干质,九州遍洒黎元血。尽笳吹,弦诵在山城,情弥切。

　　千秋耻,终当雪。中兴业,须人杰。便一成三户,壮怀难折。多难殷忧新国运,动心忍性希前哲。待驱除仇寇,复神京,还燕碣。

西南联大进行曲(部分)

罗庸、冯友兰　作

图书在版编目（CIP）数据

西南联大文化课/冯友兰等著.—成都：天地出版社，2021.11（2022年6月重印）
ISBN 978-7-5455-6659-8

Ⅰ.①西… Ⅱ.①冯… Ⅲ.①中华文化—青年读物 Ⅳ.①K203-49

中国版本图书馆CIP数据核字（2021）第215823号

本书部分文字作品稿酬已委托中国文字著作权协会转付，敬请相关著作权人联系。电话：010-65978917，传真：010-65978926，E-mail: wenzhuxie@126.com。

XINAN LIANDA WENHUAKE
西南联大文化课

出 品 人	杨　政
作　　者	冯友兰　等
责任编辑	杨永龙　曹志杰
封面设计	今亮后声
内文排版	麦莫瑞文化
责任印制	王学锋

出版发行	天地出版社
	（成都市锦江区三色路238号 邮政编码：610023）
	（北京市方庄芳群园3区3号 邮政编码：100078）
网　　址	http://www.tiandiph.com
电子邮箱	tianditg@163.com
经　　销	新华文轩出版传媒股份有限公司

印　　刷	北京旺都印务有限公司
版　　次	2021年11月第1版
印　　次	2022年6月第8次印刷
开　　本	880mm×1230mm　1/32
印　　张	10.25
字　　数	227千字
定　　价	58.00元
书　　号	ISBN 978-7-5455-6659-8

版权所有◆违者必究

咨询电话：（028）86361282（总编室）
购书热线：（010）67693207（营销中心）

如有印装错误，请与本社联系调换